一枚ポートフォリオ評価論
One Page Portfolio Assessment

OPPAでつくる授業

堀 哲夫 監修
中島雅子 編著

子どもと教師を
幸せにする
一枚の紙

東洋館出版社

監修にあたって

「これを読まずして教育評価は語れない」

標記の言葉は、本書の理論編にあたる『新訂 一枚ポートフォリオ評価 OPPA 一枚の用紙の可能性』(堀 哲夫、東洋館出版社、2019) の帯に付けられている。編集を担当してくださった上野絵美さんが付けてくれた。これを聞いたとき、とても「おこがましい」言葉なので外してほしいと懇願したが、受け入れてもらえなかった。3年弱経過した現在、新訂版も8刷りになったが、今でもその言葉に対する「気恥ずかしさ」と「恐れ多さ」は消えていない。

仮に優れた理論と言えども、実践に堪えうるものでなければ、まさに「絵に描いた餅」に過ぎない。OPPA論が真に実践に機能するものであるかどうか検証することが求められている中で、本書は作られてきた。

多忙をきわめる教育現場では、理論や方法などの提案に対して、その効果が確認できなければ、また簡便性をもたなければ、実践されることはない。さらに、そのことが確認できても書物にまとめ上げる作業は、並大抵の苦労ではない。編著者の中島先生をはじめとして、執筆者の先生方の労を多としたい。

本書には、OPPA論が求めていた研究の「質」や教師の「専門性」に関わる内容、教育の多くの分野で活用できる「汎用性」が実践を通して実証されている。さらに、学習や授業を通して、学習者自身が「成長」を自覚できていることが、とりわけうれしく思われる。

学習や授業という教育実践から、教育の本質に関わる「成長」の概念が学習者の中から聞けることに何よりも驚いている。授業を実施してくださった先生方の実力のたまものであることは疑いない。それに加えて、OPPシートにより学習者の知識や考えなどを可視化できたことも大きく貢献していると思われる。

ともあれ、言うに言われぬ多くの苦労を乗り越えて本書ができあがったことにまず感謝するとともに喜びたい。さらに、有能かつ多彩な執筆者の先生方、編著者の中島雅子先生、東洋館出版社編集部の上野絵美さんのおかげで、OPPA論が実践に生きる形で、また学習者の多くの可能性を引き出してくださったことにも深く感謝したい。

本書が、標記にあげた言葉にふさわしい書物になることを願ってやまない。

2022年11月
堀 哲夫

はじめに

教師自身による研究と実践の融合を

「教育研究は実践に役立たないし、そもそも忙しくて研究している時間はない」といった教師の声を耳にする。このような研究と実践の乖離はなぜ起こるのか。そこには、教師にとっての研究の意味に関する問題が存在する。

教育には科学的根拠が必要だ。授業において発問、実験・観察、グループでの話し合いなど日常的に行われているが、教師がそれらを授業で行う際の根拠は何だろうか。例えば、児童生徒に発問をする際、どういった内容の発問を、どのタイミングで、どういう形で授業に導入するのかについて、教師は何を根拠に行っているのだろうか。私は長いこと高校で教師をしていたが、教育学を学ぶ以前はほとんど自分の拙い経験と勘に基づいた授業を行っていた。これではプロの仕事とは言えない。

この科学的根拠が理論である。ここで誤解してはならないのは、理論と実践の関係性である。「理論を実践に生かす」という一方向ではなく、「実践から得られる知見を理論として構築する」ことが同時に繰り返し行われているはずである。したがって、理論と実践は、常に行ったり来たりしながら両者ともに磨き上げられる。これが真の意味での理論と実践の往還であり、融合であろう。

さらに、理論と実践の融合がなされるためには、その前提として、教育に関する適切な考え方（教育観）を、実践者であり研究者であるべき教師がもつことが必須となる。しかし、多忙な学校現場において、自身の教育観を再考する機会をもてないのが実情であろう。

OPPAは、授業実践を通して、教育観の再考が同時になされることがわかっている。まさに一石二鳥というわけだ。先生方の教育観は、OPPA論研究会に寄せられる質問や相談内容に見ることができる。例えば、「資質・能力をどう評価すればいいのかわからない」や、「OPPAは、『主体的な学習に取り組む態度』の成績付けに使える」といった声からは、「評価は成績（評定）のこと」、「資質・能力を育成するのは授業で、評価は最後につけるもの」といった教育観を垣間見ることができる。このように考えると、教師の悩みの多くは適切な教育観をもつことにより、かなり解消されるのではないかとも思う。

OPPAは、資質・能力の育成を可能にする評価である。本書でも触れたように「非認知能力」の育成においてもOPPAの有効性が明らかになっている。本書ではそれらを小・中・高・大学における実践を通して紹介する。これにより、OPPAへの理解がさらに深まることを願ってやまない。私は教師時代「幸せになるためのOPPシート」と名付けて使っていた。OPPシートで「生徒も教師も幸せになる」との願いを込めてのことだ。本書を通して、OPPA論の理解を深めると同時に、教育に携わることに誇りと幸せを感じてくれるとうれしい。

なお、本書ではOPPA論とOPPAを区別している。OPPA論は理論を、OPPAは評価法を指す。

2022年11月
中島雅子

第1章 理論 編

第2章 基礎・基本 編

第3章 応用編

第1章

理論編

1 OPPA論とは何か

1. OPPA論を理解するための前提

OPPA（One Page Portfolio Assessment：OPPA）論は、「たった一枚の紙に何ができるか、そこに挑戦したい」という強い思いから出発している。最初はたった一枚の紙でも、教師の適切な働きかけのもとに、学習者が自分の考えなどを記録するという可視化によって、学習や授業などにおいて一人一人の持っている可能性を引き出すことができる。それは、わずか一枚の紙に何をどこまで託し、具体的に何をどう可視化するのか、さらにそれをどう活用するか等々に大きく依存している。

本節では、これまでに行われてきた教育実践などを基にして、OPPA論の理念や方法、教育観（学習観、授業観、評価観、教師観など）を検討する。

(1) OPPA論の定義および OPPシートの基本的構造

「一枚ポートフォリオ評価論」と名付けられたOPPA論は、学習や授業において一枚の用紙（One Page Portfolio Sheet：OPPシート）を用いる。まず、定義やその基本的構造について説明する[1)]。なお、最初におことわりしておきたいのは、OPPA論では特別の授業を求めているのではない。OPPシートを使って、日常の学習や授業の改善を行うことを主たるねらいとしている。

①OPPA論の定義

OPPA論は、学習者に学習前・中・後の「学習履歴」の最重要点を一枚の用紙に記録させ、学習全体を「自己評価」させるとともに、そこから得られた情報を基にして学習や授業を改善し、教育効果を高めるための理論や方法のことである。学習者の学習や授業に関わる認知過程の要点を可視化することによって、学習や授業と評価の一体化、すなわち学習者の認知過程の実態を可能な限り明らかにし、得られた知見を基にして形成的評価を図ることができる。

学習や授業を中心にして利用されることが多かったOPPA論は、教科および教科外を問わず、また小学校から大学院に至るまでの校種も問わず、教育実践の多くの場面で用いることも可能である。これまでは、学習者の認知過程の可視化、つまり学習や授業において学習者に何が起こっているのかを明らかにする手立てがわからなかったため、変容が漠然としていた。たとえ学習や指導と評価の一体化が声高に叫ばれていても、その実現は困難で、効果をあげることができなかった。OPPA論は、後に検討するように「専門性」と「汎用性」の高い理論、方法の一つであると言える。

②OPPシートの基本的構造

学習や授業および学習者、教師との関わりのイメージを示すと図1のようになる。図1をOPPシートとして記録できるように作成したのが図2である。OPPシートは、一枚の用紙しか使わないので必要最小限の情報を最大限に活用することが求められている。そこに求められる必要最小限の情報とは、以下の4要素である。
1)「単元タイトル」。

2）学習による変容をみる「学習前・後の本質的な問い」。

3）毎時間の「授業の一番大切なこと」を学習者にまとめさせる「学習履歴」。

4）単元全体を通して何がどう変わり、それについてどう思っているのかを振り返る「自己評価」。

授業では、図2の形式のものが用いられる。ここでは、シートの構成をわかりやすくするために用紙の表面だけを使った形を示したが、通常は表裏両面を用いることが多い。このとき重要なのは、学習や授業による変容と振り返りの効果が最大限発揮できるように、4要素をシートにどう配置するかである。用紙の中に、ただ4要素が入っていればよいのではない。OPPシートの4要素とその構成も、学習者と教師が望ましい成長を遂げるため、また適切な情報を可視化するためにきわめて重要になってくる。

ここで、OPPAを利用するときにどうしても守りたいことをおさえておこう。それは、OPPAを学習者の成績評価に使わないという原則である。その理由は、これまでの評価観はとかく教師主導で行われ、学習者の本音を明らかにできないという現実があったからである。このような評価では、学習者は良きにつけ悪しきにつけ、また知らず知らずのうちに教師の顔色をうかがい、それに合わせるようになりがちである。OPPA論は学習者の本音を可能な限り知り、その真の実態を改善したいという願いを強くもっているため、成績には利用しない。

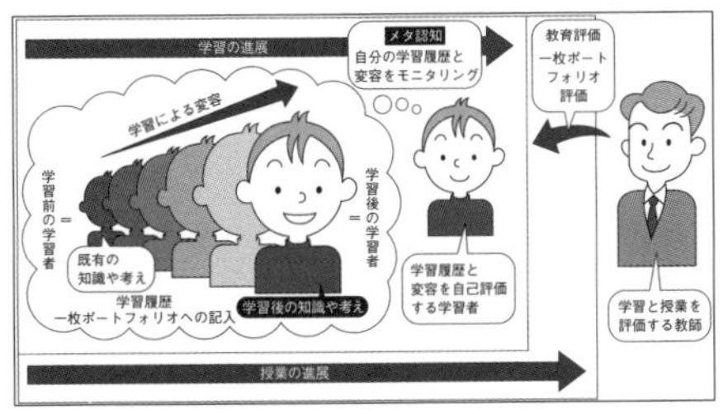

図1 OPPAにおける学習者と教師の基本的関係

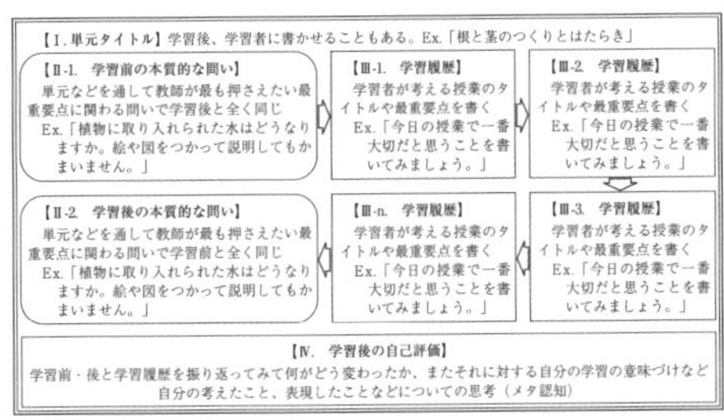

【Ⅰ.単元タイトル】学習後、学習者に書かせることもある。Ex.「根と茎のつくりとはたらき」

【Ⅱ-1. 学習前の本質的な問い】
単元などを通して教師が最も押さえたい最重要点に関わる問いで学習後と全く同じ
Ex.「植物に取り入れられた水はどうなりますか。絵や図をつかって説明してもかまいません。」

【Ⅲ-1. 学習履歴】
学習者が考える授業のタイトルや最重要点を書く
Ex.「今日の授業で一番大切だと思うことを書いてみましょう。」

【Ⅲ-2. 学習履歴】
学習者が考える授業のタイトルや最重要点を書く
Ex.「今日の授業で一番大切だと思うことを書いてみましょう。」

【Ⅲ-3. 学習履歴】
学習者が考える授業のタイトルや最重要点を書く
Ex.「今日の授業で一番大切だと思うことを書いてみましょう。」

【Ⅲ-n. 学習履歴】
学習者が考える授業のタイトルや最重要点を書く
Ex.「今日の授業で一番大切だと思うことを書いてみましょう。」

【Ⅱ-2. 学習後の本質的な問い】
単元などを通して教師が最も押さえたい最重要点に関わる問いで学習前と全く同じ
Ex.「植物に取り入れられた水はどうなりますか。絵や図をつかって説明してもかまいません。」

【Ⅳ. 学習後の自己評価】
学習前・後と学習履歴を振り返ってみて何がどう変わったか、またそれに対する自分の学習の意味づけなど自分の考えたこと、表現したことなどについての思考（メタ認知）

図2 OPPシートの基本的構成要素と骨子

なお、本書では学習者用のOPPシートについて説明しているが、教師用のそれもほとんど類似した形のものが用意されている。紙幅の関係から割愛したが、その具体例については、第3章7を参照されたい。

(2) OPPA論の学力観と学習指導要領の学力観

現行の学習指導要領は、小学校で令和2年度以降、中学校で令和3年度、高等学校で令和4年度と順次実施されてきた。OPPA論は平成14年に開発されたので、これらの実施のおよそ18年前に作られたことになる。このように、それぞれが作成された時期はかなり異なっているのだが、両者はかなり類似した側面をもっている。どのような点が似ているのだろうか。まず、学習指導要領よりも前に作られたOPPA論の学力観をみていこう。

①OPPAの学力観

図3はOPPA論の学力を構成している要素を図示したものである。この図は、自らの思考に対する思考である「メタ認知」が最上部に、それを育成するための「自己評価」がその下に、さらに「自己評価」を適切に機能させるための

認知過程で得られた情報を「内化・内省・外化」させる「学習履歴」がその下に位置付けられている。また、学習の出発点である学習者の既有の知識や考えである「素朴概念」と、到達点である「科学的概念」も学力形成の重要な構成要素として取り入れられている。そのとき重要になってくるのが単元や学習内容などの核になる「本質的な問い」である。この問いに対して、学習前・後にどう回答したかは、学力を検討する上でとても重要になる。

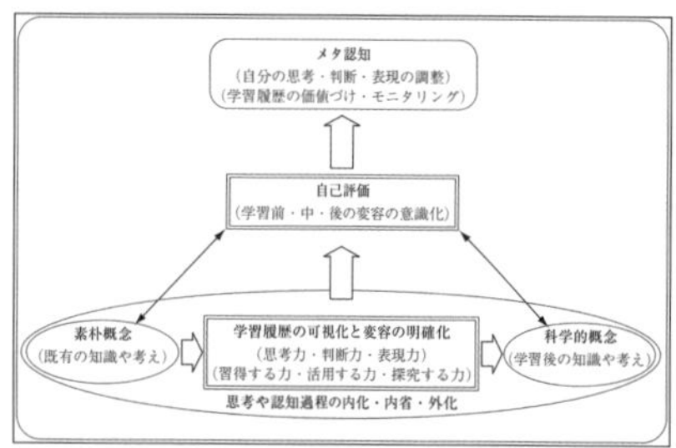

図3 OPPAの学力モデル

図中の各矢印は相互の関係と学力の形成方向をそれぞれ示している。なお、図3は、p.14の図8「メタ認知」と照らし合わせて見ると、OPPA論の学力観への理解を深めることができると考えられる。また、知識や考えを深める「足場かけ」も想定した学力モデルとしても検討していただければと思う。

ところで「メタ認知」は高度な学力と考えられているので、例えば低学年などでは扱うのが難しいのではないかと思われがちである。しかし、この能力は時間をかけてじっくり形成・獲得されると思われるので、幼少期から時宜にかなった適切な働きかけを行っていくことが求められている。OPPA論は、その働きかけを行う一つの方法である。

学習者と教師が学習や授業によって成長することは、両者が望ましい姿に変容していくことであるとOPPA論では考えている。そのために、すでに述べたように学習や授業の出発点はどのような状態であったのか、それがどのような過程を経て学習後の状態になったのかを知る必要がある。それは、学習や授業の過程は、どのような効果があったのかまたなかったのか、改善のためにはどこをどのようにすればよいのか検証することにつながっている。

それゆえ、それぞれ「学習履歴」および指導履歴を確認し、適切な手立てが講じられなければならない。医療の世界で言えば、医者が患者のカルテを作成、記録し、病状の変容を見取っていくように、学習状況の把握と処置が明確に記録として残されていくことが求められている。ただ、医学のカルテと教育実践における「学習履歴」などとの大きな違いの一つは、前者が患者でなく医師によって記録されるのに対して、後者は教師ではなく学習者によって記録されることである。

図3と先にあげた図2を比較してみると明らかなように、OPPシートは学力の形成や獲得に必要な要素があげられ、そのために必要な情報を得るように構成されていることがわかる。要するに、学力の形成・獲得に必要な情報に関して学習者の実態を把握し、それを学習や指導に生かしていくという関連性を重視している。

これまでに提案されてきた学力モデルの中で、このように学習や授業の情報を適宜把握し、それを学力の形成・獲得に結び付けて確認していくというものは、ほとんどなかった。そのため、求めようとする学力が得られたかどうかの確認も行われてこなかったのである。つまり、学力形成の科学的な解明が行われてこなかったと言える。

②学習指導要領の学力観

次に、学習指導要領がどのような学力観に基づいているのか検討しておきたい。学習指導要領の学力観には、OPPシートの求めているそれとかなり共通した考え方があると考えられる。学習指導要領の学力観と言っても、解説書等に必ずしも明確に示されているわけではない。図4は、あくまで筆者の解釈による学習指導要領の学力観である[2)]。

図4の上段と下段は、今回の指導要領作成過程で提案されてきたモデルに筆者が書き加えた内容となっている。学習指導要領は、図4中段の「知識・技能」、「思考力・判断力・表現力」、「学びに向かう力・人間性等」の3観点を「主体的な学び」「対話的な学び」「深い学び」という「アクティブ・ラーニング」を通して、図の右側の三つの枠内にあげられている資質・能力に高めようとしている。そのとき重要になってくるのが、図4下段、学習前の「既有の資質・能力」、学習中の「資質・能力を育成する学習過程」、学習後の「育成された資質・能力」であり、それぞれをフィードバックするという「振り返り」活動である。図4の上段と下段は学習指導要領から読み取り、筆者が加筆したものであるが、学びの過程をよりよく理解するために重要であると考えられる。

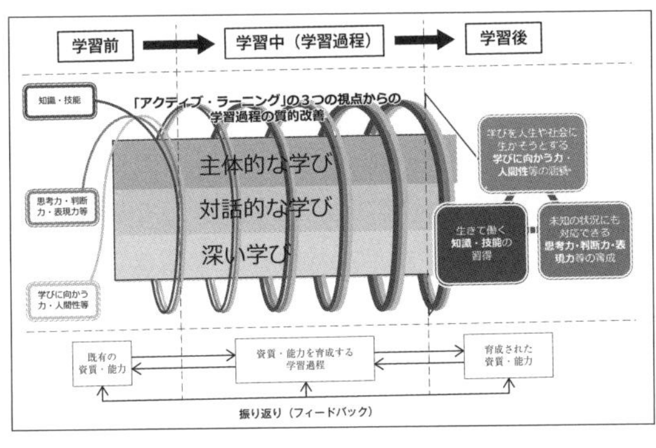

図4 学習指導要領の学力観と資質・能力の育成（筆者が加筆・修正）

次に、学習指導要領が求めている考え方とOPPシートのそれのどこが似ているのか、以下3点から検討してみる。

一つめは、学習前・中・後を重視している考え方である。これまでは、学力の結果が示されることが多かった。OPPA論や学習指導要領が、学習の認知過程を重視しているのは、当然、このような考え方を前提としている。

二つめは、学習指導要領の「『アクティブ・ラーニング』の三つの視点からの学習過程の質的改善」であるが、これはOPPシートの「学習履歴」に匹敵する。「学習履歴」は、学習者が自らの力でまとめ上げ、それに対して教師がコメントを加え間接的な対話を通して学びを深めるという、まさに図4の中心にある三つの視点が反映されている。

三つめは、「既有の資質・能力」と「育成された資質・能力」を通して見通しを立てたり振り返ったりする学習活動とOPPシートによる「自己評価」の類似点である。学力とは学びの変容であり、それを学習者にどう自覚させるかという前提に立てば、必須となる視点である。ただ、学習指導要領は、学ぶ意味などを自覚させる「学習としての評価」という「自己評価」までは明確に意識していないと考えられる。

このように検討してみると、学習指導要領の学力観とOPPシートのそれはかなり類似していると思われる。こうした類似性から、前者の意図するねらいを実現する一つの方法として後者があると判断してもよいだろう。

2. OPPシートの主な構成要素とそれに関わる教育観

繰り返し述べているように、学習や授業の過程はどのような効果があったのかまたなかったのか、改善のためにはどこをどのようにすればよいのか、具体的事実に基づいて確認、検証する必要がある。そこで、OPPシートの主要な要素を、学習や授業を中心にして詳しく検討する。

(1) OPPシートの構成要素に含まれる「問い」と資質・能力などとの関わり

OPPシートを構成する要素には学習者が回答する「問い」が設けられている。その理由は、教師が一問多答の適切な「問い」を設定できなければ、当然のことながら学習者一人一人に対する適切な指導はあり得ないと考えているからである。また、この「問い」は既有の知識や考えの実態を適宜把握し、改善するのみならず資質・能力を育成するという重要な役割を果たしている。

図2のOPPシートを構成する一つめの要素「単元タイトル」には、「問い」が設けられていないが、単元終了後に学習者に「単元のタイトルを付けてください」と訊けば「問い」になる。シートの各「問い」は、通常のものとはかなり異なっている。なぜ異質なのか。以下、検討していこう。

まずあげられるのは、学習者主体の回答を求める「問い」となっていることである。これまでは、「問い」と言えば、教師主体の「問い」であった。つまり、教師が想定する答えを導くための「問い」しか設定されていないことが多かった。実際には、教師の想定外がいくらでも起こっていることは、本書に掲載されている実践例を見れば明らかであろう。現実に起こっている実態をどう把握し、それをいかにして改善するかが重要である。問題は、教師の想定外をどう把握していくかであろう。シートの「問い」は、それを可能にする一つの方法として、学習者の知識や考えなどを「可視化」している。

次に、シートのどの「問い」も、それに答える学習者の資質・能力に応じて回答できるようになっている点である。つまり、一つの「問い」に一つの「答え」しかないというのではなく、そこに深浅と多様性があるという前提である。すべての学習者にとまではいかなくとも、可能な限り一人一人の学習者に対応できるように配慮している。そうすると、「問い」の作成とその回答に対する適切な指導という教師の専門的力量が求められることになる。とりわけ、「学習前・後の本質的な問い」に関してはそれが言えるだろう。だが、難しいからと言ってそこを避けて通るわけにはいかない。多種多彩な才能と可能性をもつ学習者に、一つの答えしか用意できないのであれば、それは学習者一人一人の資質・能力を育てることにつながらず、教育の可能性そのものを否定することになるだろう。

「学習履歴」の「問い」では、「授業で一番大切なこと」を尋ねている。このことにより学習者自身にまとめることによって授業を真剣に聞くようになり、教師の意図していたことが書かれているかどうかで授業評価もできるということが数多く報告されている。ここにも、教師が授業の最後に重要なことをまとめて学習者がノートに書くという教師主体でない学習者主体の教育観がある。このような考えでなければ、適切な資質・能力は育たない。

最後に、「自己評価」欄の「問い」であるが、「学習全体を振り返り、何がどう変わったかそれについてどう思っているのか」を学習者にまとめさせることを行っている。学習者主体の教育観に立てば当然の「問い」と考えられるが、これまでこのようなことは行われてこなかった。つまり、学習の意味付けや価値付けが、学習者自身によって行われてこなかったのである。学習は価値があるのが当たり前とされていて、自ら捉え直そうという機会がなかった。学習は誰のものか、再考する必要があるだろう。

(2) 学習や授業とOPPシートの構成要素との関係

まず、OPPA論の学力を構成する要素と学習や授業およびOPPシートの構成要素との関わりについて検討してみたい。これらの構成要素は、以下のいずれの検討においても明らかなように、とりわけ「授業の一番大切なこと」を書かせる「学習履歴」が重要な役割を果たしている。したがって、OPPシートの「学習履歴」を中心にしてOPPA論を構成する基本的要素とその教育観を検討する。

①学習と授業の双方向性と「学習履歴」の関わり

学習や授業を改善する適切な情報を得るには、実際に何が現場で起こっているのか知る必要がある。しかし、実践の場で起こっているすべての情報を得ることは不可能であるし、仮に得られたとしても適切な活用は諸々の制約から望むべくもない。OPPシートを作成するときに必要最小限の重要な情報は何か。それは、「授業の一番大切なこと」を学習者にまとめさせるという活動であると考えた。それが学習者の中に位置付けられているのかいないのか、また位置付けられているとすればどのようになっているのか、それは教師の意図と差異があるのかないのか等々を知ることが学習や授業改善への要点になると考えたのである。

授業を事例にして考えてみると、学習者は教師の行う授業を介して学習に取り組んでいる。このとき、学習や授業後に「授業の一番大切なこと」を「学習履歴」として毎時間書かせ、お互いに同じ情報を基に結果を確認するという活動がとりわけ重要であると考えられる。なぜならば、同一の事実認識に立たなければ、その後の処置を行ってもかみ合わないことが多く、結果が各自の独りよがりの活動となってしまうからである。

学習や授業が「学習履歴」を介して双方向性をもちながら、確認と修正等を図っていく過程を示したのが図5である。なお、図中では、学習の過程は「行動する」で、授業の過程は「修正する」で終わっているが、実際はその後も一連の活動が繰り返されることになる。学習および授業の過程には、前者は「考える」と「判断する」、後者は「確認する」と「修正する」という活動が含まれている。これらは、いずれも広い意味で「メタ認知」と言える。ただ、「メタ認知」と言っても必ずしも高次のものではなく低次のものも含まれており、それらを適宜、学習や授業で高めていくことを意図している。これは、学習者、教師ともに同じである。

これまでの学習や授業は、教師から学習者へという一方向性のみの情報のやりとりが多く、仮に双方向性があったとしても適切な事実に基づくものではなかった。図5に示したような「学習履歴」を介した学習者と教師の適切な双方向性が、真の学びと高次の学力形成には求められ

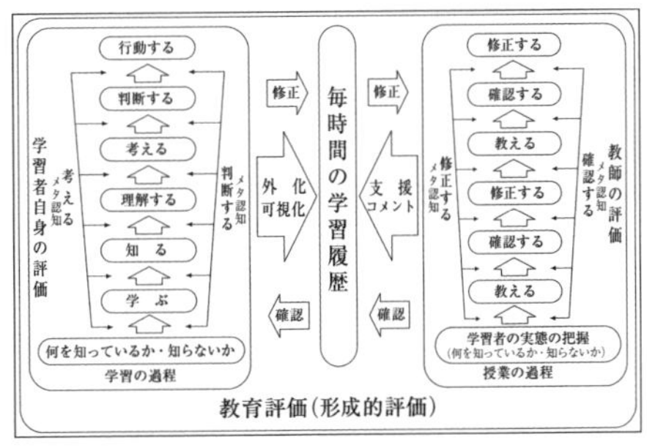

図5 形成的評価を可能にする学習履歴を介在とした教育評価

ている。

②「診断的・形成的・総括的評価」、「自己評価」と「学習履歴」の関わり

OPPシートを「診断的・形成的・総括的評価」という視点から考えると、図6のように構成されていることがわかる。OPPA論は、学びの過程を重視しているので、学習前・後に同一の「本質的な問い」をそれぞれ診断的評価と総括的評価として設け、学習中は「学習履歴」を基にした「形成的評価」が、さらに学習後には総括的評価としての「自己評価」が位置付けられている。一枚の用紙の中でこうした「診断的・形成的・総括的評価」ができることも、OPPシートの特徴の一つと言える。

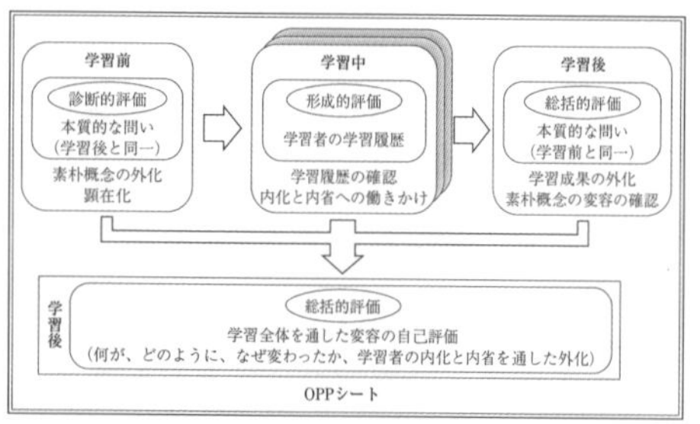

図6 学習前・中・後の診断的・形成的・総括的評価とOPPシート

学習者の「学習履歴」を考えるときに、とかく学習中や過程のみに関心がもたれがちであるが、学力形成という視点から考えると、それは適切とは言えない。なぜならば、学習者の何がどのように変容したのか明確にならなければ、力が付いたかどうかが明らかにならないからである。それゆえ、学習前・後も明確にしておく必要がある。

また、これまでの評価はとかく学習後の結果に重きが置かれてきた。しかも、それが知識や理解の認知的側面に偏っていた。現行学習指導要領で重視されてきている資質・能力などは軽視されてきたというよりも、たとえその重要性はわかっていたとしても、どう対応したらよいのかわからないので、手つかずのまま放置されてきたと言えるだろう。これからは、例えばOPPシートの「学習履歴」の「問い」のように「授業の一番大切なこと」を書かせるというように資質・能力の実態とそれに関わる評価が必要とされている。OPPシートの「学習履歴」には、「授業で一番大切なこと」を自分で考える「思考力」、何をどのように表現したらよいかを決める「判断力」、それらを適切にまとめあげる「表現力」などが求められるのである。

「診断的・形成的・総括的評価」と関わって、これまで行われてきた研究はそれぞれが個別の評価が対象とされてきたものが多かった。これからは、OPPシートで扱っているように「診断的・形成的・総括的評価」の三者が一体として把握できるような方法も取り入れていく必要がある。そうでなければ適切な学力形成は望めない。

もう一つ、「診断的・形成的・総括的評価」と関わって指摘しておきたいのは、そのどれもが重要なのだが、やはりその三者が一体となって「形成的評価」が行われる必要性である。これは、たとえ総括的評価といえども、評価が終わりを示しているのではなくスパイラルに次に連続していくという考えに立脚する視点である。図6に示した評価観もそのような観点で見ていただければと思う。

次に「自己評価」であるが、学力形成にはきわめて重要な役割を果たしているにもかかわらず、この評価は教育実践において適切に扱われてこなかったと考えられる。その主な問題点として指摘されてきたのは、学習者の未熟さに由来する評価結果の信頼性の欠如である。

つまり、一つには理念的レベルの問題で、学習者に評価を任せても、その結果は教師が行うものよりもいい加減であり使いものにならないという意見である。

もう一つは実践的レベルの問題で、学習や授業の場面で導入されてきた「自己評価」の多くは、教師の授業に対する「自己評価」であり学習者の学習に対する評価でなかった点である。学習者が「学習目標」をもつことなく、教師の実施した授業の「自己評価」を学習者が行っていたのである。いずれの問題点も、「自己評価」に対する適切な理解の欠如に起因している。

以上の問題点を克服する手立てを考え、その結果を見てさらに改善を行っていかなければ、学習者の「自己評価」の能力は高まらない。それゆえ、高次の学力形成にとりわけ重要な役割を果たしているにもかかわらず、「今日の授業はおもしろかったか、つまらなかったか」のような「自己評価」に終始してきたのである。やや厳しい言い方をすれば、学びは誰のためにあるのかを忘れたところに「自己評価」が位置付けられてきた。

こうした問題点を克服するべくして提案されているのがOPPシートの「自己評価」である。図6では、学習者自身が自らの学習全体について具体的内容を通して振り返り、何がどう変わり、それについてどのように考えているのか、などを問うようになっている。要するに、これは学習者自身の学びに対する「本質的な問い」かけである。それを可能にするために「学習履歴」が自分自身でまとめるように意図されている。OPPA論は、こうした「自己評価」が適切に機能して始めて「メタ認知」のような高次の学力が形成されると考えているのである。

以上検討してきたように、これまで軽視されてきた「自己評価」を学習や授業の中でどう位置付けるかは、「メタ認知」の育成にとって必要不可欠と考えられる。

③学習内容の「内化・内省・外化」と「学習履歴」の関わり

高次の学力のみならず資質・能力の育成にとって重要な要因は、学習者の認知過程における「内化・内省・外化」である。認知過程における「内化」とは、簡単に言えば、学習した内容や情報を認識の枠組みである認知構造に取り入れることであり、「内省」とはそれについていろいろと思索をめぐらし考えを深めることであり、「外化」とはその結果を外に発信することである。OPPA論では、通常「振り返り」と言われている内容を、その具体的活動がわかるように「内化・内省・外化」と捉えている。「内化・内省・外化」は、学習者一人一人の実態に即して行われるため、学習内容の理解を深める「足場かけ」とも言える。両者が一体化して行われるとき、大きな効果を生み出すことができる。

図7は、OPPシートの「学習履歴」を介して、学習者と教師が「内化・内省・外化」をしている状態をモデル化したものである。学習者が外化した「学習履歴」という事実を基にして、学習者はそれについてどのように認知しているのか主として自覚や省察を行うために用い、教師は学習者の外化した「学習履歴」を基にして自身の授業の評価を行い改善することに用いるわけである。このときに行われる外化は、両者がそれぞれ「学習履歴」から得られた情報を基にして発信していくので、当事者相互の認識不足や誤解は避けることができると考えられる。

OPPシートは、もともとこうした認知過程の「内化・内省・外化」が適切に機能するよう設計されている。しかし、学習者にただ記録させるだけではそれが機能しないので、またシートそのものにこうした文言や働きが書かれていることはないので、どうすればこれらがスパイラルに適切に機能するのかを考えておく必要がある。本書で取り上げられている実践は、こうした「内化・内省・外化」が適切に機能している好例と言える。いずれにしても、認知過程の「内化・内省・外化」は資質・能力、とりわけ高次の学力の育成にとって必須の要因の一つであると考えられる。

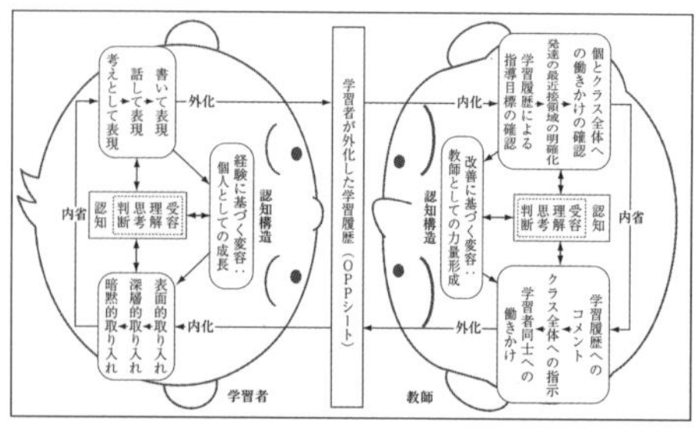

図7 学習者と教師の認知構造における双方向性

④高次の資質・能力である「メタ認知」とOPPシートの関わり

最後に、高次の学力形成と関わって「メタ認知」がどのような要素から構成され、OPPシートとどう関わっているのか検討しておきたい。

実は、「メタ認知」の研究は未解明のことが多く、共通理解が得られているとは言い難い。しかし、多くの人が認めているのは、学習指導要領でも言及されているように、学力のきわめて重要な要因をなしており、究極の教育目標の一つであるという位置付けである。ここでは、現在明らかにされている中で、もっとも妥当であると考えられるクーパーら(M.M.Cooper & S.Sandi-Urena)の理論について検討しておきたい[3)]。この理論は、OPPA論とも違和感なく適応していると考えられる。

図8は、クーパーらの「メタ認知」に関する理論のモデル図を筆者が加筆修正したものである。「メタ認知」は、手短に言えば「自分の思考についての思考」、つまり自分の考えや行動などを自らが監視し制御することと言える。図8から「メタ認知」は、「知識理解に関する要素」と「調整・機能に関わる要素」の二つから構成されている。さらに、前者は「宣言的知識・理解」「手続き的知識・理解」「条件的知識・理解」から、後者は「プランニング」「モニタリング」「価値付け」の要素からなる。両方とも認知的側面に深く関わっているが、後者は情意的側面にも関わっていると考えられる。

OPPシートには、上記の用語が直接出てこないが、内容的には同じことを意味している。例えば、図8の左側の要素としては、OPPシートの学習の前・後の「本質的な問い」に対する回答、個別の「学習履歴」に関する知識・理解、自己の学習状況の把握、時間的経過と学習の関係の把握などである。他方、図8の右側では、OPPシートの「本質的な問い」の「自己評価」、「学習履歴」の構造的把握と理解、学習内容のラベリング、学習内容の要約と価値付けおよび予想、学習による変容の理解、学習内容全体の「自己評価」などである。

図8と先にあげた図2のOPPシートの対応関

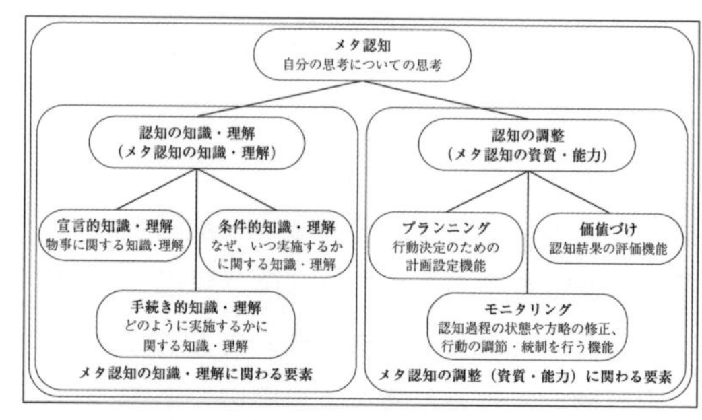

図8 メタ認知の知識・理解と資質・能力に関わる要素

係からも明らかなように、「認知の知識・理解」と「認知の調整」というどちらの要素が欠けても「メタ認知」は形成されず、両者が支え合って初めて成立するものだということが理解できよう。あえて言えば、「認知の知識・理解」は「認知の調整」を支えていると言えるだろう。これまで、学習や授業の中ではどちらかと言えば図8の左側の側面だけが協調され、右側についてはほとんど取り上げられてこなかった。それは、「メタ認知」を構成する要素がわからなかったため、どう扱ってよいのかわからない、つまり手をつけやすい要素だけが扱われてきたと言えよう。

「メタ認知」に限らず、資質・能力の育成には「認知の知識・理解」と「認知の調整」という両方が不可欠である。これからは、学習や授業の中で図8の右側に関わる要素をどう機能させていくかが大きな課題となっている。

3. OPPA論の特質と教育の本質との関わり

OPPA論は、「専門性」と「汎用性」という二つの特徴をもっていると言える。ここでは、その具体的内容について検討する。また、OPPA論は、当然のことながら教育の本質とも深く関わっているので、そのことについても検討する。学習や授業との関わりにおいて教育の本質が議論できることはほとんどないが、OPPA論はそれを可能にしている。

(1) OPPA論のもつ「専門性」とは何か

OPPA論では、OPPシートを利用することによって、学習者のみならず教師の資質・能力の育成にも効果を上げることができる。まず学習者の資質・能力についてであるが、これはシートの「学習履歴」に「授業の一番大切なこと」などを書かせることによって向上できる。例えば、「学習履歴」を書かせようとしても、それがまとめられない、ひどい場合には何も書けないとか、単語しか書けない学習者がクラスの中に残念ながらいる。たいていの場合、書けないので書かせないとか、教師の書いたものを写させるとかでやり過ごしたりしている。これでは、とうてい資質・能力の育成を望むことはできない。

学習者の誰もが一人一人に固有の可能性をもっているので、それを引き出す役割をOPPシートが果たすことができる。その具体例は、本書にあげられている実践例を見ていただければと思う。

また、OPPA論は教師の専門的力量形成にも貢献できる。それは、OPPシートの作成、例えば学習前・後の「本質的な問い」の作成をあげることができる。かなり経験豊富な教師でも「本質的な問い」を作るのが難しい。なぜ難しいのか。それは、そのような「問い」を作る経験をしたことがないからである。「問い」がなければ、その回答は準備しなくてもよいので、「本質的な問い」をもたないで授業を行うような経験をいくら積み重ねても力はつかない。OPPA論は、シート作りから始まってその適切な活用、学習履歴に対する具体的な働きかけ等々を通して、教師の専門的力量を高めることにつながっていく。OPPA論は教師の専門的力量とは何かを考える上でも、きわめて重要な要素を含んでいると考えられる。

(2) OPPA論のもつ「汎用性」とは何か

冒頭で、OPPA論は教育実践における多くの場面で活用可能であることを指摘した。ここで言う「汎用性」は、どの教育実践においても広く活用できることを意味している。しかし、これが他の理論や方法ではなかなか難しい。これまでに提案されてきた多くの理論や方法は、例えば社会科なら社会科の中でしか通用しないものが多かった。この背景には、研究の理論や方法などは、その教科や内容などに固有のものであり、他には適用できないという独自性というか専門性に関わる教育観が存在しているからである。

OPPA論は、教育実践における教科・科目を問わず、また運動会や朝の読書活動、道徳などの教科外の活動においても活用できるので、「汎用性」は高い。また、研究面でも、例えば中学校理科で「原子・分子」か「身の回りの物質の変化」のどちらを先に扱うほうが学習者の理解が図られるのかを検討することなどにもOPPA論を利用することができる。つまり、教科書などの内容構成の順序の妥当性の検証である。それ以外にも、教育実践研究の多くの場面で活用可能と考えられる。

さらに、ここでいう「汎用性」は、例えば研究授業などにも効果を発揮する。小学校と中学校や高校では参加教員の研究への熱の入れ方が異なってくるだろう。小学校では原則として一人の教員が全教科を担当するのだが中学や高校は教科担任制であるので、特定の教科で研究授業が行われるとその教科や科目の担当者以外は、研究の中身に参加しにくい現状があるからである。研究授業に教員の全員と言わなくてもほとんどが参加できるようにするためには、研究の「汎用性」という考え方が重要になってくる。OPPA論は、研究における方法面での「汎用性」をもっているので、どの分野の教師も研究授業に参加できる。

OPPA論は、研究の質を高める「専門性」と研究の分野領域を問わない「汎用性」をあわせもっているので、学校現場での活用が期待できる。最近、教育現場の繁忙さが大きな問題となっているが、教育実践研究におけるその分野でしか通用しない理論や方法が多すぎたことも、それに拍車をかけてきたと言えるだろう。これまでに、OPPA論のような「専門性」と「汎用性」をもっている理論や方法はほとんどなかった。

(3) OPPA論と教育の本質との関係

教育の本質は何かという問いに答えることは簡単ではない。ましてや、学習や授業との関わりにおいてとなるとさらに難しい。学習や授業との関係から教育の本質を考えてみると、キーワードの一つとして「成長」という言葉をあげることができる。OPPA論は、学習や授業を改善し教育効果を高めるために開発された道具である。学習や授業の効果を高めるとは、学習者と教師が「成長」することに他ならない。OPPシートを使った多くの教育実践報告から、「自己評価」欄などには「自分自身が成長するかぎは自分が一番知っている」や、「私自身の成長のために『自己評価』は、とても大切であり、『自己評価』カードがあったから今の私があると思います」等々、学習者のコメントがあげられてきている。

学習者自身が学習を振り返り、「成長」という言葉を使っているのである。これは、自ら学んだことに価値を見いだし、学ぶ意味や必然性を自覚し、自己効力感を得たからに他ならない。教師が教えたからではなく、OPPシートの働きかけに応えることによって、学ぶことの重要性を学習者自ら引き出したのである。このことから明らかなように、「成長」を実感する背景には、「学ぶ意味」「学ぶ必然性」「自己効力感」が大きく関係している。それゆえ、OPPシートを構成する要素は、これらが実感できる働きかけを促している。

また、「成長」という言葉は、「変容」「可能性」などに言い換えることができる。OPPシートには、学習者の中に眠っている「成長」という可能性に働きかけを行う仕掛けが施されていると言える。その具体的な働きかけは、「可視化」などである。こうした働きかけによって学ぶことの本質である「学ぶ意味」や「学ぶ必然性」を自覚し、「自己効力感」を得ることができるのである。

本書で取り上げた実践例も、この視点から検討してみると、教育の本質が必ずや見えてくるに違いない。

4. OPPA論と教育目標論との関わり

「目標は評価の裏返し」とか「目標と評価は一体」ということが言われてきた。教育の議論では、教育目的や目標から始まって最後に教育評価が位置付けられることが多く、ややもすると評価が尻切れトンボのように軽んじられることがある。そのようなことがないようにという意味を込め、この言葉が使われてきたと考えられる。

こうした背景には、目的や目標は達成されてこそ価値があるのだが、必ずしもそうではない現実がある。例えば、学習指導案の指導目標を見れば明らかなように、その多くは書いてさえあればよいものとされ、それが達成されたかどうか、どのように評価するのかは書かれていないし、確認されることもほとんどない。さらに言えば、学習指導要領の中で協調されてきた「生きる力」の評価など、どのように行うのか具体例を見たことがない。言いすぎかもしれないが、この事例から明らかなように、教育目標は謳われるのみで、その使命が果たされることはほとんどなかったのである。

ここで言いたいのは、これまでのような目標と評価の関係ではなく、高い目標を掲げそれをいかに評価し学習者に獲得させるかという具体的理論や方法の必要性と重要性である。たとえどれほど難しくとも、否、難しいからこそ取り組む価値があり、果敢にその達成に向けて挑戦し続けなければならない。本書の実践例はその一端と考えているのだが、いかがであろうか。

OPPA論では、OPPシート各構成要素の「問い」が教育目標と位置付けられるので、それに対する回答が評価となっていると考えている。つまり、毎時間ごとに目標と評価の確認が行われ、学習や授業の修正が行われている。これが、「指導と評価の一体化」や「形成的評価」の一つの方法と言えるだろう。OPPシートの「問い」である目標は、学習内容の理解からメタ認知の育成までも含めた幅広くかつ高度なものとなっている。

まだまだ道半ば、否、やっと入り口を見つけたOPPA論であるが、実践を通した多くの課題を克服することによって学習者や教師の成長にこれからも寄与していきたい。

註

1) OPPA論は、2002年に堀哲夫により開発され、「一枚ポートフォリオ評価論」という名称もそのときに付けられた。理論については以下の書籍を参考にされたい。堀　哲夫『新訂　一枚ポートフォリオ評価OPPA－一枚の用紙の可能性－』(東洋館出版社、2019)。本稿で使用している図1～8は同書から引用している。

2) 文部科学省「中央教育審議会答申全文」『別冊　初等教育2月号臨時増刊』p.303、平成29年2月

3) M.M.Cooper & S.Sandi-Urena, Design and Variation of an Instrument To Assess Metacognitive Skillfulness in Chemistry Problem Solving, *J. Chem.Educ.*,2009,86, 240-245.

2 OPPAで何ができるのか

1. 寄せられた質問をもとに

OPPA論研究会には、「OPPAで何ができるのですか？」「OPPAの使い方を教えてください」という質問が多く寄せられる。本節では、これらの質問に答える形で「OPPAでできること」や「OPPAの使い方」を検討していく。本節の前に、まずは前節「OPPA論とは何か」を一読していただきたい。その内容を踏まえた上で、本書に掲載している実践を例に挙げながら、より具体的に論じていきたい。

2.「評価によって資質・能力を育成する」とはどういうこと？

OPPA論は当初、理科教育を中心に広まってきた。現在では、教科を問わず教育現場のあらゆる場面で活用されている。2002年の開発当初から資質・能力に注目し、その育成について、OPPシートを用いた具体的な方法論とあわせて提案されてきた。OPPA論の学力モデル（図1）[1]を見ればわかるように、資質・能力の中

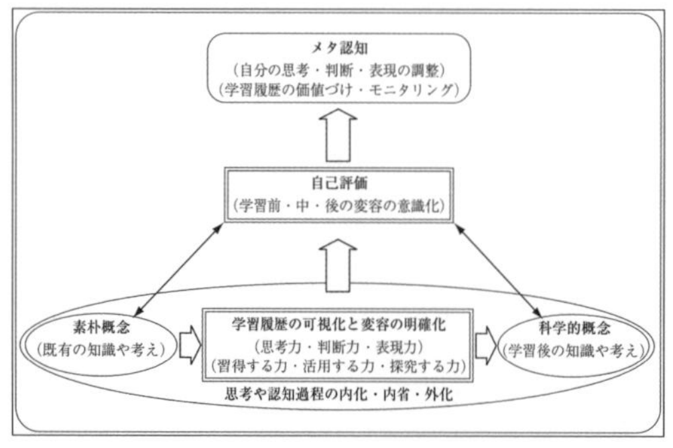

図1 OPPAの学力モデル（堀、2019）

でも特に「メタ認知」に注目し、学習や授業でOPPAを活用することでこれを獲得すると同時に、「なぜ学ぶのか」といった「学ぶ意味・必然性」を感得することを意図している[2]。最近では、グリット、自己制御・自己コントロール、批判的思考、好奇心といった「非認知能力」[3]の育成に効果的であることが明らかになりつつある。

OPPAは、評価である。したがって、評価によって資質・能力が育成されると言える。これに関する質問も多い。例えば「OPPAは評価なのに、なぜOPPシートを成績付けに使ってはいけないのですか？」「指導と評価の一体化は具体的にどうすればいいのですか？」「授業改善と評価を結び付けるのが難しいです」などである。評価と授業改善が結び付けられなければ、評価によって資質・能力を育成するといった考え方を理解するのは困難となろう。

ここには、評価観や学力観といった教師の教育観の問題が存在する。ここでいう教育観とは、評価に関する考え方（評価観）や学力に関する考え方（学力観）、授業に関する考え方（授業観）、学習に関する考え方（学習観）など教育に関わる考え方を指す。次に、これらについて検討したい。

(1) 教師の評価観の実態

OPPAは「自己評価を重視した形成的評価」と説明することができる。したがって、OPPAを活用する上で、「自己評価」や「形成的評価」に関する適切な理解が必要とある。

「形成的評価とは何ですか？」「ノートをチェックして形成的評価を行っています」という質問や意見がある。これは、今回執筆者とやり取りする中で多く耳にした「丸付け」という言葉にも表れていると思われる。「丸付け」は、テストはもちろん、ノートやプリントなどの提出物をチェックする際に行う作業である。これが「成績を付ける」という意味での評価とするならば、教師はノートに記載された内容が適切か否か、あるいは、どの程度適切なのかをチェックし、成績付けする（判断する）仕事に日々追われていることになる。このように常に判断を迫られる「丸付け」は苦しい作業となるため、評価によいイメージをもてないのも無理はない。

OPPAでは、「丸付け」の必要はない。学習履歴欄では、児童生徒自身が「一番重要だと思ったこと」を記述するが、個々人の意見・考えの一番を記述するのだから、そこに正解も不正解もない。「本質的な問い」についても同様である。この「丸付け」の必要のない「問い」が、資質・能力の育成という機能をもつ。このような機能を有効に働かせるためにも、成績付けにOPPシートを用いないことを原則とする。

以前、小・中・高等学校の先生方を対象に、授業改善と教育評価に関わる意識調査を行った[4]。図2は「評価とは何だと思いますか」に対する回答結果である。「児童・生徒の学力到達度（結果）を測るもの」が一番多く、「学習や授業の改善を行うためのもの」は、23.9%となった。このように、評価＝評定（成績）といった考え方をもつ教師が多いことがわかる。

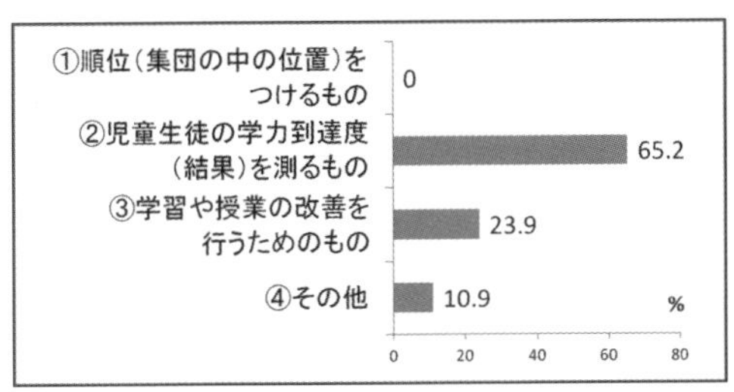

図2 教師の評価観（N=93）

(2) 教育評価の機能

図3は、アンケートの2つ目の質問「授業改善において必要なことはどれだと思いますか？」に関する回答結果である。ここでは、「当てはまると思うものすべてを選択してください」とし、複数回答とした。この質問は、授業改善に必要な要素として教師が考えるすべてを調査する目的で設定した。その結果「①研究授業」「②教材開発」「③教材研究」「⑤各種研修会」が多く、「⑥教育評価の活用」は他に比べると低かった[5]。これらの結果から、授業改善においては「授業方法の工夫」や「教材開発」に教師の関心が集中していること、評価を活用する必然性をもちにくいことといった教師の評価観の実態が明らかになった。

このような教師の評価観により、学習や授業における評価の位置付けに問題が生じることになる。つまり、評価を学習や授業にどう生かすのかといった評価の機能の問題である（表1）[6]。

OPPAは、「学習のための評価（Assessment

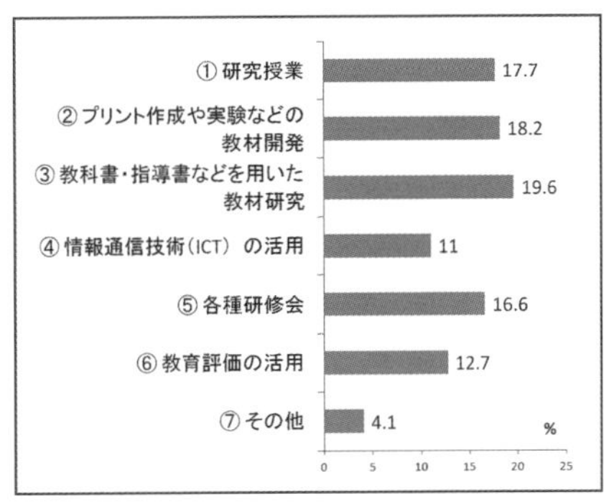

図3 授業改善に必要な要素
（複数回答としたのでN=362となった）

for Learning)」「学習としての評価(Assessment as Learning)」の両方の機能をもつ。「学習のための評価」は「指導と評価の一体化」を意味し、「学習としての評価」は「学習と評価の一体化」を意味する。この「学習としての評価」は、表1に示すように、「自己の学習のモニタリング、および、自己修正や自己調整（メタ認知)」を目的とする。すなわち、評価によるメタ認知といった資質・能力の育成である。先ほど「(1) 教師の評価観の実態」で述べたように、OPPAにより資質・能力が育成されるのは、この「学習としての評価」、言い換えると「自己評価」の機能による。

OPPAに関する多くの質問・相談はこの評価観によるものが大きいと思われる。図1に示された「評価は結果を測るもの」といった評価観に基づき、OPPAを活用するのであれば、効果をあげるのは難しい。したがって、まずは教師が自身の評価観を問い直すことが重要となろう。

ここで、現行の学習指導要領に大きな影響を与えたOECD Education2030による「ラーニング・コンパス（学びの羅針盤)」について触れておきたい。「ラーニング・コンパス」は、「生徒が教師の決まりきった指導や指示をそのまま受け入れるのではなく、未知なる環境の中を自力で歩みを進め、意味のある、また責任意識を伴う方法で、進むべき方向を見出す必要性を強調する目的」で採用された。この「ラーニングコンパスにおいて、その中心的概念とされているのが『エージェンシー』である」[7]。「エージェンシー」とは「変化を起こすために、自分で目標を設定し、振り返り、責任を持って行動する能力（the capacity to set reflect and act responsibly to effect change）を示す能力を指す[8]。

本書に掲載している実践例において、この「エージェンシー」の深まりに、OPPAが効果的であるとの示唆が得られた。これは、「自分で目標を設定し、振り返る」ことがOPPシートに設定された「問い」により必然的になされることによると考えられる。

図4は、OPPシートを活用した授業を受けていた高校生によるノートの走り書きである。誰かに見せるために書いたものではなく、つぶやきとも言えよう。この生徒は当初は、学習に意欲的とは言い難い状態であったが、学習を通して勉強が「自分のプラスになる」ことを自覚し、「自分が自分らしく嫌々になっていない」状態

表1 評価の機能（中島、2019)

アプローチ	目的	準拠点	主な評価者
学習の評価 (Assessment of Learning)	成績認定、進級、進学などのための判定(評定)	他の学習者。教師や学校が設定した目標	教師
学習のための評価 (Assessment for Learning)	教師の教育活動に関する意志決定のための情報収集、それに基づく指導改善	学校や教師が設定した目標	教師
学習としての評価 (Assessment as Learning)	自己の学習のモニタリング、および自己修正や自己調整（メタ認知)	学習者個々人が設定した目標や、学校・教師が設定した目標	学習者

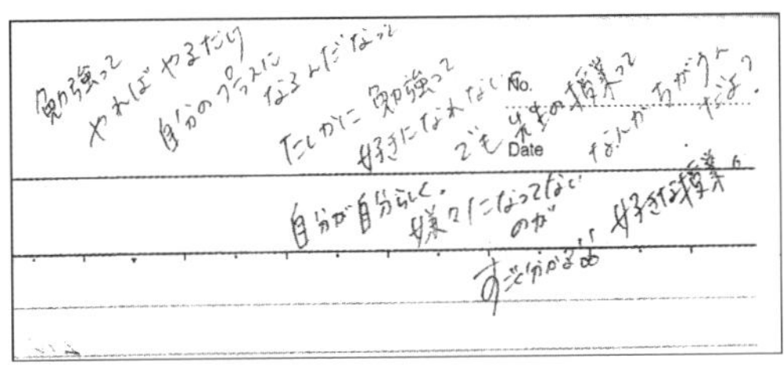

図4 化学のノートへの書き込み(高校2年生)

に変容する姿を客観視する様子が見られる。これぞまさに「エージェンシー」の高まりを示すものではなかろうか。

OPPA論では教師が設定する「指導目標」に対して、学習者が自ら設定する目標を「学習目標」として明確に区別する。これが振り返り(「自己評価」)を可能にする。例えば、第2章7の実践「OPPシートで成長した自分と出会う」(p.84～91)や第2章1の実践「ひき算って何?」(p.34～41)では、小学校1年生であってもメタ認知を働かせる姿が見られた。「ひき算って何?」では、「なんで大きいと書いてあってもひきざんなの?」といった小学校1年生なりの「学習目標」がOPPシートに記述され、これが児童の学習改善および教師の授業改善につながっている様子が示された。

周りから「小学校1年生には書けないのでは?」という疑問の声があがる中、OPPシートを授業に導入し、「ひきざんとは何ですか?」という「本質的な問い」を子どもたちに投げかけた実践の意義は大きい。

これに関連して「非認知能力」にいち早く注目したノーベル経済学賞受賞者であるジェームズ・ヘックマンの主張を紹介したい。ヘックマンは、幼少期に「非認知能力」を育むことの重要性を主張する[9]。これを考えると「小学校1年生には答えられない」と最初から決めつけてしまうのは、子どもの成長を阻害しかねない。今後、さらなる議論が必要であるが、この成果は大きいだろう。

次に、OPPシートに設定された「問い」に関する質問について検討する。

3.「本質的な問い」はどのように設定する?

「『本質的な問い』の設定が難しいです」「『本質的な問い』をどう授業で活用するのかわかりません」といった意見や質問が多い。まずは、もう一度「本質的な問い」について整理しよう。

(1)「本質的な問い」の設定

「本質的な問い」には、基本的に次の二つがある。一つは、単元に関わる「本質的な問い」である。具体例として本書で紹介しているのは、第2章9の実践「磁石って何?」(p.92～99)、第3章5の実践「タマネギはどんな生物だろうか」(p.148～155)。もう一つは、教科・科目に縛られない「本質的な問い」である。具体例としては、第2章5の実践「OPPシートは楽しい冒険の『地図』」(p.68～75)や、第3章6の実践「よいクラスって何だろう?」(p.156～161)、第2章10の実践「間違いは宝」(p.100～107)などである。第2章4の実践「生徒は先生」(p.58～67)と第2章6の実践「『学習と指導と評価の一体化』の実践」(p.76～83)では両方が紹介されている。両者に共通するのは次の二つである。

①回答が一つとは限らないこと

これは、「本質的な問い」が、学習による変容を見取るために設定されていることによる。つまり、学習前に児童生徒がもともともっている概念や考え方が、「学習によってどのように変容するのか」を教師が見取るには、「問い」とその回答が一対一対応、あるいは回答の幅を狭くするような「問い」では困難だからである。

さらに、回答が一つに限らないことで、個々の児童生徒の「学習前」の実態を把握する診断的評価の機能をもつ。教師だけではなく、学習者自身が自らのもつ概念や考え方とその変容を自覚するといった「自己評価」の機能もあわせもつのである。これが、OPPAの「学習と指導と評価の一体化(Assessment as Teaching and Learning)」を可能にする。

②同じ問いが小・中・高等学校、大学、および教員研修において活用可能であること

これは、教科・科目に縛られない「本質的な問い」はもとより、単元に関わる「本質的な問い」も同様である。例えば理科における「磁石とは何か」「タマネギとは何か」や、社会科・地歴公民科における「戦国時代とは何か」「政治とは何か」は、小学校から大学の講義に至るまでどの校種・学年でも使用できる。教材によっては国語科や英語科でも可能であろう。これはOPPAの汎用性と言える。この機能によって、学習による変容の継続的な把握が可能になる。

例えば、本書では紹介していないが、「命はなぜ大切だと思いますか」という「本質的な問い」を用いた理科の実践がある[10)]。これは理科や社会科、道徳科、さらに、生活指導などでも活用できるだろう。

コンセプトマップを「本質的な問い」として活用することも可能である。本書では、コンセプトマップを活用した第2章3の実践「OPPシートで児童の実態が見える」(p.50～57) を紹介している。

(2) パフォーマンス課題としての「本質的な問い」

さらに、本書では「本質的な問い」を「パフォーマンス課題」として活用した実践も紹介している。第3章5の実践「タマネギはどんな生物だろうか」(p.48～155) と第2章6の実践「『学習と指導と評価の一体化』の実践」(p.76～83) は、OPPA論に基づく「パフォーマンス課題」である。

また、「本質的な問い」を活用した教材として「ダイヤモンドランキング」と「すごろくトーク」を掲載した。第3章1の実践「『本質的な問い』でコミュニケーション」(p.116～125) ではその理論を、第3章2の実践「児童の『わからない』の意味」(p.126～133) では、その具体的事例を紹介した。これらもOPPA論に基づく「パフォーマンス課題」として活用してほしい。

4.「この授業で一番大切なこと」を問うのは、この授業でわかったことを問うのとどう違う?

最も多い質問の一つに「『この授業で一番大切なこと』を問うのと、この授業でわかったことを問うのでは何が違うのか」という質問がある。これについて、三つの観点から検討したい。

(1) 最小限の情報で「指導と評価の一体化」を可能にする

まず、「指導と評価の一体化」である。教師が授業改善を行う上で、必要な情報は何だろうか。例えば、教材や学習活動を選択する際、何をその根拠とすべきだろうか。それは、児童生徒の学びの実態に他ならない。たとえ教師が効果的だと言われている学習活動に関する情報を

多くもっていたとしても、それらを授業に取り入れる際、限られた時間の中でできるだけ効率よく授業を実施するためには、目の前にいる児童生徒の学びの実態を把握することが重要となる。その際、わかったことが羅列される場合と、最も重要なことが記述される場合とでは何が違うのだろうか。これについて、堀はOPPシートの「問い」は「学習者主体の回答を求める『問い』」であると述べている（p.110）。一番重要だと判断しているのは学習者自身であるので、教師は学習者の価値観や考え方（学びの実相）、つまり学習者主体の情報を見取ることができるのだ。

これを医師の仕事に置き換えて考えてみたい。わかりやすくするためにかなり極端な言い方になるが、例えば、ある病気に効果がある薬が10種類あったとして、目の前の患者に対し、その中からどれを選択し、どのように使用するのかは、医師の診断（評価）にかかっている。患者にとっては効くからといって10種類を注射（投薬）されたらたまったものではない。同様に、教師には、児童生徒の学びの実態を把握し、どういった学習活動が効果的かを判断することが求められる。さらに、これを形成的に行う必要がある（形成的評価）。OPPシートの学習履歴欄に設定された「問い」は、この機能をもつのである。

(2) 振り返りと見通しを可能にする「学習と評価の一体化」

次に、「学習と評価の一体化」である。児童生徒は「最も重要（大切）」を問われたことで、「自分の一番」を記述しなければならないので、必然的に授業を振り返り、その過程で得られた（あるいは変容した）自分自身の概念や考えに順位付け（価値付け）を行う必要がある。これにより自身の目標（学習目標）を設定すること（見通し）を可能にする。これは、評価による資質・能力の育成に大きく寄与する。

これに関しては「（児童・生徒が一番重要だと思う内容は）黒板に教師がまとめた内容と同じなので、黒板を写すだけではないか」といった質問もよくある。もし「黒板を写すだけ」だったとしたら、そこでは何が起こっているのだろうか。考えられるのは次の二つである。

一つは、評価観に関わって「教師に対する忖度」である。教師がまとめたことを記入しさえすれば、悪い成績はつかないであろうし、教師から×をもらうことはないだろうという考え方である。もう一つは、「学習・授業の主体は誰か」の問題である。もし、「この授業で一番重要（大切）なこと」を問われた児童生徒の回答が「黒板を写すだけ」に終始していたとしたら、それは、授業によって児童生徒が学んだもの（一番重要なこと）が、教師の想定内で完結したことを意味する。これでは、学習者主導の学び（主体的な学び）は促されない。もし、そのような状況があったとしたら、自身の授業観の再考による授業改善が必要となろう。

(3)「コンテンツベースからコンピテンシーベース」へ

(1) と (2) は、学力観と大きく関係する。今回の学習指導要領改訂のポイントの一つとして「コンテンツベースからコンピテンシーベースへの転換」がある。つまり、教科の内容重視から資質・能力への転換である。先ほども述べたように、資質・能力の育成には「学習としての評価」、すなわち「自己評価」が重要となる。ここでは表1に示すように、学習者が自ら目標、つまりOPPA論における「学習目標」を設定する必要がある。児童生徒が「自己評価」を行うための「学習目標」を設定するためには、まずは、自分自身の学びの実態を自覚（自己評価）する必要がある。つまり、「自分は何がわかっているのかわかっていないのか」「どこにつまずいているのか」「その克服には何が必要なのか」を自覚することで、「学習目標」は設定されるからである。これは先ほども述べたように「エージェンシー」にも大きく関係する。

「『本質的な問い』の設定が難しい」との悩みについて、堀は「教師がこれまで考えたことがないからである」と述べる。それはつまり、これまでの「コンテンツ」重視の学力観によるものだと考えられる。

ここで一つ押さえておきたいのは、OPPAはコンテンツを軽視しているわけではないということである。「OPPAを活用した授業では教科書の内容を理解するという考えが薄い？」といった意見が時々寄せられる。まずは、そもそも「コンテンツかコンピテンシーか」といった二者択一の問題ではないことを抑えておきたい。その上で、OPPAの学力モデル（図1）を再度確認したい。OPPAでは、学習者がもともともっている概念（素朴概念）や考え方（素朴な考え方）を、適切なもの（科学的概念）に変容する過程で、「自己評価」によって「メタ認知」する能力が育成される。したがって、OPPAでは、資質・能力の育成はコンテンツの適切な理解とともになされることになる。これが、本書の実践にも示されるように、「学ぶ意味・必然性」の感得による学習意欲の向上につながるのである。

5. これはOPPシートと呼べるもの？

「これをOPPシートと呼んでもいいですか？」という問い合わせもよくある。OPPシートはそのシンプルさゆえに、シートに設定された「問い」や構造に手を加えたものを目にすることが多い。これまで明らかになっているOPPAの効果は、OPPシートに設定された「問い」によるものが大きい。

開発者の堀が述べるように、OPPシートは「一枚の用紙に必要最小限の情報を最大限に活用すること」が求められている。必要最小限の情報については、前節の1（1）②OPPシートの基本的構造（p.10）を参考にしていただきたい。この要件が満たされて初めてOPPシートと呼ぶことができる。

先ほどから繰り返し述べているように、OPPAの効果は、OPPシートに設定された「問い」による。改めて確認すると、①「本質的な問い」、②学習履歴欄の「今日の授業で一番大切だと思ったことを書きましょう」、③上記二つの問いに対する学習者の回答の変容を「自己評価」するための問い「この単元の学習によってあなたは変わりましたか？ 変わったとしたらどこが変わりましたか？」である。学習履歴欄には「タイトルをつける欄」や「感想や疑問点を記載する欄」を設ける場合もある。これらの「問い」のすべてが設定されたものをOPPシートと呼ぶ。

6. 書けない児童生徒にはどう指導する？

「書けない児童生徒にどう指導すればいいのかわからない」「OPPシートは低学年の児童には向かない。書けない」といった意見も多い。これは、正答を書かせるのが教師の力量であるといった考え方によるものと考えられる。通常のテスト問題と同様に、OPPシートにも適切な解答あるいは何か書かなければ（書かせなければ）ならないと考える教師が多い。

これに限らず、OPPAに関わる質問や悩みには教師の教育観の影響が大きいということは、本節での検討を通してわかっていただけただろうか。では、適切な教育観に変容するためには何が必要なのだろうか。

(1) OPPシートへのコメントによる「フィードバック」

先ほどから述べてきたOPPAの「学習と指導と評価の一体化」の機能は、OPPシートに学習者の学びの実態が記述されて初めて効果をもつ。「書けない実態」「不適切な記述」は、その時点での個々の児童生徒の実態を示すものであり、否定されるものではない。これに対して「丸付け」の必要はないのである。「指導と評価の一体化」は、この実態に基づきなされ、「学習と評価の一体化」は、学習者がこの実態を自覚することでなされる。

では、適切な記述に変容させるにはどうしたらよいのだろうか。ここでは「フィードバック」が重要な役割をもつ。具体的には、OPPシートへの教師のコメントがあげられる。これまでの研究を通して、教師の適切なコメントによる「フィードバック」が、学習者の「自己評価」能力の育成に効果的であることがわかっている。さらに、学習者の記述から、教師自身も授業を「自己評価」することによって、「どのような教育が必要なのか」といった教育観が変容し、より適切なコメントができるようになると考えられる。

ここでの「フィードバック」は、オーストラリアの教育評価研究者であるSadler（1989）の提案に依拠している。Sadlerは、「フィードバック」を、学習者の実際（actual level）と目標（reference of a system parameter）の差異（gap）を明らかにし、それを埋める役割をもつものとしている[11)]。

つまり、教師による「フィードバック」は、教師の指導目標と学習者の実態との差異を埋めるという重要な役割をもつのである。言い換えれば、この「フィードバック」は、教師が自身の授業を「自己評価」することを意味すると考える。なぜならば適切な「フィードバック」は、「学習者の実際（actual level）と目標（reference of a system parameter）の差異（gap）を明らかにし、それを埋める」ためになされるのであるが、これらは教師が自身の授業を振り返り、自覚すること、言い換えれば教師の自己評価を意味すると考えられる。

「コメントの仕方がわからない」という悩みが多く寄せられるが、コメントは、学習者の学びの実際と指導目標の差異を把握した上で、それを埋める形で行う必要がある。正答を直接伝えるようなコメントは学習者の学びを阻害することにもなりかねない。

さらに、「忙しくてコメントする時間がない」といった声も耳にするが、これは限られた時間の中で優先すべきものを整理する必要があろう。「学習と指導と評価の一体化」がなされるためには「フィードバック」は欠かせない。教師のコメントが児童生徒の「自己評価」能力の育成に効果的であること、さらには、教師自身の力量形成に意義があることを考えると、自ずと答えは出るであろう。

(2) OPPAを活用した授業実践がそのまま教師の学びとなる

OPPAは、長年にわたる研究成果である。加えて、実際にOPPAを活用した実践を繰り返す中で更新され続けている。これらの実践においては、児童生徒の資質・能力の育成と同時に、教師の力量形成がなされてきた。「研究と実践の融合」を通した教師の力量形成と言えよう。第3章8・9の実践で紹介した「学習者用OPPシート」「教師用OPPシート」「研修用OPPシート」を用いた授業研究、教員研修や教員養成への活用も可能である。

7. OPPシートの適切な活用に向けて

本来のOPPシートの要件を満たしていない事例が、残念ながら後を絶たない。なぜそのようなことが起こるのだろうか。これについて整理しておこう。

第1に、OPPシートはそのシンプルな構造も相まって、教師が自分なりに工夫を加えやすいことである。これまで述べてきたように、OPPシートに設定された「問い」はそれぞれが「学習と指導と評価の一体化」に有効な機能をもつ。シンプルゆえに、設定された「問い」やその構造には「大した意味がない」と誤解されやすい。

筆者も教師時代にたくさんのワークシート教材を作成した。しかし、それらは、あくまでも自分の拙い経験と勘に基づいたものであり、言うまでもなくOPPシートとは比べものにならない。もちろんOPPシートは絶対的なものではないが、開発の背景とその効果を考えると、OPPシートの改変には相当な科学的根拠が必要になるだろう。

第2に、教師の教育観の影響である。教育には科学的な根拠が必要で、科学的に授業を作るという考え方が重要である。OPPAによる教師の教育観の変容については、本書で紹介した多くの実践者が強調するところである[12)]。

8. おわりに －まだ使ったことがない方へ－

本書に示された実践が語るように、まずは教師が、自身の教育観を再考することが重要となる。しかし、これはなかなか難しい。OPPAは、OPPシートに設定された問いにより、学びの実相をあぶり出す。OPPシートは、教師の教育活動を映し出す鏡なのである。この鏡に映し出された自分自身の教育活動を省察することで、教育観は問い直される。つまり「自己評価」による改善である。

最後に、OPPAをまだ使ったことがない方に一言申し上げたい。まずはOPPシートを導入してみてほしい。多くの先生が、使ってみてその効果がわかったと実感している。

今後も寄せられる質問や相談に耳を傾け、共に試行錯誤しながら、教師の専門性の向上のために貢献していきたい。

1) 堀 哲夫（2019）『新訂版　一枚ポートフォリオ評価OPPA』東洋館出版社、p. 85
2) 中島雅子（2019）『自己評価による授業改善　OPPAを活用して』東洋館出版社、p.70
3) 小塩真司（2022）『非認知能力　概念・測定と教育の可能性』北大路書房、pp.1-10。
4) 中島雅子（2016）「『見取ること』をめぐる課題とその克服―『自己評価』による授業改善を中心として」『理科の教育』東洋館出版社、2016年9月号、pp.5-8。
5)「④ICTの活用」が最も少ないがその理由として教師らは運用面の問題をあげている。
6) 中島雅子（2019）同上書、p.27
7) 白井俊（2020）「OECD Education 2030 プロジェクトが描く教育の未来　エージェンシー、資質能力とカリキュラム」ミネルヴァ書房、p.79。
8) OECD Learning Compass Concept Note. Retrieved from https://www.oecd.org/education/2030-project/contact/【最終アクセス2022年10月15日】
9) 小塩真司（2022）『非認知能力　概念・測定と教育の可能性』北大路書房、p. i 。
10) 理科における実践は次を参照されたい。榎本充孝・中島雅子（2017）「学習者の資質・能力育成におけるOPPシートの機能に関する研究 ―小学校5年『人のたんじょう』の単元を事例にして―」埼玉大学紀要 教育学部Vol.66、No.2、pp.257-267。
11) Sadler, R.(1989) . Formative assessment and the design of instructional systems, Instructional Science, 18, 120-121.
12) これについて、本書では各実践の1ページ目に「OPPAを通した教師の変容」として示した。

3 OPPA論のキーワード

あ

ICT

ICTとはInformation and Communication Technologyの頭文字をとった言葉で、日本語の意味は、情報通信技術である。GIGAスクール構想により、1人1台端末環境において教育データの効果的な利活用を推進することが求められているが、OPPシートのデジタル化も盛んに行われるようになってきている。具体的にはMicrosoft wordやexcelで作成したOPPシートやGoogle classroomを活用したものがあげられる。

足場かけ

より深い学習を促進するための支援を言う。建物を建築するとき、適切な足場が必要であるように、学習において学習者自身が理解できるように教師がヒントやコメントを与えたり、きっかけを作ったりすること。最終的には、足場は取り外されることになる。

OPPA

OPPAとは、One Page Portfolio Assessmentの略。教師のねらいとする授業の成果を、学習者が一枚の用紙の中に学習前・中・後の学習履歴として記録し、その全体を学習者自身に自己評価させる方法。堀 哲夫が2002年に開発。

OPPシート

One Page Portfolio sheetの略。OPPAの目的を達成するために、一枚の用紙を用いて教師が作成するもの。「単元名タイトル」、「学習前・後の本質的な問い」、「学習履歴」、「学習後の自己評価」の四要素から構成。

か

外化

学習者の内部で生じる思考や認知過程を外部に表すこと。

学習目標

学習において学習者がもつ目標を言う。学習者が授業の始めから学習目標をもっていることはほとんどないので、学習目標や自己評価を問題にする場合には、授業において学習目標をもつようにする必要がある。OPPシートを利用するには、学習目標を学習者にいかにもたせるかが重要な課題となる。

学習履歴

OPPシート構成する要素の一つ。毎時間、授業終了後、学習者が「授業の一番大切なこと」を記録した内容。授業終了時点における学習者の発達の最近接領域と考えることができる。ここに表現された学習状況をもとに、学習者と教師がそれぞれの自己評価を行い、学習および指導の改善に生かすことを主な目的としている。

学力モデル
理想としての学力像を明確にして、主として、その要素間の関係を図示したもの。

教材研究
教育目標を達成するために、授業において学習者に獲得させる資質・能力を明確にするために行う授業（単元）前・中・後の研究。OPPシートの本質的な問いと深く関わっている。

教師用OPPシート
教師の指導の修正や改善を目的に作成する教師のためのOPPシートである。2種類の使用方法がある。一つは教師が学習者用のOPPシートに設定された問いと同じものを設定し使用する方法である。もう一つは、学習指導案の機能を伴った使い方である。例えば、学習前の「本質的な問い」には、同欄に対する学習者の記述をカテゴリー化したものを学習者の素朴概念として整理し、当初設定した授業計画を修正する。また、「学習履歴」には、授業改善の視点を得る目的で、学習者の記述から得られたその授業における「最も重要なこと」を整理する。

形成的評価
学習者の学習状況から、授業の適切性を判断し、その改善を行うための評価。OPPシートの学習履歴は学習状況の把握、評価、改善を行うことができる。

高次の学力
学力の中で、もっとも高いところに位置付けられる学力。「メタ認知」、「生きる力」、「自ら学び自ら考える力」、「キー・コンピテンシー」なども高次の学力と考えることができる。

構成主義
私たちは日常生活において、外界と相互作用をしながら、いろいろな事象を認識していく。そのとき、人は知識や考えを受動的に受け入れるのではなく、主体的に現実や意味を構成し認識していくという立場。OPPシートは、素朴概念がどのように変容し科学的概念にまで高められていくのかを見取り、適切な働きかけを行っているので、構成主義の考え方に基づいている。

コンセプトマップ
学習で扱う概念間の関係を線で結び、可視化した図。学習や授業では、学習前に学習者にコンセプトマップを書かせ、既有の知識や考えである素朴概念を把握し、それを活用し学習後どのように変容したのか、再度書かせることが多い。OPPA論では、学習前・後に書かせたものを学習者自身に自己評価させることを勧めている。この方法は、認知や思考内容の変容の可視化、とりわけメタ認知の育成や評価に効果的であると考えられるからである。

自己効力感
自己効力感は、一般的に、所与の課題がどれだけ適切に処理できるかという自信を言うが、本書では学ぶことによる手応えも含めて考えている。

自己調整学習

学習者が自らの学習を動機づけ、統制、制御し、改善する過程。学習者が学習過程に積極的に関与するところに特徴の一つがある。

自己評価

OPPシートを構成する要素の一つ。学習者自身が、自己の学習目標に照らして学習状況を把握し、学習の改善に生かすこと。教師の場合は、指導目標に照らして学習状況の実態から授業の評価を行い、指導の改善を行うための評価。OPPシートでは、学習前・後の本質的な問いの変容に関するもの、学習履歴の変容に関するもの、OPPシートの記述内容全体の変容を振り返るものという三つの自己評価を含めている。メタ認知の育成、学ぶ意味、必然性、自己効力感を感得させるために必要不可欠。

指導目標

授業において教師がもつ目標をいう。一般には、教育目標や学習目標と区別されることなく用いられているが、教育目標、指導目標、学習目標の三者は区別して考える必要がある。

自由試行（messing about）

自由試行とは、ホーキンス（Hawkins, D.）が提唱した科学的探究の一つである。学習者の素朴概念の表出や科学的概念への変容に効果があることが明らかになっているが、自由試行で得た学習者の実態を把握することの難しさや、それを授業改善にどのように生かしたらよいのかという方策が欠如していることも指摘されている。これらの課題には、OPPA論の導入が効果的であることが明らかになっている。OPPAがもつ「学習としての評価（Assessment as Learning）」を促すこと、およびそれらをモニタリングする機能により、学習者の「学習目標」の形成とその質的向上がなされ、その結果メタ認知を促すことがその要因である。

条件的知識・理解

なぜ、いつ実施するかに関する知識・理解を言う。

診断的評価

学習前の学習者の既有の素朴概念を明らかにして、授業構成を行うための評価。診断的評価の意味は、学習によって素朴概念を科学的概念に変容させるための形成的評価、学習の成果の確認、かつそれを意味付ける総括的評価の前提として重要。

すごろくトーク

サイコロを降ってコマの止まったすごろくマス目に記された問いに、参加者が自分の言葉で答えるゲーム形式として作成されたコミュニケーションツールである。ここでの問いは「本質的な問い」を設定するのが効果的である。サイコロによって偶然に止まった問いに対し、瞬時に判断し適切な答えを導くことになる。また、すごろくの隅にある三つのマス目には「質問をする」「いいところを探す」「共感する」など、対話を促す仕掛けが設定されている。「すごろくトーク」も「ダイヤモンドランキング」同様、学びの見通しや振り返りで活用できる。

成長

OPPA論は、学習者や教師が成長することを目的としている。ここで言う成長とは、学習や授業によって学習者や教師が望ましい姿に変容することである。その変容を把握するために用いるのがOPPシートに他ならない。学習者用OPPシートを使って両者の変容と自覚化を図り、変容を見取る。教師の成長をより広くかつ深く把握するためには、教師用OPPシートを用いるとよい。

宣言的知識・理解

物事に関する知識・理解を言う。

専門性

OPPAは、OPPシートの、「学習者の概念や考え方の内化・内省・外化」を可視化する機能により、いわゆる「ブラックボックス」であった学習者の概念や考え方、およびその形成過程を把握することを可能にする。その結果、「学習と指導と評価の一体化」がなされ、メタ認知の育成を可能にする。このように、学習者の教育による成長といった教育の本質に迫るという専門性をもつ。

総括的評価

学習者の素朴概念がどのように変容し、最終的にどのような学習の成果が見られたのかを確認すること。学習者の学習成果から、教師が自らの授業評価を行うことも含まれる。また、学習者と教師、双方の自己評価も含まれている。

素朴概念

経験や教育などを通して培ってきた、人が現在もっている知識や考え。子どもにも大人にも存在する。簡単には、既有の知識や考えととらえることができる。ミスコンセプション、プリコンセプション、代替的概念、生活的概念などとも言われる。

た

ダイヤモンドランキング

ダイヤモンドランキングは、自分の考えや意見を表明し、仲間と話し合いながら合意形成を図り、思考を促すことをねらいとするコミュニケーションツールである。あるテーマの「問い」に関する解答例をカードにして、大切だと考えるものをランキングして議論を行う。カードをダイヤモンドの型に並べるのでダイヤモンドランキングという。カードにはどれも順位をつけ難い大切な内容が書かれている。これを、あえてランキングすることで自分の考え方を明確にし、他者との相違を考え、時には共感や対立によって根拠を持った深い話し合いに発展していくことを可能にする。各教科や道徳、学活、総合的な学習の時間など、小・中・高の校種を問わず多くの学習活動で活用することができる。

手続き的知識・理解

どのように実施するかに関する知識・理解を言う。

な

内化

外的な操作を自分自身の思考や認知過程内に取り入れ、再構成すること。

内省
自己の内部に取り入れた物事や情報について、自分自身の考え方や方法に照らして意図的に吟味する過程。

内化・内省・外化のループ
OPPシートを介して、相互に学習者と教師が思考や認知過程の内化・内省・外化を働きかけ合うこと。学習者と教師それぞれの自己評価が重要になる。

内化・内省・外化のスパイラル化
思考や認知過程の内化・内省・外化のループが、次第に質的に高められながら繰り返されていく状態。

認知構造
学習者が物事を認識する枠組みとしての構造。認知された外界の構造をさすこともある。学習においては、物事を認識するため、認知構造の変容という視点が重要である。

は

発達の最近接領域
ヴィゴツキー（Vygotsky, L.S.）によって提案された考え。学習者の知的発達を考える際に、学習者が現時点において解決可能な問題の水準、および教師など他からの援助や指導によって解決可能な問題の水準の二つがあり、この二つの水準の差から決められる範囲を発達の最近接領域とよぶ。OPPシートの学習履歴によって具現化された学習状況は、学習者が自分の力で解決できる水準を示していると考えることができる。この内容に対して、OPPシートは、教師がコメントを加え、次の水準に到達する働きかけを行うことができる。つまり、これが学習者の潜在的可能性に対する働きかけと考えることができる。

パフォーマンス課題
パフォーマンス評価に用いられる課題。表現活動や表現物などの実績や成果を確認できるものが求められる。

パフォーマンス評価
表現活動や表現物などの実績や成果であるパフォーマンスをもとに評価する方法。

汎用性
ここでいう「汎用性」は、どの教育実践においても広く活用できることを意味している。OPPA論は、教育実践における教科・科目を問わず、また運動会や朝の読書活動、道徳などの教科外の活動においても活用できる、また、研究における方法面での汎用性をもっているので、どの分野の教師も研究授業に参加できるといった利点がある。

プランニング
課題解決の目標を設定し、手段や方法の選択などの一連の計画を立てることをいう。プランニングには、計画と実行の過程や結果との関係を適切に把握し軌道修正を行う等のモニタリングが不可欠。

ポートフォリオ評価
ポートフォリオとは、学習者の制作物、学習活動の記録や教師の指導と評価の記録などを系統的に蓄積したもの。それを評価に活用する方法。

本質的な問い

OPPシートの学習前・後に設定される問い。単元を通して教師がもっとも伝えたい、押さえたい内容を問いにしたもの。単元を超えて、教科・科目などの本質は何かという問いにつながっている。

ま

間違いは宝

「間違いは宝」とは、間違いを学習・授業改善に活かす視点（宝）と捉えることを表す言葉である。学習者個々によって間違いの様相は様々であるが、OPPAでそれらを形成的にモニタリングすることで、改善に示唆が得られる。さらに、通常は授業中の発言や提出物などにおいて、教師は学習者に常に正答を求めるため、これに対し、学習者は間違えることに恐怖や不安を覚えてしまう場合が多い。学習者自身が「間違いは宝」であると認識し、間違いであっても怖がらずに表出する学習環境が必要となる。ここでは、授業中の働きかけが重要となる。OPPA論では、OPPシートにより一人一人の子供とコミュニケーションをとり、働きかけることが可能である。

学ぶ意味

学習者が授業を通して学習の価値や重要性を認識すること。OPPシートの自己評価と深く関係している。

学ぶ必然性

学習内容などが学習者にとって必要なものであると認識すること。授業において、学ぶ必然性を学習者に感じ取らせる必要がある。OPPシートの自己評価と深く関係している。

メタ認知

自分の認知についての認知。自分の思考についての思考。認知の知識・理解と認知の調整から構成される。OPPシートの自己評価と深く関係している。

モニタリング

自分の学習状況や認知の過程を、もう一人の自分が一段高い立場から監視すること。メタ認知の一部。

第2章

基礎・基本編

授業改善

小学1年 算数

1 ひき算って何?

子どもの可能性を信じる

自分の不甲斐なさを児童が教えてくれた。児童ができないのは、教師に原因があるのだ。1年生でもOPPシートは使える。むしろ素直だからこそ効果があると実感した。

OPPAを通した教師の変容

Before

「1年生だから、一つ一つ丁寧に教えよう」と考えていた。何度も児童に教えればできるようになるはず。しかし、足し算や引き算で苦戦する子どもたち。「なんで分からないの?」とできない理由を児童の中に探していた。

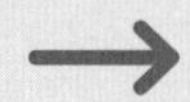

After

OPPシートにより、私が一方的に「教えた」ことが必ず児童の力になるわけではないと気付くことができた。「○○君はこう考えていたのか!」、「□□さんが間違った原因はここにあったのか!」と目から鱗の大発見が次々と現れる。見取ったことをもとに授業改善。すると、「先生、できたよ!」という声が徐々に増えていった。

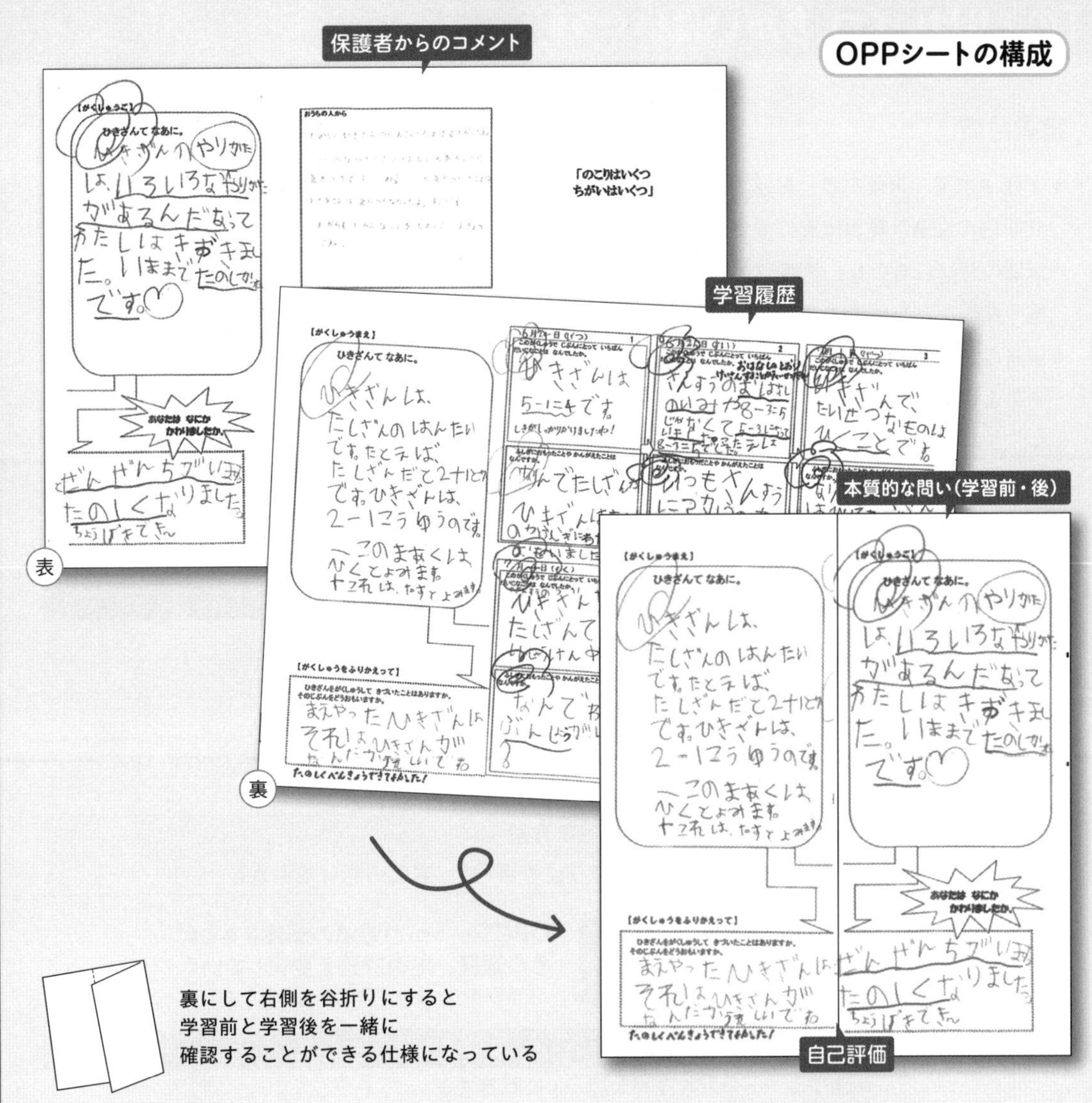

本実践の全体像

1「本質的な問い」の設定（p.37）「ひきざんってなあに」

- 学習前:診断的評価（素朴概念・学習の出発点）
- 学習後:総括的評価（学習の成果）
- 学習前後の比較（児童の変容）

2 教師の見誤り①（p.38）

- 「のこりはひきざん」という思い込みに対する教師の気づき

3 教師の見誤り②（p.39）

- 「『おおい』ってかいてあってもひきざん」という児童の記述に意外性を感じた教師の指導

4 指導目標の変更（p.40）

- 「『のこり』と『ちがい』は　いみがちがう」という児童の記述に応じた指導目標の変更
- OPPシートを見取る教師の力量形成の必要性

5 変容を自覚する児童（p.41）

- 「まえやった　ひきざんは　ぜんぜん　ちがう!」という自己評価による主体的な学びの出現
- 自己効力感の感得

「のこりはいくつ ちがいはいくつ」

指導目標

- 求残や求補、求差など、減法が用いられる場合について知り、減法の意味を理解し、被減数が10以内の減法計算が確実にできるようにする。
- 減法の意味に着目し、求残や求補、求差などの場面を減法の式に表し、その計算の仕方を数の構成や操作などを用いて考え、表現できるようにする。
- 減法の意味や減法計算の仕方について、数構成や操作などを用いて考えた過程や結果を振り返り、そのよさや楽しさを感じながら学ぶことができるようにする。

学習の流れ

Before

時数	学習内容
1	●求残の場合について
2	●求残の場面を減法の式に表し、答えを求める
3	●被減数が10以内の減法計算　●求補の場合について
4	●0を含む場面の減法
5	●求差の場合について
6	●文章問題を通した減法の意味理解
7	●お話づくりで、式の読み取りに着目して、減法の意味を考える

OPPシートへの児童の記述をもとに
その都度、指導計画を変更していく
※はOPPシートから教師が気付いたこと

After

時数	学習内容
1	●OPPシートの「本質的な問い」に回答する ➡ **1「ひきざんってなあに」** ●求残の場合について
2	●求残の場面を減法の式に表し、答えを求める ➡ **2「のこりはひきざん」(児童A)**
3	●前時の復習（ブロック）※言葉だけで減法と判断しない ●被減数が10以内の減法計算
4	●求補の場合について　●0を含む場面の減法
5	●求差の場合について ➡ **3「おおいって　かいてあってもひきざん」(児童B)** ※言葉だけで加法と判断しない
6	●文章問題を通した減法の意味理解
7	●お話づくりで、式の読み取りに着目して、減法の意味を考える ➡ **4「のこりと　ちがいは　いみがちがう」(児童C)**
8	●前時の復習（ブロック）　※「求残」と「求差」ではブロックの動かし方が違う ●OPPシートに本質的な問いについて回答する ●自己評価欄を記入する ➡ **5「まえやった ひきざんは　ぜんぜん　ちがう!」(児童A)**

1 「本質的な問い」の設定

今回作成したOPPシートでは、「本質的な問い」を「ひきざんってなあに」に設定した。これについて周囲の先生方から「1年生では難しいんじゃない？」「何も書けないかもしれないよ？」などの心配の声をいただいた。同じ考えをもつ方も多いと思う。図1を見ていただきたい。これを見れば1年生でも自分の考えを書くことができていると言ってもいいのではないだろうか。

児童A、B、Cの学習後に記述した「本質的な問い」への回答を詳しく見ると、引き算は「へる」「取る」ときに使うこと、引き算には様々な種類があることに気付いている。学習前とは明らかに変わっていると言えるだろう。特に児童Cは書けない状態から書けるようになっている。元々算数ができる児童だけができるようになっているのではない。OPPシートだからこのように「成長できた」と実感している。

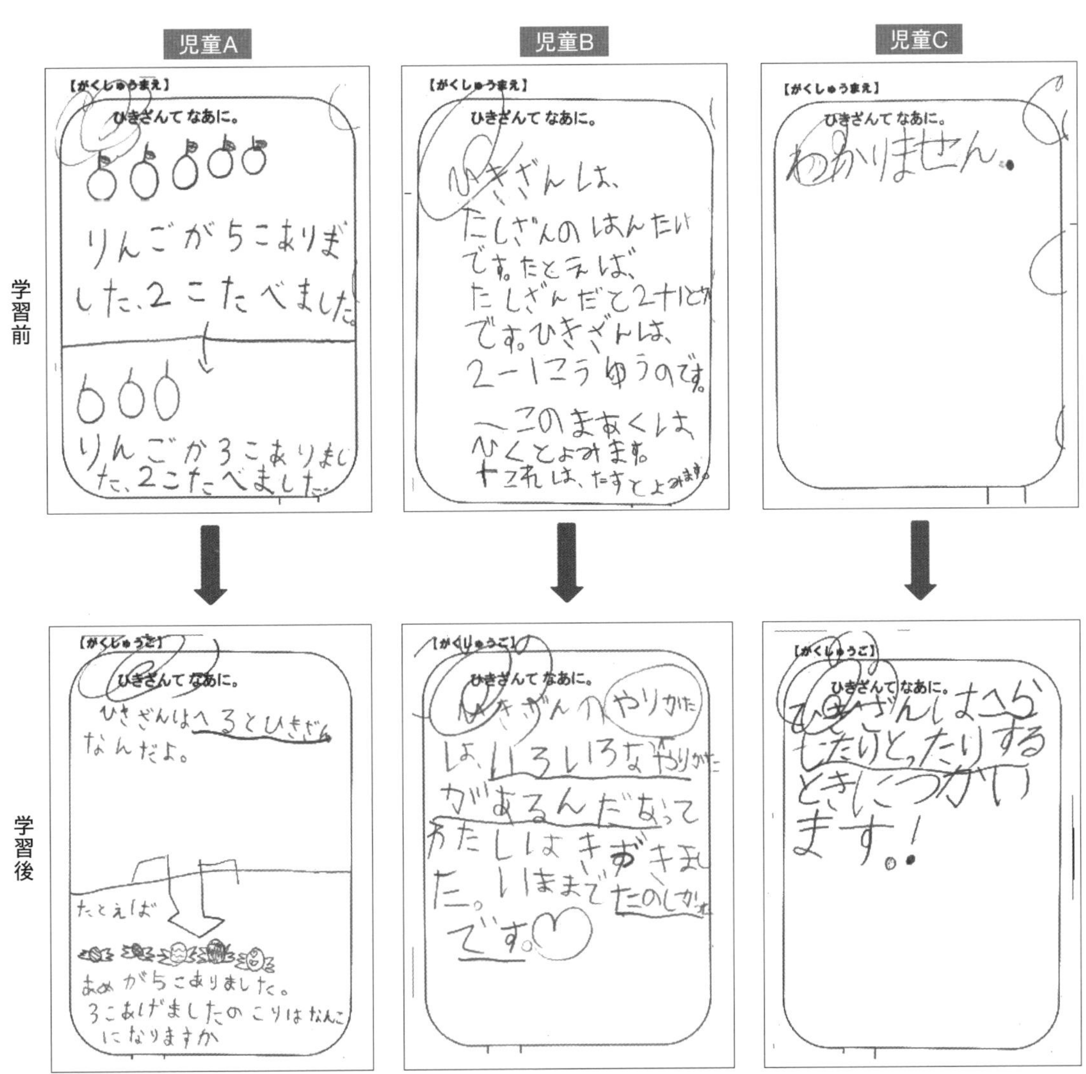

図1 左から児童A、児童B、児童Cの学習前・後の「本質的な問い」に対する回答

2 教師の見誤り①
「のこりはひきざん」（児童A）

児童Aの記述から教えられたこと、それは私の指導の「不適切さ」である。OPPシートを使う以前は、授業がうまくいったか、いかなかったかは私の感覚に頼る部分が大きかった。しかし、OPPシートを使うことで児童の素直な言葉によって授業の改善点を見つけることができるようになっていった。

第**2**時の授業では、「求残の場面を減法の式に表し、答えを求める」ことを学習するにあたって、図2の問題を扱った。私は、児童が目の前の問題に正解してほしいと思うばかり、次のような指導をしてしまった。

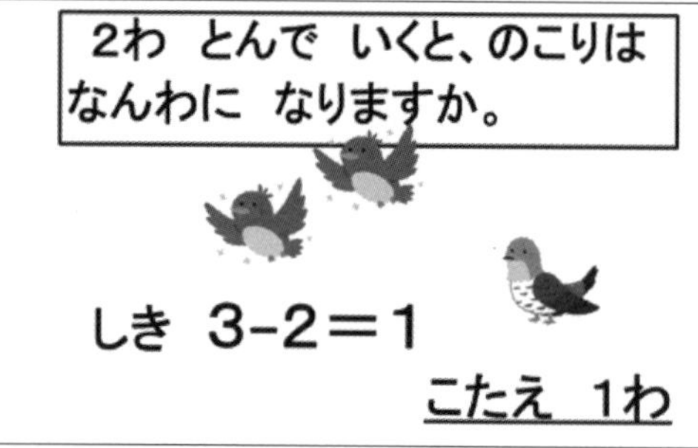

図2 第**2**時「求残」の問題場面

図3はこの授業終了後の児童Aの学習履歴欄への記述である。児童Aは減法を「のこり」という言葉で判断している。また、私は「のこり」という言葉を囲み、強調までしている。しかし、私がコメントを書いた後、このOPPシートを見返しているうちに失敗したことに気が付いた。

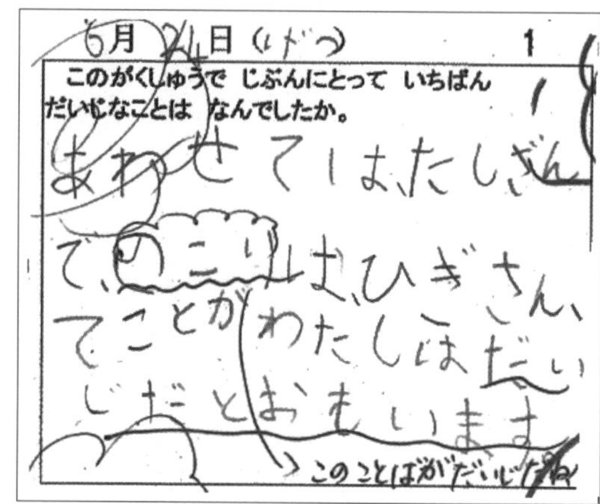

図3 第**3**時の児童Aの学習履歴

今回の問題場面は「求残」である。しかし、今後「求補、求差」を扱うため、言葉だけに着目させて立式させる指導では不十分だと気が付いたのである。そこで指導計画を変更し、次時で再度、図2の場面について考える時間を取った。そこでは問題場面をブロック教材で可視化し、何度も操作を行った。すると、児童から「ブロックを取ると引き算だね!」という声が聞こえるようになってきた。

第**3**時は「求補」の問題場面である。減法と判断しやすい言葉はなかったが、ブロックを操作し、全体の数から部分の数を「取る」ことで残りの部分を求められると気が付いていた。「求補」の場合でも「求残」と同じブロック操作であるため、減法の式を立てることができていた。

3 教師の見誤り②

「『おおい』って　かいてあっても　ひきざん」(児童B)

第5時では、図4の「求差」に関する場面を扱った。ここで、児童の問題場面の捉え方に成長を感じた。

「『おおい』って書いてあるから足し算」という児童の発言を聞いて、失敗した第2時の授業が頭に浮かんだ。しかし、ブロック操作を繰り返し行ったことで、これまでの足し算とは何か違うのではないかと児童は気が付いているようであった。

あかい　はなが　8ほん　さきました。
しろい　はなが　7ほん　さきました。
どちらが　なんぼん　おおいでしょうか。

赤い花
白い花

×式　8＋7＝15
○式　8−7＝1

図4 第5時「求差」の問題場面

実際に授業の中で、児童にブロックを「取る」動きが見られたり、「ブロックを取るから引き算です！」と答えたりすることができていた。

図5は児童Bの学習履歴欄への記述である。

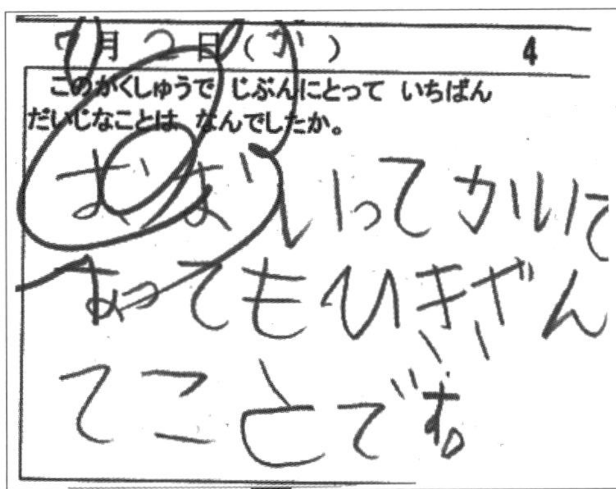

図5 第5時の児童Bの学習履歴

このように「おおい」と書いてあっても引き算の場合があることに気付くことができている。また、児童Bは授業内で「読んだだけで、足し算とか引き算って決めちゃいけないときもある」と発言していた。

第2時での言葉だけに着目させた不適切な指導から考えると、言葉だけで安易に立式してはいけないと気付いた児童Bの大きな成長が感じられる。もし本単元でOPPシートを使わず、ノート記述や授業中の発言だけを頼りにしていたら、このような児童の気付きは生まれなかったと思う。なぜなら、第2時の段階で授業はうまくいったと私は感じていたからである。そして自分の失敗に気付かないまま第5時を迎えていたら、「『おおい』って書いてあっても、引き算のときもあるんだね」といったような引き算の本質に迫ることができない曖昧な指導をしていたのではないかとも思う。今考えるとゾッとしてしまう。OPPシートに救われたと改めて思った。

4 指導目標の変更
「『のこり』と『ちがい』は　いみがちがう」（児童C）

第**7**時では、式を読み取って話をつくり、説明する学習を行った。減法の式には、被減数となる部分、減数となる部分、残った結果の部分があることを意識させて話をつくるようにさせた。するとここで、私も驚くほどの成長を児童は見せてくれた。

児童たちは、「6－4（6ひく4）」の式になる話を次々とつくっていった。しかし、そのほとんどが「求残」に関するものであった。確かに、学習前の「本質的な問い」への回答を見ても、引き算は「求残」であると考える児童が多かった。しかし、本時で数名「求差」の場面を挙げることができていた。私としては「求差の場面が出てよかった」くらいにしか最初は考えていなかった。

しかし、みんながつくった話には何か違いがあるのではと気付き始めた児童もいた。図6を見てほしい。「のこりはと　ちがいはは　いみがちがう」と記述している。このOPPシートを見たとき、「ここまで成長することができたのか」と感心してしまった。「6－4」となる場面を挙げるだけでなく、その意味の違いにまで目を向けることができていた。1年生でも、ここまで考えているのかと驚いた。また、この児童のOPPシートの記述と「もっと考えてみたい」という発言や様子から、自分自身で学習目標を設定し、学びに向かおうとする姿勢を見取ることができた。

私は、この児童の記述をもとに指導目標のレベルアップを考えた。そこで、次時で「『のこり』と『ちがい』は何が違うのか？」と問いかけた。ブロックを使い、考えていくと「ブロックの動かし方が違う」「『ちがい』は二つのものを比べている」などの気付きが生まれた。

OPPシートを使用する以前の私なら、図6のような児童の記述を見ても何も考えることはなかったと思う。しかしOPPシートを使い続けることで、授業改善を行う上で児童の学びを見取ることの重要性に気付くことができた。だからこそ見逃してはいけないポイントを感じ、指導目標を変更するという考えに至ったのだと思う。OPPシートには児童の可能性が詰まっている。それらを見取り、授業に反映させることで児童の力をより伸ばしていけるのではと感じさせる経験となった。

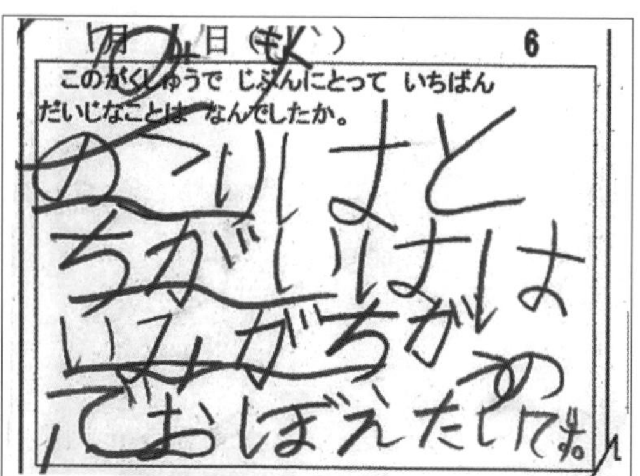
月　日（　）　6
このがくしゅうで　じぶんにとって　いちばん
だいじなことは　なんでしたか。

図6 第**7**時の児童Cの学習履歴

今日は、6－4の式になる
引き算のお話をつくりましょう。

ジャングルジムに6人います。
4人帰りました。
のこりは2人です。

小さいチョウが6匹います。
大きいチョウが4匹います。
ちがいは2匹です。

答えはどれも「2」だけど、
何かがちょっと
違うような気がします。

5 変容を自覚する児童

「まえやった　ひきざんは　ぜんぜん　ちがう！」(児童B)

図7は、児童Bの自己評価欄である。「まえやった ひきざんは ぜんぜんちがいます。」と記述していることから、まずはこれまでの学びを時系列で捉えられていることがわかる。図1を見ると、児童Bは学習前、引き算の演算については記述していた。そこから「求残」「求補」「求差」を授業で扱っていく中で、引き算に対する認識が変わっていったのではないかと考えられる。

児童は学びに意欲的で、自分の考えを何とかして伝えたいという強い気持ちをもっていた。だからこそ素直な反応が溢れ、それをもとに授業改善を行うことができた。むしろ私の方が、教師が授業改善を行う上で一番大切なのは「見取る」ことだということを児童に教えてもらったと思う。

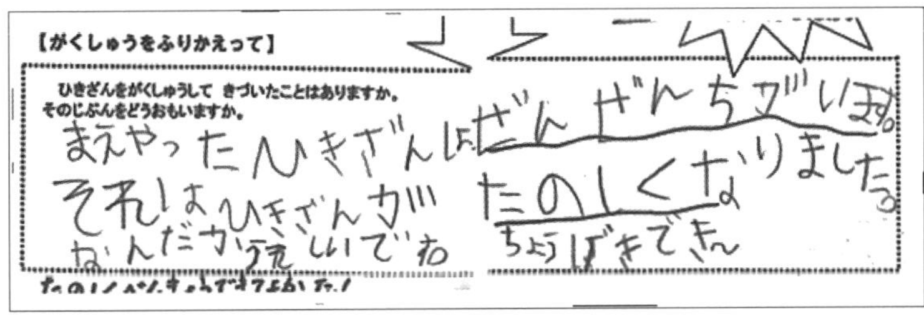

図7 児童Bの自己評価欄

坪田先生は、すべての教科において入学直後の4月から、書く力、読む力の指導を計画的に進め、6月からOPPシートを導入しました。拙いながらも記述された1年生の学びを見取る坪田先生の力量あっての実践です。周囲から「1年生にOPPシートは無理では？」「1年生の文章をどうやって見取るのか」との声があがる中、実践を可能にした背景には、このような教師としての力量と、「子どもを信じる」ことを大切にする教育観が存在するのです。(中島雅子)

授業改善

小学4年
体育

2 体育でも効果抜群！

自在な表現を可能にするOPPシート

授業の中で児童が何を考え、何につまずき、何に手応えを感じているのかを知りたい。そこでOPPシートを活用してみた。児童たちの記述を見ていると、「動き」は「言葉」や「図」にできると感じた。その繰り返しが児童に手応えを与えていた。

体育で子どもをどうやって見取ればいいのだろうか？
①

OPP シートを使って、子どもの頭の中を覗いてみよう
②

④
授業の中で、ここまで考えていたのか!? すごい！

OPPAを通した教師の変容

Before

体育の授業で、児童が手応えを感じる場面はいつなのか。また、それを教師がどのように見取ればよいのか悩んでいた。活発に動く児童の頭の中をのぞいてみたいと考え、OPPシートを活用することにした。

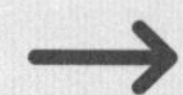

After

体育とOPPシートは相性がよいと感じた。体育は自分の課題が明確なので、「学習目標」を立てやすいのではないだろうか。OPPシートは表現方法に制約が少なく、児童の思考が表れやすい。児童の実態を把握しながら試行錯誤を行う授業は、教師にとっても児童にとっても楽しいものになるのだと気付いた。

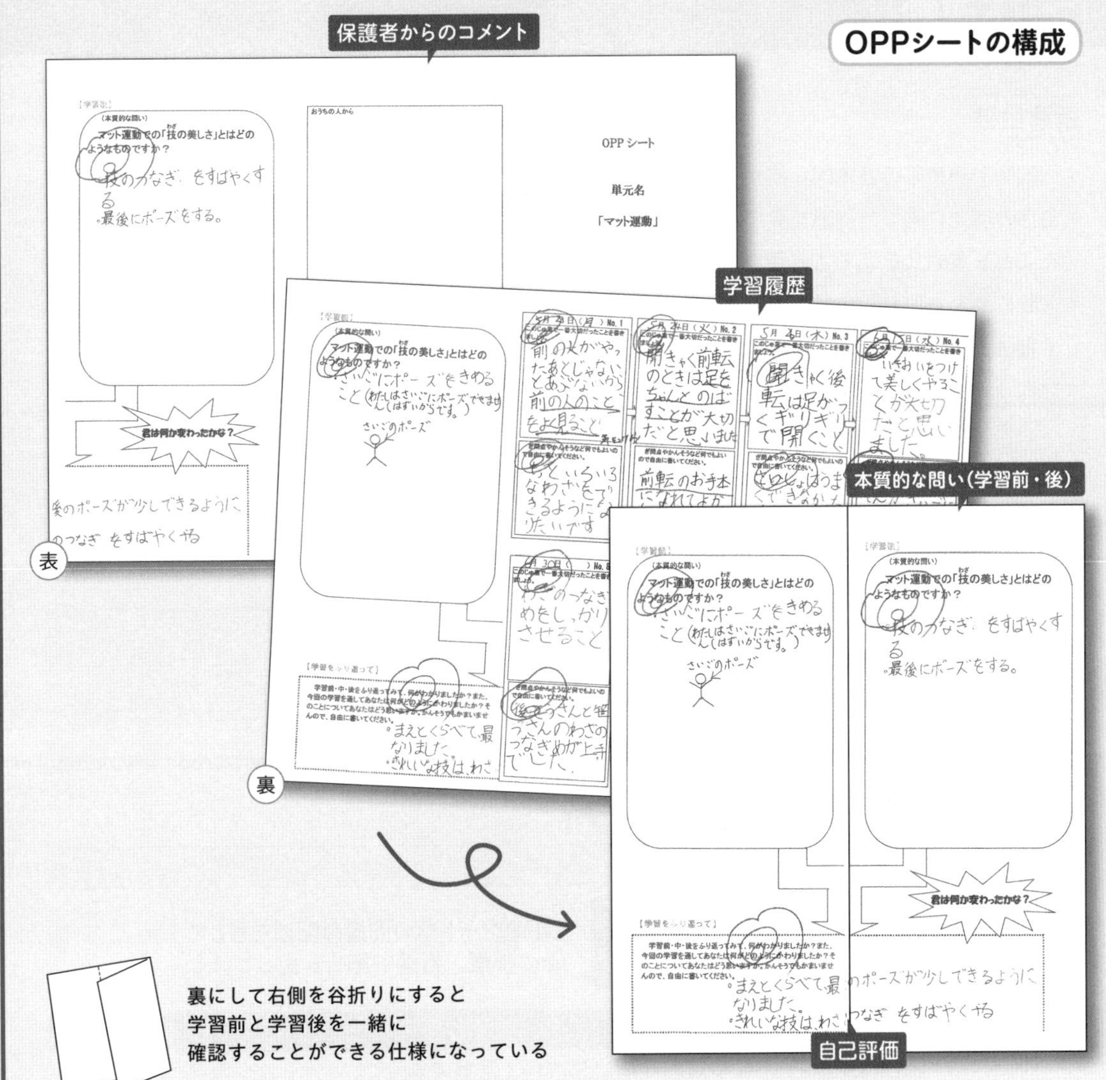

本実践の全体像

1「本質的な問い」の設定（p.45）
「マット運動での『技の美しさ』とはどのようなものですか?」

- 学習前：診断的評価（素朴概念・学習の出発点）
- 学習後：総括的評価（学習の成果）
- 学習前後の比較（児童の変容）

2「開きゃく前転は下の絵のようにやる」（児童A）（p.46）

- 学習履歴欄への表現の自由度
- 言語や図での思考の可視化
- OPPシートは児童一人一人の学びを受け止める

3「しんしつこうてんはさいごに足と手をちかづける」（児童D）（p.47）

- 「学習目標」の設定
- OPPシートによる各技の意識すべき点の明確化

4「4つの美しさ」（児童E）（p.48）

- 単元全体を通した「本質的な問い」に対する探究
- 概念や考え方の形成・変容過程の自覚（自己評価）
- 単元を越えた学びのつながり

「マット運動」

指導目標

- 回転系や巧技系の基本的な技ができるようにする。
- 自己の能力に適した課題を見つけ、技ができるようになるための活動を工夫するとともに、考えたことを友達に伝えることができるようにする。
- 運動に進んで取り組み、きまりを守り誰とでも仲よく運動をしたり、友達の考えを認めたり、場や機械・用具の安全に気を付けたりすることができるようにする。

学習の流れ

Before

時数	学習内容
1	● オリエンテーション
2〜5	● 様々な技への挑戦 ● 自分の課題に合った技の練習
6〜7	● 様々な技への練習 ● 技の組み合わせを考え、練習
8	● 組み合わせた技の発表会

OPPシートへの児童の記述をもとに
その都度、指導計画を変更していく

After

時数	学習内容
1	● OPPシートに本質的な問いについて回答する ➡ **1「本質的な問い」 の設定** ● オリエンテーション
2	● 様々な技への挑戦 ● 開脚前転の練習 ➡ **2「開きゃく前転は下の絵のようにやる」(児童A)**
3	● 様々な技への挑戦 ● 開脚後転の練習
4	● 様々な技への挑戦 ● 伸膝後転の練習 ➡ **3「しんしつこうてんはさいごに足と手をちかづける」(児童D)**
5	● 様々な技への挑戦 ● 自分の課題に合った技の練習
6〜7	● 様々な技への練習 ● 技の組み合わせを考え、練習
8	● 組み合わせた技の発表会 ● OPPシートに本質的な問いについて回答する ➡ **4「4つの美しさ」(児童E)**

1「本質的な問い」の設定

今回、本質的な問いを「マット運動での『技の美しさ』とはどのようなものですか？」に設定した。この本質的な問いに設定した理由は二つある。

一つ目は、児童の自己評価をより促すためである。マット運動において、児童は「なんとなくできた」と感じる場面があると考える。前転や後転、開脚前転などでぎこちなくても最後まで回転できたり、立ち上がれたりすると、「先生、できた！」と口にする児童を見たことはないだろうか。もちろん、そこに行きつくまでの過程や児童の工夫などは称賛すべきである。児童自身に自分の技のできばえを「自己評価」させ、さらによくするための手立てに目を向けさせたいと考えた。そのため、「技の美しさ」という幅をもたせた「本質的な問い」を設定し、毎時間意識させることとした。

二つ目は、今後の学びのつながりを意識した

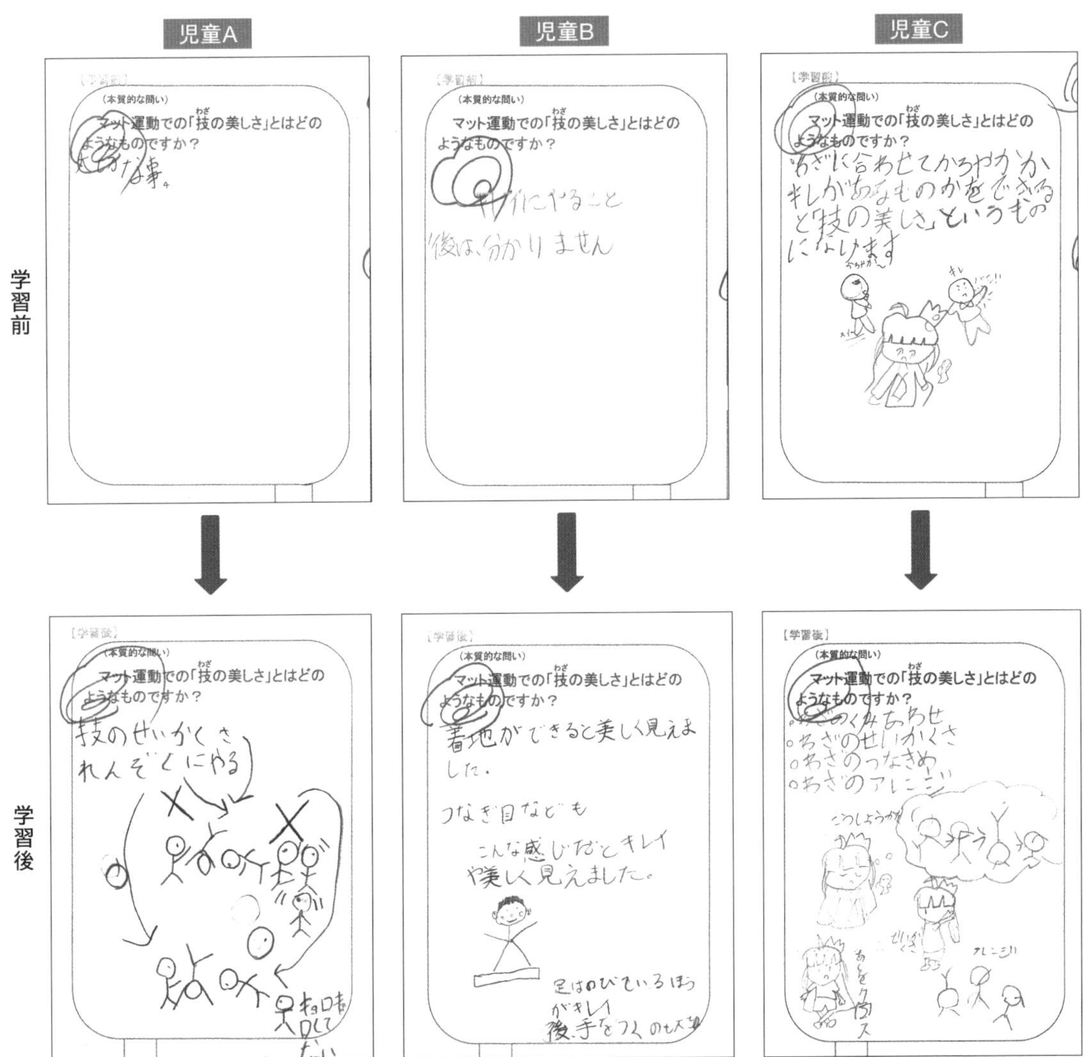

図1 左から児童A、児童B、児童Cの学習前・後の「本質的な問い」に対する回答

からである。4年生での器械運動は、「マット運動」「鉄棒運動」および「跳び箱運動」で構成されている。今回は初めに「マット運動」を行った。器械運動では、回転したり、支持したり、逆位になったり、懸垂したりと三つの運動で共通する動きがある。マット運動を行っていく中で気付いた「技の美しさ」を、その他二つの器械運動でも生かしたいと考えた。

図1を見てほしい。学習前の「本質的な問い」には、どの児童も抽象的な考えを記述している。しかし、学習後には「技の美しさ」について具体的な記述とそれを表す図を描いている。このように変容した児童の過程を以下に紹介したいと思う。

2「開きゃく前転は下の絵のようにやる」（児童A）

体育は他の教科と比べて、得意とする児童と、そうではない児童がはっきり分かれると感じたことはないだろうか。得意な児童は一度見たり聞いたりした動きをこれまでの運動経験と感覚で再現することができる場合がある。一方、苦手意識をもつ児童は、なかなかそうはいかない。「上手な人の動きを見て真似してみよう」と声をかけたり、場の設定を工夫したりすることで少しずつ上達する。そこにOPPシートを加えることで、できる技がさらに増えていった。

第**2**時では、開脚前転を重点的に扱った。児童Aは何度も挑戦していたが、うまくいくきっかけを掴めないでいた。肘が外側に折れ、回転が不安定であった。

図2は児童Aの第**2**時の学習履歴欄である。児童Aは授業内で試行錯誤していく中で得たコツを図で表していた。図とともに、「手を横に

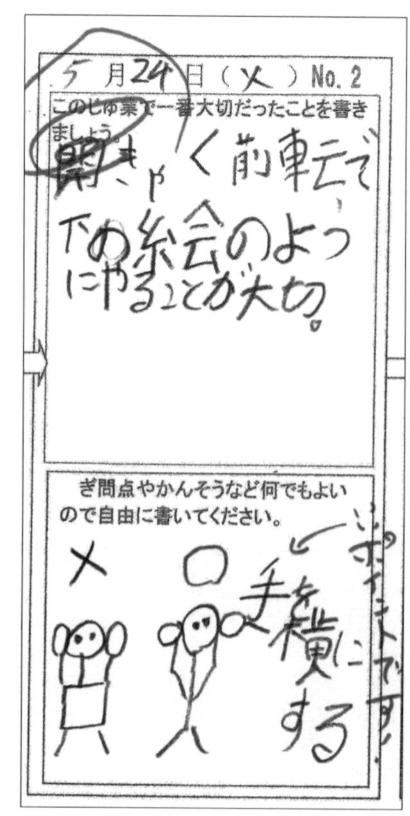

図2 児童Aの第**2**時の学習履歴

する」と記述している。着手する際、手を外側に向けることで、肘が内側に向き、前転がしやすくなると気付いていた。

児童Aに限らず、多くの児童が「図で表したい」と口にしていた。図にすることで、自らの学びをより具体的に表現できると感じていたようである。「一番大切なこと」を振り返る際に、自由度の高い記述欄が用意されているOPPシートと技能教科である体育との相性のよさを感じた。実際、児童Aは第**2**時以降に開脚前転ができるようになり、新たな技へも挑戦していた。

体育は一つの技において、つまずくポイントが数多くある。運動経験や骨格、動きの癖など様々な要因がある。その中で、OPPシートは児童一人一人の学びを受け止めている。表現の仕方にとらわれずに自己評価を可能とする。体育は動きの中でなくとも、学びに手応えを感じられると考える。

3「しんしつこうてんはさいごに足と手をちかづける」（児童D）

第**4**時で伸膝後転の練習を行った。伸膝後転とは、膝を伸ばし立った状態から着手し、膝を伸ばしたまま後転、立ち上がる技である。児童Dはこの伸膝後転に苦戦していた。

児童D以外にも伸膝後転に苦戦する児童が数多くいた。そのため、学級全体で上手な児童の取り組みを見て、上達のきっかけを探すこととした。児童Dは図３にあるように、第**4**時の段階で「勢い」が必要だと気付いている。回転する際の「勢い」を意識することで、少しずつできるようになっていった。しかし、最後にうまく立ち上がれず、その理由を探していた。児童Dは、第**4**時の学習履歴欄に「しんしつこうてんがさいごにたちあがるのがたいへんでした」と記述し、伸膝後転のさらなる上達に向けた「学習目標」を立てたと考えられる。

図３の学習履歴欄を見てほしい。第**5**時では、伸膝後転は最後に足裏を着地させる場所が、着いている手と近ければうまくいくと気付いてい

伸膝後転でうまく立ち上がれないな

上手な人はなぜできるのか見て考えてごらん！
「勢い」が必要なんだ！
う〜ん、それ以外にもコツがありそうだな…

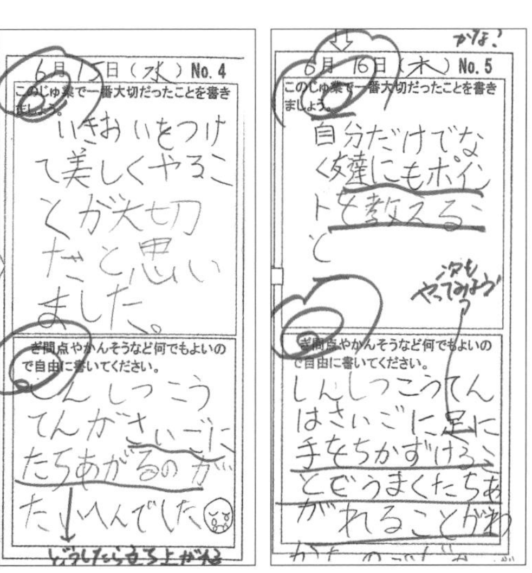
6月15日（水）No. 4
このじゅ業で一番大切だったことを書きましょう。
いきおいをつけて美しくやることが大切だと思いました。
ぎ問点やかんそうなど何でもよいので自由に書いてください。
しんしつこうてんがさいごにたちあがるのがたいへんでした
どうしたら立ち上がれる

6月16日（木）No. 5
このじゅ業で一番大切だったことを書きましょう。
自分だけでなく友達にもポイントを教えること
次もやってみよう
かな？
ぎ問点やかんそうなど何でもよいので自由に書いてください。
しんしつこうてんはさいごに足に手をちかずけることでうまくたちあがれることがわ

図３ 児童Dの第**4**時と第**5**時の学習履歴

る。児童Dは伸膝後転の中でも、最後の立ち上がる場面に課題を感じていた。第**4**時で気付いた「勢い」だけでは、技の完成度を上がらないと気付き、試行錯誤を繰り返していた。そして気付いたポイントを意識することで、できるようになっていった。OPPシートを用いることで児童はそれぞれの技のどの部分に着目すれば上達できるのか意識するようになったと考えられる。図２の児童Aも同様である。その結果、学習目標も自ら立てられるようになり、取り組みを工夫していったと考えられる。

4「4つの美しさ」（児童E）

児童Eは単元を通して、「美しさ」を探究していた。図４を見てほしい。第**1**時（実際は第**3**時）で「美しさというものは、音をたてないこと」と気付いている。その上で「美しさというものは、もっとあると思う」と記述し、「学習目標」を立てたと考えられる。次時から、毎時間「美しさ」を考えていた。「足をまっすぐ」「わざをつなぐ」「きれいにつなぐ」「わざのせいかくさ」が「美しさ」だと気付いていた。

そして、第**5**時（実際は第**7**時、以下第**7**時）で気付いた「わざのせいかくさ」と前時までの気付きを線でつなぎ、「名人」と記述している。第**7**時までの「美しさ」に関する考えは「わざのせいかくさ」にあたり、それを行える人物が「名人」だと考えている。

児童EはOPPシートを用いて、概念や考え方

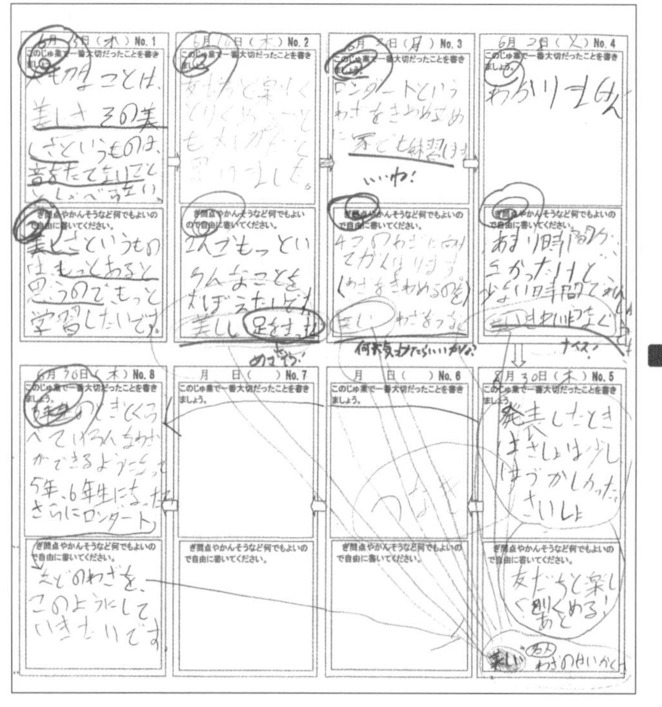

図4 児童Eの学習履歴

※第**1**時と第**2**時を欠席したため、学習履歴の記述が2時分ずれている。

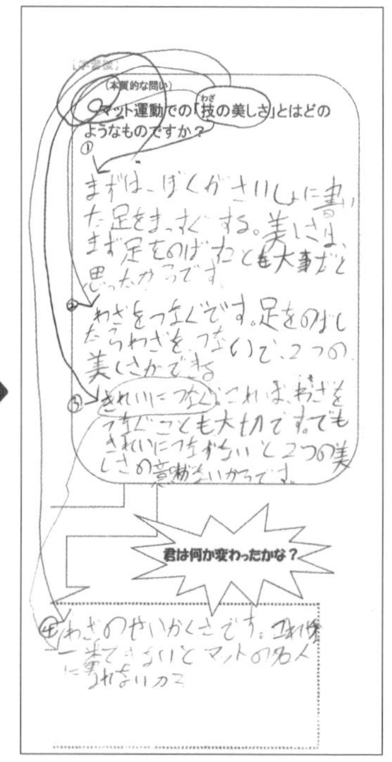

図5 児童Eの学習後の「本質的な問い」に対する回答

の形成・変容過程を自覚（自己評価）し続けたことで、「美しさ」への探究が深まったのではないだろうか。

第**8**時では、３年生からの自身の変容と5、6年生に向けて「ロンダード」を習得するという「学習目標」を立てている。また、「ロンダードなどのわざをこのようにしていきたい」と記述し、第**7**時の「わざのせいかくさ」に向けて線を引いている。次年度以降の「学習目標」に、今回の学びを反映させていることに感心した。児童Eは自分自身の学習状況を見取り、自己の学びを調整し、「美しさ」への考えを深め、さらに探究していこうとしている。

図5は児童Eの学習後の「本質的な問い」に対する回答である。児童Eは学習履歴欄の記述をふまえ、「技の美しさ」として①から④の4つを挙げている。①から④の記述順にも意味をもたせている。例えば、③である。②で「わざをつなぐ」を挙げている。③で「きれいにつなぐ。これは、わざをつなぐことも大切です。でも、きれいにつながないと2つの美しさの意味がないからです。」と記述している。それぞれの「美しさ」を関連させて考えている。これらの記述から学習したことがつながり、考えがまとまっていく過程を見取ることができた。

本実践へのコメント

体育や理科などの実技や実験を伴う教科では、授業がなかなかうまくできないことが多いでしょう。しかし、何回か繰り返すうちに、たまたま成功することがあります。このとき大切なのは、偶然をいかにして必然にするかです。この実践は、本質的な問いと学習履歴によって「美しい」という言葉の中身を具体的に可視化することによって、偶然を必然に変えた典型例と言えます。要するに、偶然を必然に変えるには、児童にその中身や手立てを自覚させることが重要となります。教師が口でいくら具体的に説明しても伝わりません。OPPシートを使って、児童が自覚できるような働きかけをどう行うかを示した、優れた実践例です。（堀 哲夫）

授業改善

小学3年
社会

3 OPPシートで児童の実態が見える

コンセプトマップから出発するOPPシート

学習前の「本質的な問い」の回答を見るときは、いつもドキドキわくわくする。これから始まる学習を方向付けるからだ。コンセプトマップを用いたことにより、知識や概念が可視化され、児童も教師も学習の出発点を共有できた。

OPPAを通した教師の変容

Before

学習前の児童の既有の知識や概念をきちんと把握せずに「指導目標」や授業の流れを決めてしまっていた。また、「町の様子」を調べ、整理して地図にまとめるといった技能面に重きを置いていて、どうしたら思考や理解を深めることができるのか、そしてそれをどのように表現させたらよいのか悩んでいた。

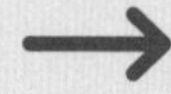

After

OPPシートによって児童の技能面だけでなく、思考や理解の様子についても把握することができた。そして、児童の内面に寄り添いながら自分自身の指導を振り返ることを繰り返し、授業改善につなげた。児童の思いと結び付いていることを感じながら安心して指導できるため、OPPシートは教師の心の支えとなるものである。

裏にして右側を谷折りにすると
学習前と学習後を一緒に
確認することができる仕様になっている

本実践の全体像

1 コンセプトマップを用いた「本質的な問い」の設定（p.53）

- 学習前：診断的評価（素朴概念・学習の出発点）
- 学習後：総括的評価（学習の成果）
- 学習前後の比較（児童の変容）

2 指導計画の変更「なんで『にんどんぼん』がいるの?」(p.54)

- 教師の思い込みとのずれ
- 児童の探究心から出発

3 学習履歴でつなぐ3つの視点（p.55）

- 児童と学級をつなぐ
- 児童自身が毎時間の学習をつなぐ
- 児童と教師をつなぐ

4 情意面が見えた！「この町がもっとすきになりました」(p.56)

- 地域社会に対する誇りと愛情

5 変容を自覚する児童「考える力がついた」(p.57)

- 自己評価による「学ぶ意味・必然性」の感得
- 自己効力感の感得

「わたしたちのまち」

指導目標

- 身近な町の様子をおおまかに理解するとともに、調査活動や地図帳などの資料を通して、必要な情報を調べまとめる技能を身に付けるようにする。
- 身近な町の場所による違い、人々の生活の関連などを考え、考えたことを表現する力を養う。
- 身近な町について、主体的に学習の問題を解決しようとする態度や、思考や理解を通して、地域社会に対する誇りと愛情を養う。

学習の流れ

Before

時数	学習内容
1	● オリエンテーション
2	● 市川三郷町の町全体の様子
3	
4	● 市川地区の様子
5	● 三珠地区の様子
6	● 六郷地区の様子

OPPシートへの児童の記述をもとに
その都度、指導計画を変更していく

After

時数	学習内容
1	● オリエンテーション ● OPPシートの「本質的な問い」と「町の学習で知りたいこと」について回答する ➡ **1「本質的な問い」の設定** ➡ **2「なんで『にんどんぽん』がいるの？」**
2	● 市川三郷町の町全体についての特徴 ● 土地利用の様子や広がり
3	● 市川三郷町の三つの地区の様子 ● 主な施設と交通機関
4	● 六郷地区の様子
5	● 三珠地区の様子
6	● 市川地区の様子　➡ **4「この町がもっとすきになりました」**
7	● OPPシートの「本質的な問い」に回答する ● 自己評価欄を記入する　➡ **5「考える力がついた」**

1 コンセプトマップを用いた「本質的な問い」の設定

本来、コンセプトマップは本人にしか意味がわからないものである。したがって、共有したり成績を付けたりできるものではない。しかし児童にとっては、知識や概念を可視的に表現しやすい、学習後の自己評価の際に、語彙数のカウントにより表現した量の変化を捉えやすいなどの利点がある。さらに、語彙同士の結び付き方により、独立していた知識や概念がつながり、新たな知識や概念に変容したことに児童自身が気付きやすい。どんな教科や行事のOPPシートにおいても「本質的な問い」に設定することが可能である。

今回作成したOPPシートでは、「本質的な問い」を児童が住んでいる町名に関するコンセプトマップにした。本校の所在地である市川三郷町は、平成の大合併において誕生した町である。合併前の三つの町が、今では三つの地区(三珠、市川、六郷)として存在している。また、町のPRキャラクター「市川三郷レンジャー（通称：にんどんぽん)」は、三つの地区とその特色をモチーフとして考案されたものである。

©市川三郷町

右から大塚にんじんの「にんにん」(三珠地区)
花火の「どんどん」(市川地区)
印章の「ポンポン」(六郷地区)

	児童A	児童B
学習前	学習前	学習前
学習後	学習後	学習後

図1 児童A、児童Bの学習前・後の「本質的な問い」に対する回答

学習前は、語彙数が少なく、中心の「市川三さと町」から直接つないでいる語彙にとどまる回答が多く見られた。既有の知識があっても相互の関連を意識して結び付けている表現は少なかった。

学習後は、単純に語彙数が増えただけでなく、三つの地区を意識して語彙を結び付けている回答や町のPRキャラクターとの関係性を踏まえて表現している回答が多く見られた。学習により、知識が増えただけでなく、深い思考をしていることがこのような表現につながったことが見てとれる。

2 指導計画の変更
「なんで『にんどんぽん』がいるの？」(児童C)

「自分の住んでいる町のことだからいろいろ知っているだろう」「町のPRキャラクターの由来はわかりやすいからみんな知っているはず」。この単元の学習が始まる前、実は私はこんな思いを抱いていた。しかし、学習前の「本質的な問い」の回答から、それらは教師の思い込みであり、児童の実態とは異なることが明らかになった。そこで、どのようにこの学習を進めていくのか再度考え直すことにした。

学習前の既有の知識としてあげる語彙数が少ない中でも、PRキャラクターの名前を書いている児童は多かった。また、図2の児童Cのように「町に関する学習で知りたいこと」の欄に町のPRキャラクターについて知りたいと書いている児童も複数いた。このキャラクターは、町のイベントや広報などで目にする機会が多く、児童の中にも浸透している様子が見られた。そこで、それを受けて学級で確認したところ、PRキャラクターの存在や名前は知っている児童が多いものの、キャラクターが町の特産品をモチーフにして考えられたことや三人のキャラクターが三つの地区とつながりがあることについて知っている児童はごくわずかであった。キャラクターに対する児童の興味・関心が高いことと、町全体を三つの地区に分けて学習する際のシンボルになることから、今回はこのPRキャラクターに着目して授業を行うこととした。

また、「町に関する学習で知りたいこと」の

児童C

「市川三さと町」に関する学習でどんなことを知りたいですか。

・なんでにんどんぽんがいるの。?
・小学校はなんこあるの。?
・スーパーはなんこあるの。?
・ほいく園は、なんこあるの。?
・ようち園は、なんこあるの。?

児童D

「市川三さと町」に関する学習でどんなことを知りたいですか。

・花火やさん
・和紙をどうやって作るか。
・大塚にんじんの農家
・学校は何こ
・どのくらい人がいるか
・温泉は何こ
・どのくらいの大きさ
・駅の数
・コンビニの数

図2 児童C、児童Dの「町に関する学習で知りたいこと」に対する回答

欄には、児童の知りたいことや素朴な疑問が溢れていた。それらの傾向としては、図2の児童Dのように地理的環境に関するものよりも地域の産業や公共施設など生活に関わりのあるものが多かった。そこで、単元全体の前半を町全体の地理的環境、後半を地域ごとの産業や公共施設などの特色に分けて扱うこととした。

さらに、三つの地区の特色に関する学習を進める部分では、三つの地区のどこから学習するかについても児童と話し合って決めた。私は自分たちの住んでいる地域から出発して遠くへ広げていくつもりでいたが、「知らないところ、遠いところから勉強して最後に自分たちの地域に戻ってきたい」という児童の意見に学級内で賛同の声が集まったので、それを尊重した。そのような意見が児童から出てきたのも、OPPシートによって単元全体の学習を見通すことができたからだと考える。

3 学習履歴でつなぐ 三つの視点

学習履歴により、学習者の内面を見取りながら、教師の「指導目標」と児童の「学習目標」にズレが生じていないかを確認し、軌道修正をしつつ授業を進めることができた。特に、私は次の三つの視点で学習履歴から「つなぐ」ことを大切にして授業改善に生かしている。

(1) 児童と学級をつなぐ

児童Eは、図3のように町の三つの地区について学習した授業後の「かんそう・もっと知りたいこと」の欄に「それぞれのみりょく」と記述した。3年生の児童から「みりょく」という言葉が出たことに驚いた。それを次時に学級全体で取り上げ、辞書で「みりょく」の意味を調べた。意味を共有すると、「うん。知りたい知りたい!」「市川三さと町のみりょくって何だろう?」と児童から意欲的な発言が上がった。「みりょく」という言葉が出たことで、それまでは「町の様子」について知りたいという目標が「町のみりょく」について知りたいという目標にグレードアップした瞬間だった。

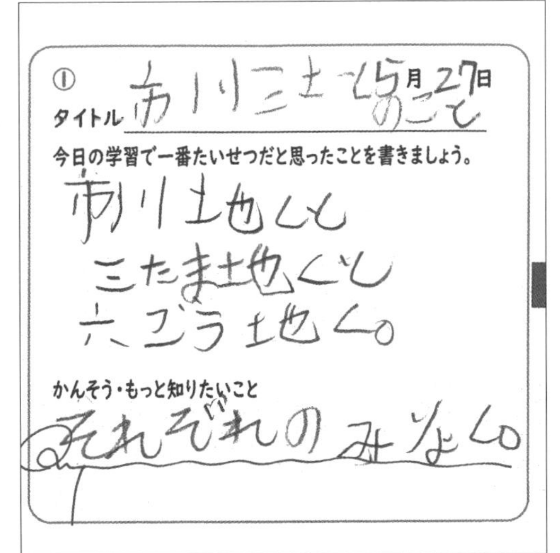

図3 第3時の児童Eの学習履歴

(2) 児童自身が毎時間の学習をつなぐ

学習履歴のタイトルにはその授業の内容が端的に表される。教師が意図したものでないときには、その授業の内容がブレていたことがすぐにわかる。今回、児童Eの「みりょく」という言葉から出発したこともあり、タイトルには三つの地区の魅力や特色が反映されているものや、町のPRキャラクターとの関連を示すものが多く見られた。また、図4の児童Fや児童Gのように毎時間のタイトルに一貫性をもたせているものも見られた。一人一人が見通しをもって学習に臨んだり振り返ったりしていることがわかる。

児童F

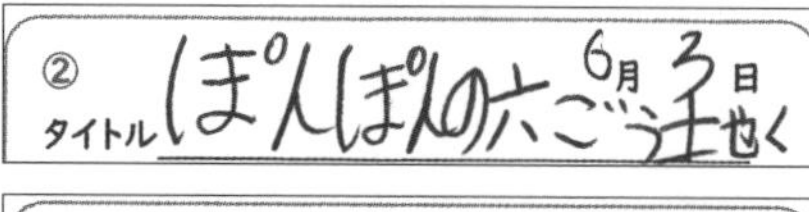

③ タイトル にんにんの三たま土せく 6月 8日

④ タイトル どんどんの市川土せく 6月 10日

児童G

② タイトル 六ごうちくのひみつ 6月 3日

③ タイトル 三たま地くのひみつ 6月 8日

④ タイトル 市川地くのひみつ 6月 10日

図4 第**4**時～第**6**時の児童F、児童Gの学習履歴のタイトル

(3) 児童と教師をつなぐ

学習履歴の「かんそう・もっと知りたいこと」の欄には毎回児童の素朴な疑問が書かれていた。名所へ「行ってたしかめたい」や特産品を「食べてみたい」という感想が多い中、町の人口について学習したときには「日本の人口も聞いてみたい」とだいぶ飛躍しているものや、三つの町が合併して今の町になったことを学習したときには町村合併した理由を知りたいというものなど多岐に渡り、授業内で扱うことが難しいものもあったが、それらは個別に対応することができた。児童一人一人とのコミュニケーションが可能になる点もOPPシートの利点だと改めて感じた。

4 情意面が見えた！ 「この町がもっとすきになりました」（児童E）

社会科の第３学年の目標の一部に「思考や理解を通して、地域社会に対する誇りと愛情、地域社会の一員としての自覚を養う」というものがある。中でも「地域社会に対する誇りと愛情」に関してはペーパーテストでは見取れない部分である。

今回のOPPシートの学習履歴欄には、図５の児童Eの「この町がもっとすきになりました」や児童Dの「市川三郷町は大きくてすごくみりょくが多い町だった」というように、まさしく「地域社会に対する誇りや愛情」と見取れる記述が見られた。これらはOPPシートの学習履歴欄の最後の一コマの感想に表れた記述である。児童からこのような素直な思いを引き出せたのも、OPPシートを使い、見通しをもって探究活動に取り組み、学びの足跡を残してきたからこそだと考える。

児童E

かんそう・もっと知りたいこと
この町がもっとすきになりました

児童D

かんそう・もっと知りたいこと
全部の地くのすごさがすごく分かった。市川三郷町は大きくてすごくみりょくが多い町だった

図5 第**6**時の児童E、児童Dの学習履歴

5 変容を自覚する児童
「考える力がついた」(児童B)

図6は児童Cの自己評価欄である。学習前に書いた「なんでにんどんぽんがいるの?」という自分の知りたいことが学習を通して理解できたことに自ら気付いている。

図7の児童Aの自己評価欄には「分からないことや知りたいことをこの先自分でかいけつしたい」というさらなる学習目標が書かれていた。学習意欲や探究心が高まったことがうかがえる。児童Bの自己評価欄には「考える力がついた。せい長した」とある。思考する力が鍛えられたことに児童自らが気付いていると考えられる。児童Fの自己評価欄からは、「後のほうがいろんなことをかけてうれしいです」と自己効力感を感得していることがわかる。

・なんでにんどんぽんがいるのかやっとわかりました。

図6 児童Cの自己評価

児童A

学習前後をくらべて気づいたことを書きましょう。

知らなかったことが分かって市川三さと町のみりょくや有名な物が分かりました。
分からないことや知らないことをこの先自分でかいけつしたいです。
「にんどん」「ぽん」の三人の由来や、どこの地区にかんけいがあるのか分かりました。
市川三さと町が三つの地区がくっついてできたのがびっくりしました。

児童B

学習前後をくらべて気づいたことを書きましょう。

・考える力がついた。
・せい長した。
・色々なことをしる力がついた。調べる力がついた
・思ったことを考えはっげんできる力がついた。
市川みさと町のことも色々としれた。

児童F

学習前後をくらべて気づいたことを書きましょう。

・前の自分と後の自分でくらべると後の自分の方がよくかけていました。
・青いところもせいちょうしたし後の方がいろんなことをかけてうれしいです。

図7 児童A、児童B、児童Fの自己評価

本実践へのコメント

コンセプトマップを効果的に活用する方法の一つとして、本実践例のように学習前・後に同じ「本質的な問い」で書いたコンセプトマップをOPPシートで自己評価させることが考えられます。コンセプトマップは、同じ「問い」で書いても一人一人異なっているし、正解もありません。それを書いた人が活用するのが一番効果的であり、それが本来の自己評価です。学習者自身の思考の変容を可視化し、学ぶ意味や必然性、さらに自己効力感を学習者に感得させるために、コンセプトマップとOPPシートの組み合わせはとても有効であると考えられます。(堀 哲夫)

授業改善

中学3年 数学

4 生徒は先生

生徒と先生をつなぐOPPシート

先生は教える者。生徒は教えられる者。そう考えている人もいるだろう。しかし、生徒に教え・教えられ・気付かされ、一緒になって学んでいく自分がいた。OPPシートが架け橋になり、授業改善が進んでいった。

OPPAを通した教師の変容

Before

数学を理解させるためには生徒に考えさせ、説得力のある丁寧な解説とスモールステップ、演習をすればよいと思っていた。しかし現実では、生徒は理解したつもり、教師も理解させたつもりといった浅い学びになっていた。

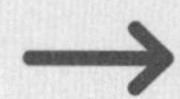

After

生徒の素直な考えに対して、教師がコメントを返すことにより、学習効果がどんどん上がる。さらに、教師が考えもしなかったような考えが出てくることもあった。生徒の価値観や理解の具合が手にとるようにわかるので、次の授業の組み方を変更するなど、自分の授業改善にもつながった。生徒を知り、自分の授業を知ることができた。

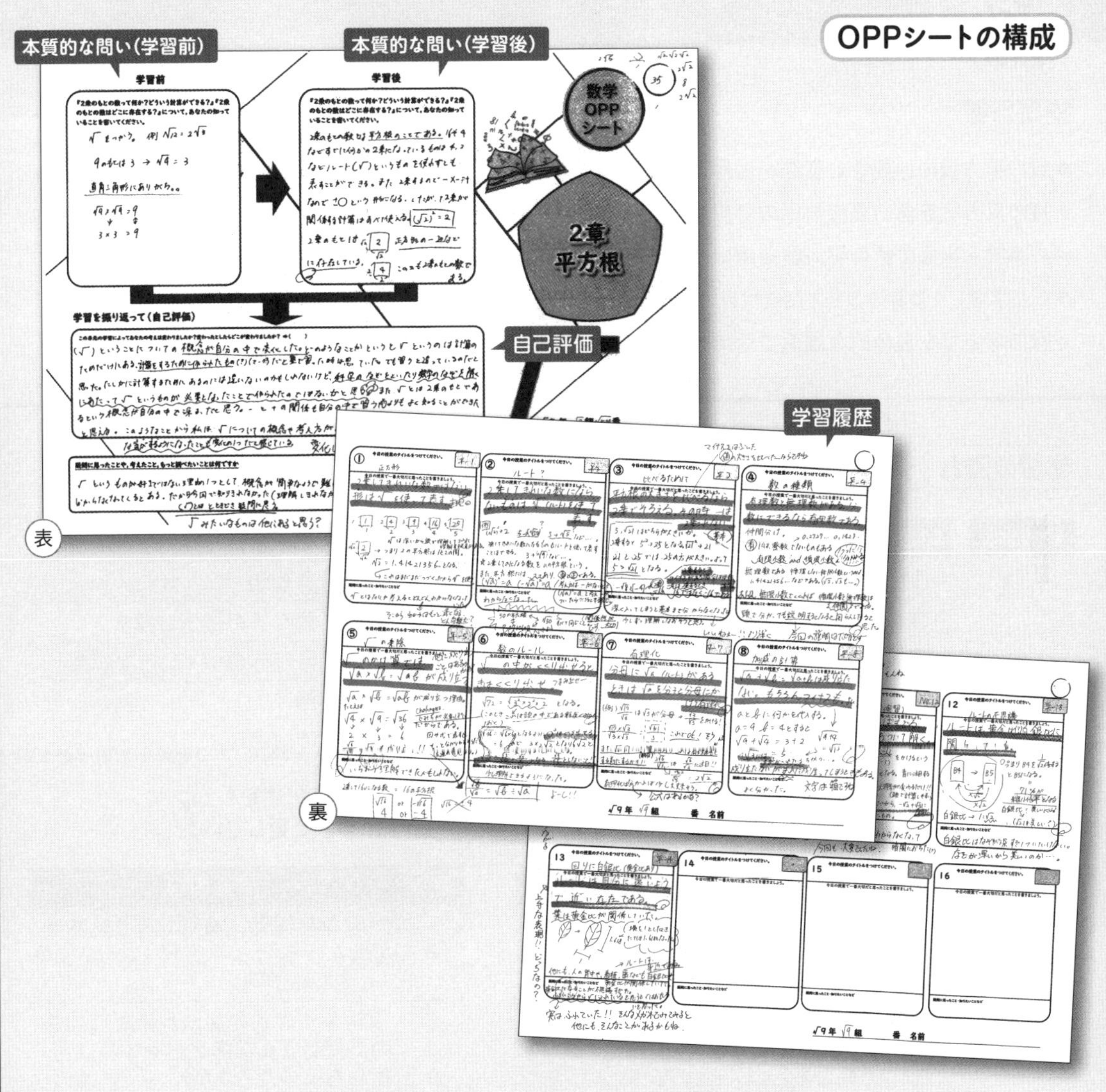

本実践の全体像

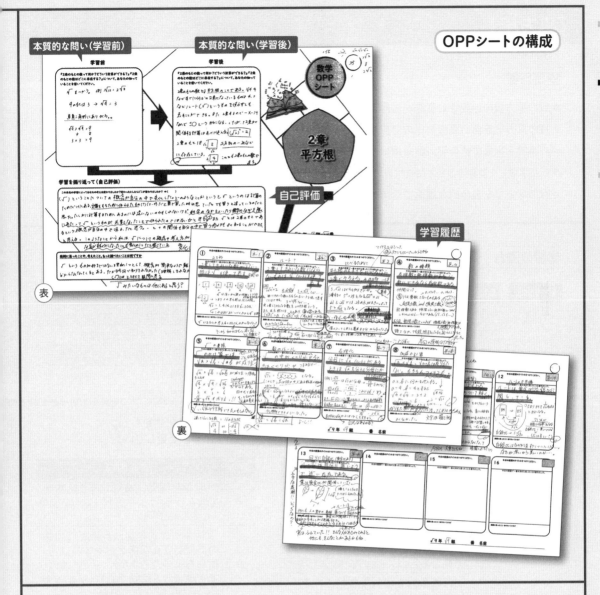

1 概念形成に力を発揮するOPPシート（p.61）

- 平方根という無理数の概念形成に向けて
- 本質的な問いの効果
- コメントによる最近接領域への働きかけ

2 いかに短い時間、文章で授業の大切なことを表現するか（p.63）

- 小見出しは濃い文章で!
- メタ認知能力の育成

3 OPPシートの中に隠れたメッセージ（p.64）

- まるで数学の交換日記のように
- OPPシートの中のカラクリも学習へ向かわせる一つの方法
- 学びに親近感を沸かせる工夫

4 フィードバックの効果（p.65）

- コメントにより、生徒の考えを価値付けることの大切さ
- 最近接領域への働きかけ

5 自己評価に表れた変容（p.66）

「平方根」

指導目標

- 数の平方根の必要性と意味を理解できるようにする。
- 数の平方根を含む簡単な式の計算ができるようにする。
- 具体的な場面で数の平方根を用いて表したり処理したりすることができるようにする。
- 既に学習した計算の方法と関連付けて、数の平方根を含む式の計算の方法を考察し表現できるようにする。
- 数の平方根を具体的な場面で活用できるようにする。

学習の流れ

Before

時数	学習内容
1	2乗するとaになる数
2	平方根の大きさ
3	有理数と無理数
4	根号のついた数の乗法，除法
5	根号がついた数の表し方

時数	学習内容
6	分母の有理化
7	根号を含む式の加法と減法
8	根号を含む式のいろいろな計算
9	演習問題
10	平方根の活用

OPPシートへの生徒の記述をもとに その都度、指導計画を変更していく

After

時数	学習内容
1	OPPシートに本質的な問いの回答 いろいろな正方形【祭壇の形を変えずに2倍の面積にできるだろうか】
2	2乗するとaになる数【2乗のもとはどんな数？どうやって表す？】 平方根○×クイズ
3	平方根の大きさ【平方根の大きさはどうやって比べられるのだろうか】 根号がついた数の大きさ比べをする方法を説明せよ
4	有理数と無理数【有理数と無理数ってどんな数だろうか】(セミ反転学習) 有理数と無理数を仲間分けしよう
5	間違いを説明せよ（セミ反転学習） ①$\sqrt{4}=\pm2$ ②（$\sqrt{2}$） 2=±2
6	根号のついた数の乗法、除法【根号のついた数の乗除はどのようにすればいいのか】 ルートトランプでトランプ対決
7	根号がついた数の表し方【根号がついた数を自由自在に変形する方法を考えよう】 ルートトランプでトランプ対決

時数	学習内容
8	分母の有理化【有理化する意味ってなんだろう】 平方根って何ですか（セミ反転学習）
9	根号を含む式の加法と減法【加法の計算はどんな考え方をすれば可能になるのだろうか】 $\sqrt{2}$とは何ですか（セミ反転学習）・$\sqrt{a}+\sqrt{b}=\sqrt{a+b}$は成り立つのか
10	根号を含む式のいろいろな計算
11	演習問題【間違いを抽出する】
12	平方根の活用【平方根を活用していろいろな値を求めてみよう】
13	紙のサイズの謎【A判、B判用紙に隠された秘密とコピー機の関連は？】
14	白銀比，黄金比探しフィールドワーク【白銀比ってどこにある？ 生活に使われている？】
15	白銀比，黄金比レポート展示（相互評価）

1 概念形成に力を発揮するOPPシート

今回作成したOPPシートの「本質的な問い」は「2乗のもとの数って何？ どういう計算ができる？」「2乗のもとはどこに存在する？」とした。本実践は中学3年生の平方根の単元であり、中学数学での大きな壁となる単元である。平方根や無理数（実数のうち分数で表せない数）というと、数学が苦手な人からは警戒されるかもしれない。また、無理数について小学校時代に円周率（π=3.1415…）を学んでいるものの、身近には感じていない人が多いであろう。円があるのに面積を綺麗な数字で表すことができないことも、無理数の不思議さであると感じる。そんな、警戒されながらも不思議な数について、生徒の素朴概念をどう測るかを考えたときに、「2乗のもとは何か？」という問いを立てることとした。

単元初めに本質的な問いを投げかけると、学校以外で数学を学んでいる生徒に関しては、平方根や√（ルート）というものは単なる計算問題を解くだけのものだという考えの生徒が多かった。図1にある生徒に関しても同様であった。そこで、単元を考える上で、存在するのに表せない無理数の不思議さや、日常のものとのつながりを意識して単元計画を作成した。

1回目の授業では正方形と無理数との関わりをテーマに学習を行った。正方形の1辺と平方根との関連を考える中で、教師は「面積は自然数で表せるのに、1辺の長さは自然数で表せない。無限に続く小数になってしまう」といった、「実際にあるのに表せない」ことへの疑問を投げかけた。すると、図2の左のような記述が生徒から返ってきた。2回目の授業では2乗のもとに焦点を絞って授業を行った。すると、「2乗してきれいな数にならないものは√を使って表す」という記述が生徒から返ってきた（図2右）。ニュアンスの違いはあるが、「どんな数でも√を使って表すことができる」というような考えに広がったと見取れる。しかし、「わからなかった」という記述があるように、わかったようでわからないという生徒の様子が見取れる。3回目からはOPPシートを通して、生徒と次のようなやりとりを行っていった。S：「1辺がわからなくても正方形を作れる」→T：「あるのに表せない。不思議」。有理数と無理数の学習では、S：「どんどん（数が）広がる」→T：「どこまで（数は）広がるだろう？」有理化では「何のために有理化するのだろう？」。乗法の学習では、T：「他に成り立つことはあるのか？」このようなやりとりを行うことにより、教えられるから無理数を学ぶのではなく、「無理数とはどういうものなのか」を生徒自身が考えるようになった。OPPシートには「深く入っていくと基本までわからなくなった」や「説明すると

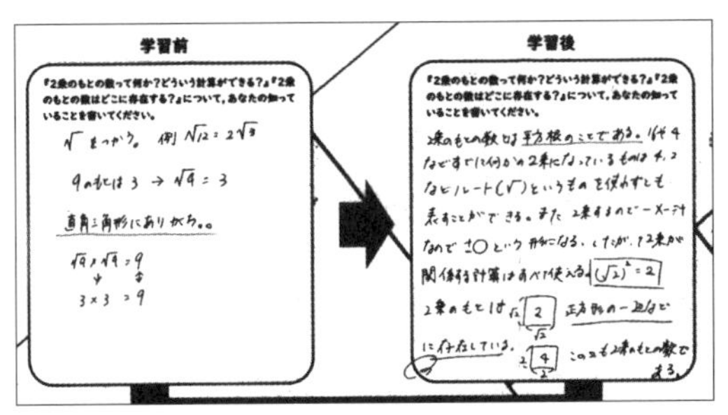

図1 平方根の単元における学習前・後の「本質的な問い」の変容

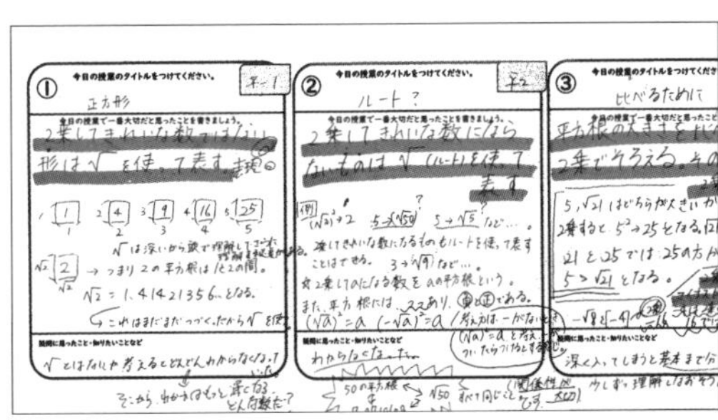
図2 学習履歴（コメントを通して深めていく）

なると難しい」などの記述があり、生徒自身が無理数の世界に入って、より深まっていく学びの様子が見取れた。

12回目の授業においては実生活とのつながりを意識してコピー機の倍率に関する授業を行った。授業の中で、黄金比（1:1.618…）や白銀比（1:1.4142…）といった無理数を含む比率が身近にあることを知るきっかけをつくった。すると、「無理数を含む比率が美しい？ なぞが深すぎる」（図3）というように無理数を感じて考えるようになってきていると読み取れる記述が見られた。13回目の授業では無理数を含む比率を身の回りから探す「黄金比、白銀比フィールドワーク」を行った。生徒はPCと長いものさしを持ち、学校中を歩き回り、身の回りにあるものと黄金比、白銀比の関連性を探し回った。結果をレポートにまとめて展示会を行ったが、OPPシートには図4にあるように「ルートは自分に遠いようで近い存在である」といった記述が見られた。単元が始まる前は単なる計算問題に過ぎなかった平方根が近い存在になったと感じていることが見取れた。学習後の「本質的な問い」への記述を見ると、単元を通して内化・内省・外化を繰り返し、生徒の素朴概念が科学的概念へと変容していったことがうかがえる（図1）。

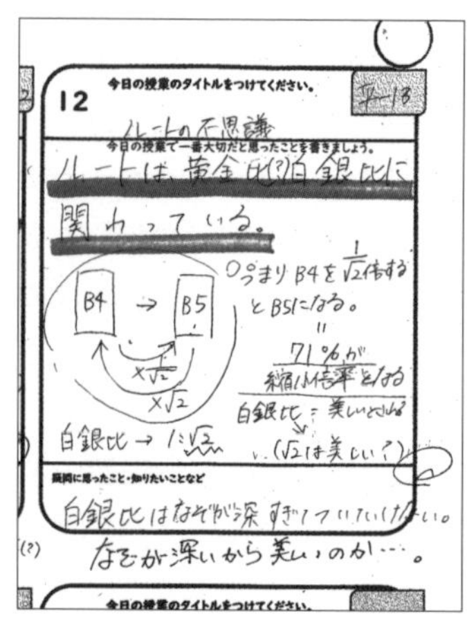

図3 学習履歴（コピー機の倍率と無理数のつながりを考える）

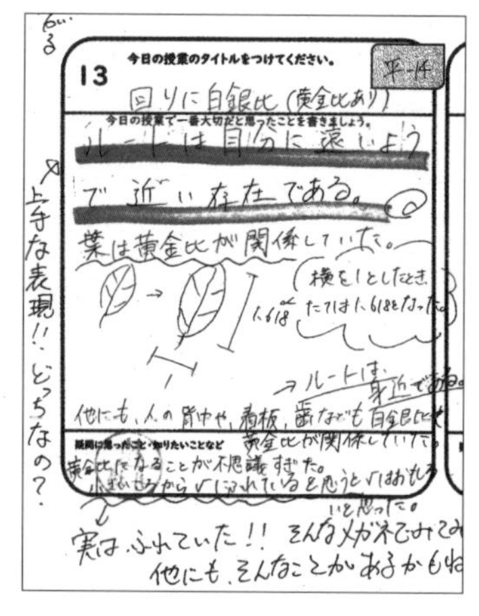

図4 学習履歴（フィールドワークを通して身の回りの無理数にふれる）

自己評価欄では、「概念が自分の中で変化した」とある（図5）。具体的には、「計算のためだけにある。計算をするために作られたものだと塾で習った時は思っていた」→「確かに計算するためにあるのには違いないかもしれないけれど、科学の謎を解いたり、数学の謎を解くにあたって√というものが必要になったことで作られたのではないかと思う」というような記述である。以上よりOPPシートを通して、生徒の素朴概念を把握し、単元計画を変更しながら、毎時間のコメントによる働きかけを行うことで、中学数学における大きな壁を一緒に乗り越えられたと感じている。生徒の考えからも学ばされることが多かった単元であった。

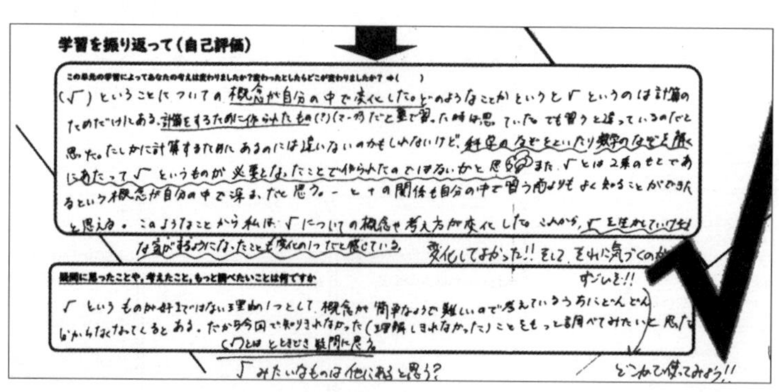

図5 自己評価と疑問に思ったこと

2 いかに短い時間、文章で授業の大切なことを表現するか

私は、「字数が多い方がよい振り返りである」と考えていた時期があった。しかし、OPPシートを使っていく中で考えは変わっていった。OPPシートは5分という短時間で、授業で一番大切だと思ったことを端的にまとめる力を育成する。そのために、いかに短く濃く本質を捉えた表現をするかが大切になってくる。その本質をついた文章を作り出すためには、生徒は深く考え、自分の中に落とし込む。そして頭の中を整理し、アウトプットする方法も考えないといけない。そういった工夫をし続けることで数学という狭い範囲ではなく、メタ認知能力の育成が可能になる。

OPPシートを書く上で、教師がまとめた授業のポイントであったり、ワークシートや教科書を写す生徒もいた。下に示した生徒Aは長い文章を書くことは得意な生徒であった。しかし、当初は授業におけるポイントを細かく分けてまとめる方法をとっており、グラフをかくポイントを枠内にまとめる作業をしていた。この生徒Aに対しては、長い文章を書くのではなく、短い文章で授業における一番大切なことを表現するように促した。すると、OPPシートの内容にも変化が生まれ、小見出しを付けるようになってきた。これが顕著に現れたのが、確率の授業であった。コイン、エコキャップなどを多数回投げる実験において、「確率とは何か」を考える授業を行った。しかし、1回目の授業においての小見出しは「どんどん一定になっていく。あれに近づく」（図6右）と記述してあった。回数が多くなるにつれて、相対度数は0.5ではなく、ある一定の値に近付いてくることを学ぶ。その固有の値を生徒Aは「あれ」と名付けて表現していた。教科書には載っていない表現の仕方であるが、実験を通して確率の概念を習得したと見取ることができた。授業者である私自身でも表現できないような小見出しばかりで、授業が終わるたびに勉強させてもらっている気持ちになった。また、こういった表現を「数学通信」で紹介すると、この生徒の表現を真似て小

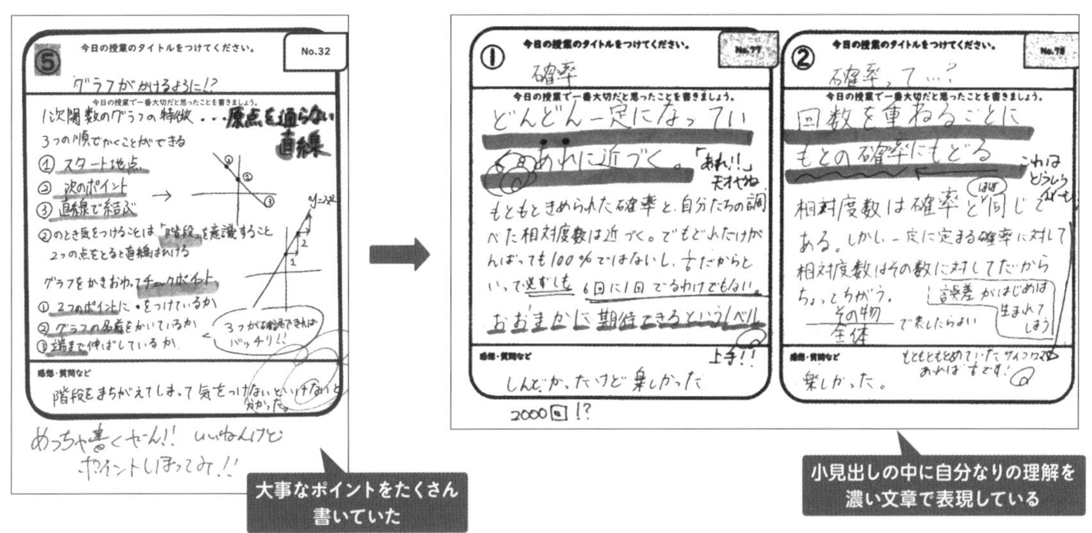

図6 生徒Aの学習履歴における変容（小見出しの工夫）

見出しを付ける生徒や絵だけで表現する生徒など、様々な工夫が出てくることになった。

次に、一番大切だと思ったことを絵や図を用いて表現する生徒の事例を紹介する。生徒Aは因数分解において、「共通因数の括りだし」という計算を「要素を見つけること」と解釈し、おみそ汁の味噌と具材と水で要素を表現した（図7）。生徒Bは、平方根の計算の授業において、タイトルを工夫して、「カップルは外へどうぞ」と名付けた（図8）。平方根の式変形をうまく捉え表現することができている。また、疑問に思ったことの枠には、他の問題に転移できることを示すなど、自分なりに解釈したものを活用するという深い学びを実現していると見取ることができる。OPPシートを使っていく中で、考えは変わっていった。

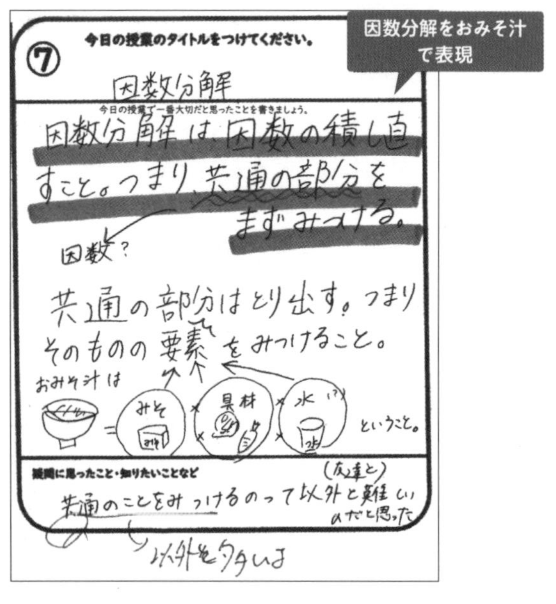

図7　生徒Aの学習履歴
（絵を使った工夫）

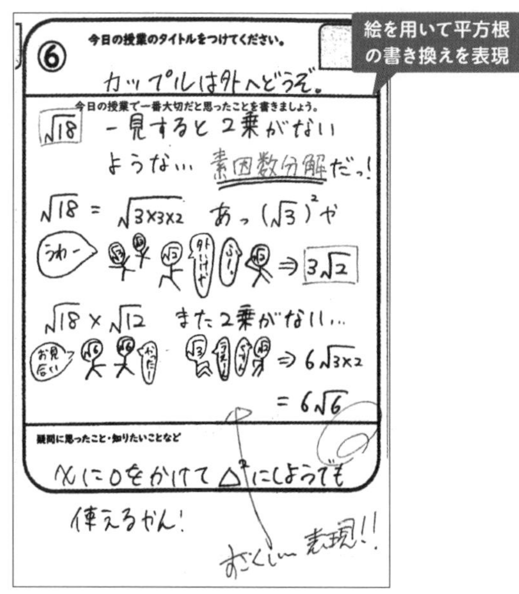

図8　生徒Bの学習履歴
（物語風にする工夫）

3　OPPシートの中に隠れたメッセージ

OPPシートを見るだけで数学に対して知的好奇心をくすぐれないかと考えていた。そこで、単元にまつわる隠れたメッセージを示す試みを行った。中学数学は算数に比べると実生活に密接した見方が難しいかもしれないと考えた。答申では、現実の世界と数学の世界を行き来するように思考を促すこと、日常や自然の事象を数学の世界に持ち込み、数学的に考える目を養うことが大切とされている。そんな活動を行いたいとの思いも込めてOPPシートの中にメッセージとして現実世界に関連する数学の要素を入れ込んだ。図9は図形の単元のOPPシートの一部であるが、このように図形の内容をたくさん記載した。

また、平方根の単元では平方根を身近に感じて使ってほしいという思いを込めて、「3年○組○番」と書くところを、「√9年　組　番」とOPPシートに記述した（図10）。すると、クラ

平行四辺形が応用されて作られた
ミウラ折りが活用された人工衛星

ミウラ折りから変形したコーヒー
のPCCPシェル

「宇宙実験観測フリーフライヤ」
イラスト：水野哲也／提供：株式会社井上総合印刷

図9 OPPシートの中に単元を想像させる写真を入れる

ス番号と出席番号を計算して、4組なら√16組、33番なら√1089番などと、√をつけた数字で表す生徒が表れた。単元が始まっていないにもかかわらず、√を使おうとしている生徒や、それを見て「教えて！」と友達のところに行き、教師が教える前に√を使った数字の表し方を学んでいる生徒もいた。こういった少しの工夫や遊び心を持ってOPPシートを作成することにより、生徒の知的好奇心をくすぐることができたと感じている。これはまるで交換日記のようだった。

他には、A4、A3、A2…の紙の集まりを背景に入れ白銀比（1:√2）を意識させたり、タイトルには正五角形（黄金比1:1.618…）を表現したり、生徒がOPPシートを見たときに、「なにこれ？」と思わせるような小さな工夫をした。気になる生徒は授業が終わると、「この絵は何に関係しているんですか？」と興味津々に質問にくるようになった。そういう生徒には、「ここに、今回の単元の要素が含まれているかも…」とヒントだけ与えることにした。好きこそ物の上手なれということわざがあるように、堅苦しくなく遊びながら、新しい単元に親近感が湧くようなOPPシートを心がけている。

√9年√16組√4番

√9年√9組√1089番

図10 OPPシートに遊び心

4 フィードバックの効果

中学2年生での式の計算の単元では「なぜ文字を使うのか」を「本質的な問い」として設定した。その理由は次の通りである。数学における文字との出会いは中学1年生である。数学と算数の大きな違いとして、文字を用いることにより事象を一般化することができるというよさがある。またそんな文字を使いこなすということは数学を学ぶ上で大きな意味をもつ。これら

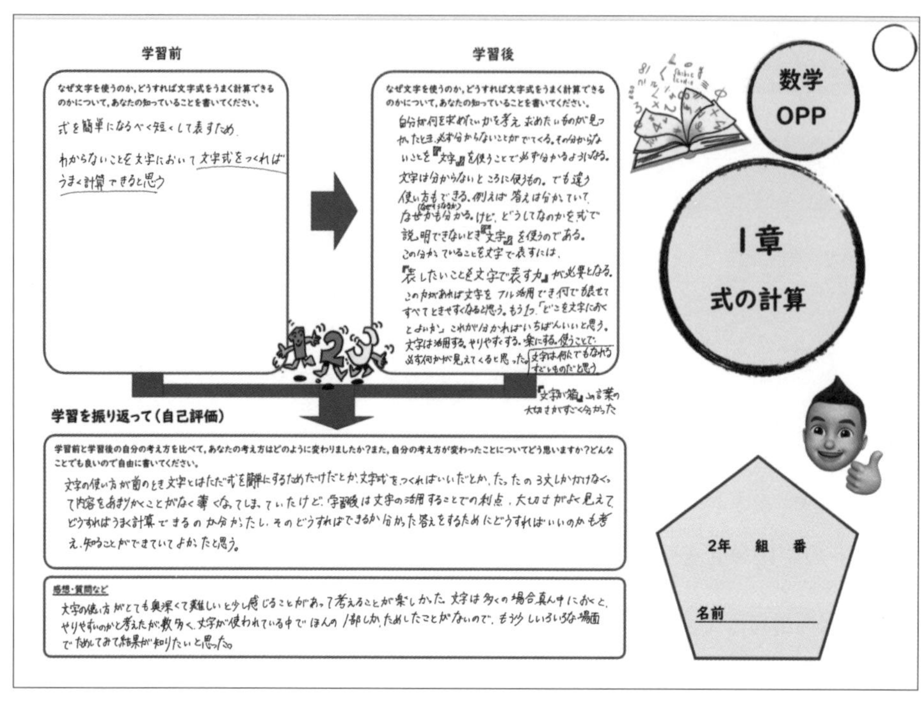

図11「文字の概念」の変容

の理由から、上記のような問いを設定した。「学習前」の記述を見ると、計算するために使うといった内容に留まっている生徒が多かった（図11）。そこで、目的に応じて文字を自由に扱うようになってほしいと考え、授業の中で、事象に対して自由に文字で表す活動を行った。その授業の学習履歴欄の記述例が図12である。「表したいことを文字を使って表す」とあり、文字の自由度を理解したと考えられる。それに対して「すごくいい表現！」とコメントした。さらに「どこを文字にしたら簡単かを考えるのが難しい」という記述があったので、「いろいろ試して見つけてみよう」とコメントした。このようなフィードバックを続けることにより文字への概念が深まり、OPPシートにおける「本質的な問い」の学習後の記述は膨らんでいった。自己評価欄には自分の考えの変容に気付き、「いろいろな場面でためしてみて結果が知りたいと思った」という次への展望まで記述されている。このように生徒の素朴概念を見取り、それに対するコメントによるフィードバックを通して適切な働きかけをすることが、生徒と一緒に考えを作り上げていくことになることが分かった。そういったOPPシートを介した「数学の交換日記」を通して、一緒に学んで改善していくことができることはOPPシートならではのよさであると感じている。

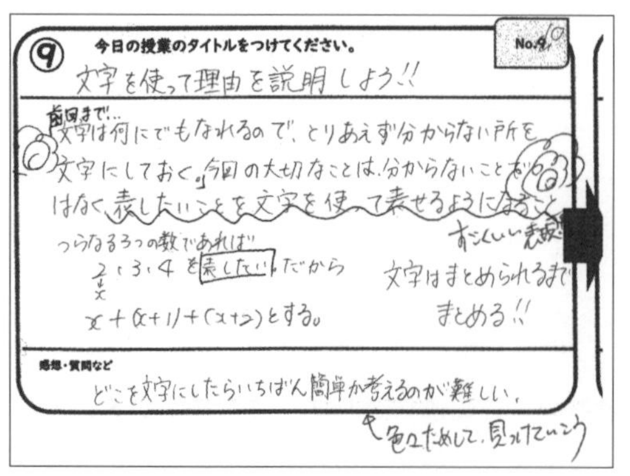

図12 学習履歴（数学において文字を使う自由さを理解した場面）

5 自己評価に表れた変容

OPPシートを授業の中で活用し始めた頃、生徒は自己評価を文章で行うということに困惑していた。生徒の自己評価の記述を見てみると、どのように書いたらよいかわからず、短絡的な記述をする生徒が多かった。初めて自己評価を書いた生徒の記述には、「文字の使い方が上手になって、自分の発想を文字に置き換えることができるぐらいになってきた。文字について色々学んだことで、数学の授業がわかりやすくなった。楽しくなった」といった自己評価があった。自己評価への理解を進めるため、生徒同士で友達が書いた自己評価を読ませたり、数学通信で自己評価の例をあげたりした。また、実生活に密着した数学の授業を展開した。すると、次の単元では、図13のような「数学と実生活を結びつけることのよさ」に対しての記述や、学ぶことに対して意欲的な記述が見られた。他には、「数学を学ぶことにより日常生活がより便利になっていく気がした」といった記述があり、自己評価にも変容が見られた。OPPシートにはたくさんの情報があり、次なる授業改善のヒントを与えてくれる道具であると感じる。

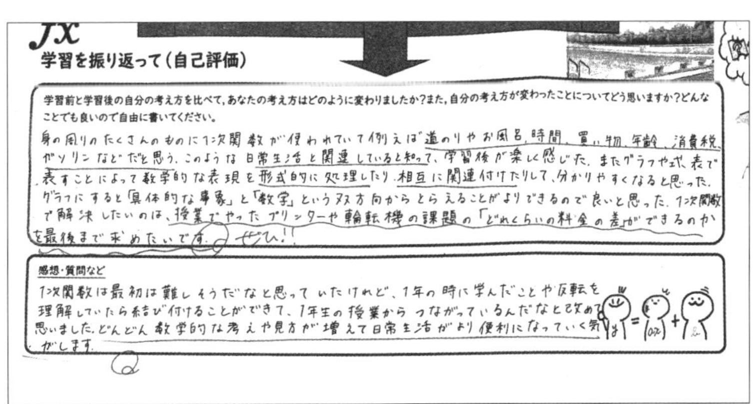
学習を振り返って(自己評価)

学習前と学習後の自分の考え方を比べて,あなたの考え方はどのように変わりましたか?また,自分の考え方が変わったことについてどう思いますか?どんなことでも良いので自由に書いてください。

身の周りのたくさんのものに1次関数が使われていて例えば道のりやお風呂,時間,買い物,年齢,消費税,ガソリンなどだと思う.このような日常生活と関連していると知って,学習後が楽しく感じた.またグラフや式,表で表すことによって数学的な表現を形式的に処理したり,相互に関連付けたりして,分かりやすくなると思った.グラフにすると「具体的な事象」と「数学」という双方向からとらえることがよりできるので良いと思った.1次関数で解決したいのは,授業でやったプリンターや輪転機の課題の「どれくらいの料金の差」ができるのかを最後まで求めたいです.ぜひ!!

感想・質問など

1次関数は最初は難しそうだなと思っていたけれど,1年の時に学んだことや反転を理解していたら結び付けることができて,1年生の授業からつながっているんだなと改めて思いました.どんどん数学的な考えや見方が増えて日常生活がより便利になっていく気がします.

図13 自己評価(数学と日常生活との関連への気付き)

本実践へのコメント

中学校や高校になると、生徒との直接の交流が小学校よりも少なくなります。そのような中で、OPPシートを自分の担当教科などで活用すれば、生徒との間接的なコミュニケーションを図ることができるでしょう。また、そこでのやりとりを通して学びの質を高めていったのが本実践です。数学の世界は日常生活とあまり関係がないように見えますが、身の回りにある黄金比や白銀比の関連性の発見などを通して、その数学的見方や考え方、数学的表現などに気付かせ、学びを深めている点も示唆的な実践です。学習履歴の質を高める具体的働きかけも大いに学ぶべきものがあります。(堀 哲夫)

授業改善

高校2年
生物基礎

5 OPPシートは楽しい冒険の「地図」

「こんなもの使えるか」からの出発

生徒は理解できている？ 次の授業では何をすべき？ 自分の指導方法には意味がある？ 授業改善にはこんな不安が伴う。「こんなもの使えるか」と半信半疑で使い始めたOPPシートは、生徒と共に楽しく成長できる冒険の「地図」となっている。

OPPAを通した教師の変容

Before

理科が嫌いな生徒、学ぶ意味を見いだせない生徒が大勢いる。授業方法を色々試しながらも迷走する日々。OPPシートを使う先輩を見て「こんなもの使えるか？」と半信半疑になりながらも使い始めた。

After

OPPシートの記述に、学ぶ意味に気付いていく生徒を見取ることができ、授業のやりがいを感じられた。単元のねらいに沿った授業改善が不安なく行えるようになった。

OPPシートの構成

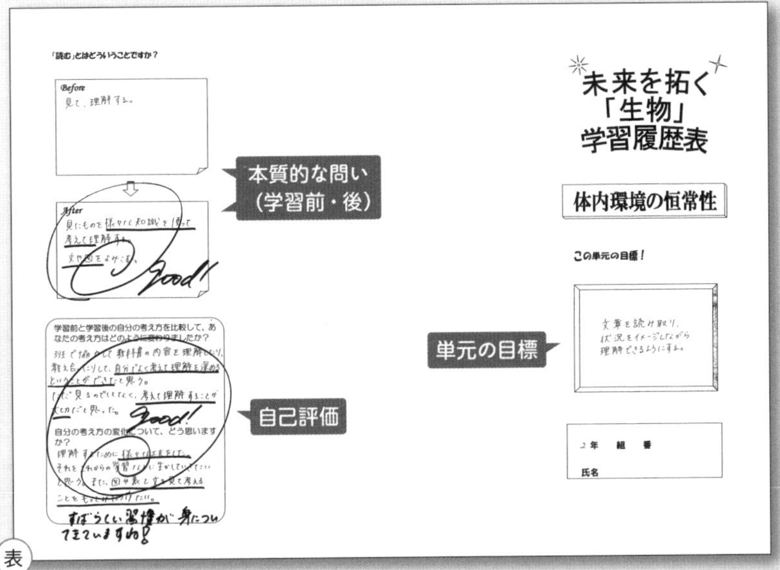

本実践の全体像

1 理科（生物）の授業でなぜ「読解力」なのか（p.71）

- 学ぶ意義を見いだせない生徒たち
- 教科にとらわれない単元のねらいの設定
- 単元のねらいに沿った「本質的な問い」

2 学校の成績との相関性（p.72）

- OPPシートで見取れる学習の成果

3 一人一人の認知構造に応じた指導（p.73）

- 図と文章は別個という生徒の認識
- OPPシートだから見えた課題点

4 授業改善の不安解消にOPPA（p.75）

- 授業改善という冒険
- OPPシートは冒険の「地図」

「体内環境の恒常性」

指導目標

- 生物の体内環境を維持する仕組みを理解し、体内環境の維持と健康との関係について認識できるようにする。
- 文章に表現されている内容を読解するとともに、図を用いて状況をイメージしながら理解できるようにする。
- 読解力を向上させようとする姿勢をもち、主体的に学ぶことができるようにする。

学習の流れ

Before

時数	学習内容
1	●体内環境と体液
2	●体液の循環
3	●ヘモグロビンによる酸素の運搬
4	●腎臓の構造とそのはたらき
5	●腎臓による物質の濃縮
6	●浸透圧と体液濃度の調節

時数	学習内容
7	●肝臓の構造とそのはたらき
8	●自律神経系による調節
9	●内分泌系による調節
10	●ホルモンの分泌の調節
11	●自律神経系と内分泌系による調節

OPPシートへの生徒の記述をもとに その都度、指導計画を変更していく

After

時数	学習内容
1	●OPPシートに「単元の目標」と「本質的な問い」を記入する ➡ 1 ●体内環境と体液 本文の音読
2	●体液の循環 文章と図の要点抽出
3	●ヘモグロビンによる酸素の運搬 問題文とグラフの読解 ➡ 3
4	●グラフの解説書の作成
5	●腎臓の構造とそのはたらき
6	●腎臓による物質の濃縮 濃度を作図でイメージしながら問題を解く
7	●浸透圧と体液濃度の調節

時数	学習内容
8	●肝臓の構造とそのはたらき
9	●自律神経系による調節 読解した内容についてクイズをつくる
10	●内分泌系による調節 読解した内容についてクイズをつくる
11	●ホルモンの分泌の調節 内容を「たとえ話」にして説明する
12	●自律神経系と内分泌系による調節 図を指でたどりながら文章を読む ➡ 4 ●OPPシートに「本質的な問い」の回答と自身の変化を記入する ➡ 2

※本単元では「読解力」の向上をねらいとしたので、教科書の音読やグラフ、図の読み取りなど、生徒自身が情報を読んで理解する場面を多く設定した。

1 理科（生物）の授業でなぜ「読解力」なのか

授業を通して生徒に身に付けてもらいたいものは、教科の知識だけではない。論理的・批判的に考えられる思考力や効果的なプレゼンテーションができる表現力、自ら進んで学ぼうとする姿勢など、様々である。つまり「非認知能力」といわれるものである。

しかし、生徒の立場からすると、「学習とは教科の知識を身に付けること」という認識に陥りやすく、勉強するのは大学受験のためと考える生徒や、学ぶことの意義を見いだせない生徒も少なくない。

「生物」は受験に使わないし必要ない

こんなこと勉強しても将来役に立つとは思えない

そこで、教科にとらわれない資質・能力の向上を単元のねらいとし、それを中心に授業を組み立てることにした。

生物基礎で扱う内容を大きく四つに分割し、それぞれに資質・能力に関するねらいを設定した（表1）。このねらいを生徒に意識させるため、これを「単元の目標」としてOPPシートのおもてに最初に記入させた。

最初の単元は4月から扱うため、生徒同士がお互いに知らないことも多く、その後のグループワークでの授業を円滑に進められるようにすることも含め、「自分の意見を他者に伝えられる」というねらいを設定した。その後は、根拠に基づいて考えられる思考力や記述された内容を正確に理解できる読解力など、教科の内容にとどまらない資質・能力について取り上げるようにした。ここでは、読解力についての実践例を紹介する。

まず、OPPシートを作成する上で重要なのが、「本質的な問い」である。読解力の向上というねらいに沿った問いとして、「読むときに重要なことは何ですか？」「読解力とはどのような力ですか？」などの候補があったが、最も幅が広く根源的な「『読む』とはどういうことですか？」という問いを選んだ。これは、中島（2019）を踏まえ、「読む」ということに対して生徒一人一人の認識は元々大きく異なるだろうし、それがどう変化するかを見取る上でも最も自由度が高い問いであると考えたからである。

図1は、学習前後の「本質的な問い」に対する回答の例である。生徒Aは、「見て、理解する」から「見たものを様々な知識を使って考えて理解する」へと変化しており、記述された情報を取り入れて理解する内化・内省の過程に対するメタ認知ができている。生徒Bは、「記憶に残

表1 生物基礎で設定した単元と育成したい資質・能力、およびOPPシートでの「本質的な問い」

	設定した単元	資質・能力に関するねらい	本質的な問い
1	生物の特徴	自分の意見を他者に伝えられる	自分の考えを伝えるときに重要なことは何ですか？
2	遺伝子とそのはたらき	根拠に基づいて考えることができる	科学的に考えるときに重要なことは何ですか？
3	体内環境の恒常性	記述された内容を正しく読むことができる	「読む」とはどういうことですか？
4	生物の多様性と生態系	物事を多面的にとらえ、説明することができる	「見る」とはどういうことですか？

す」から「理解する」に変化しており、覚えることに偏重していた学習の認識からの変化が見られる。また、生徒Cでは、「文章を理解して頭に入れる」から「他の読んでいない人に説明ができるくらい理解を深める」と内容が深まっている。自由度の高い問いによって、それぞれの生徒ごとの多様な変容を見取ることができた。特に、生徒Cの記述内容は教師の想定しなかったものであるが、生徒が教師の枠にとらわれない変容をすることができたのもOPPAの成果の一つと言える。

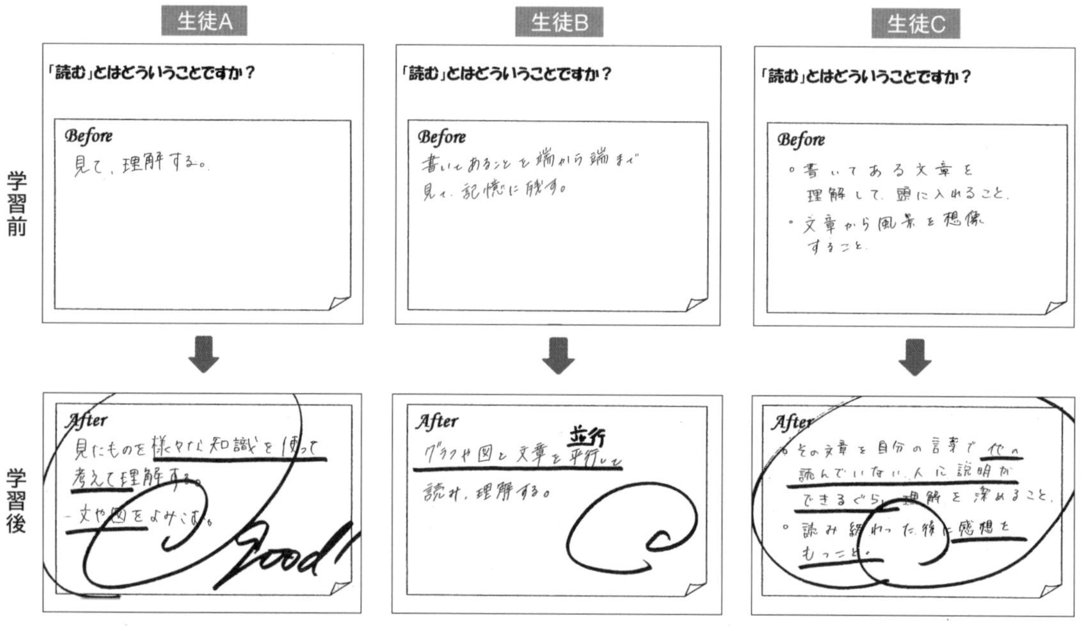

図1 生徒A、生徒B、生徒Cの学習前・後の「本質的な問い」に対する回答

2 学校の成績との相関性

図2は、生徒A、生徒Bの単元の学習後の自己評価欄の記述である。記述内容を見てみると、こちらのねらい通り、教科としての内容にとどまらない考え方の変化、特に読解に関するメタ認知が読み取れるとともに、以降の学習にも生かしていこうとする主体的な姿勢も見られる。このような生徒の変容を見取ることで、次の授業改善へとつなげられる。私としても生徒の成長を感じることができ、「授業をしていてよかった」と思えた。

では、この2人の生徒のどちらがより「優れた学習成果」を収めたと言えるだろうか? 記述内容を見る限り、どちらも優れていると言えるだろう。OPPシートを使っていてよく感じるのは、OPPシートに表れる学習の成果と、問いに対して1対1の答えがあるような知識・技能を測るペーパー試験に現れる学習成績との間には、単純な相関性が見られないということである。すなわち、ペーパー試験は高得点を取れてもOPPシートの記述内容に深みのない生徒もいれば、ペーパー試験は苦手でも、OPPシートによって学びを深め、学ぶことの意味を

生徒A

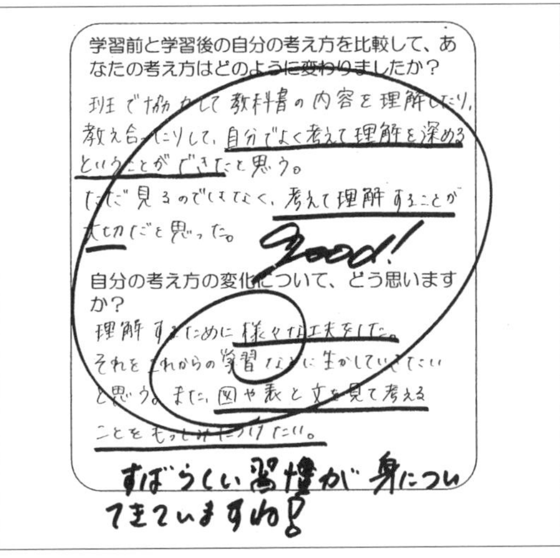

学習前と学習後の自分の考え方を比較して、あなたの考え方はどのように変わりましたか？

班で協力して教科書の内容を理解したり、教え合ったりして、自分でよく考えて理解を深めるということができたと思う。ただ見るのではなく、考えて理解することが大切だと思った。

Good!

自分の考え方の変化について、どう思いますか？

理解するために様々な工夫をした。それをこれからの学習などに生かしていきたいと思う。また、図や表と文を見て考えることをもっと身につけたい。

すばらしい習慣が身についてきていますね!

生徒B

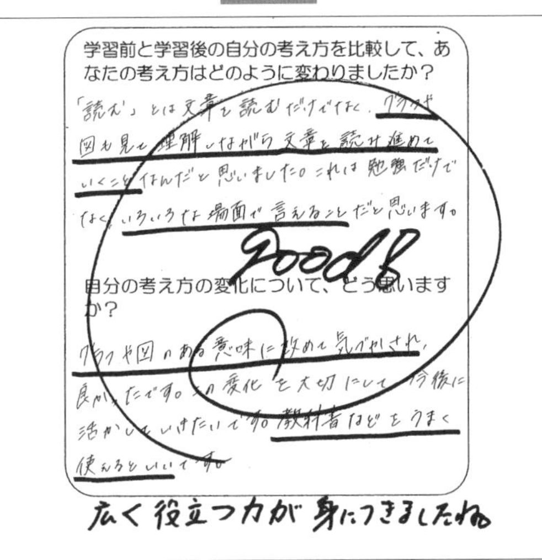

学習前と学習後の自分の考え方を比較して、あなたの考え方はどのように変わりましたか？

「読む」とは文章を読むだけではなく、グラフや図も見て理解しながら文章を読み進めていくことなんだと思いました。これは勉強だけでなく、いろいろな場面で言えることだと思います。

Good!

自分の考え方の変化について、どう思いますか？

グラフや図のある意味に改めて気づかされ良かったです。この変化を大切にして今後に活かしていきたいです。教科書などをうまく使えるといいです。

広く役立つ力が身につきましたね。

図2 生徒A、生徒Bの自己評価

見いだし、主体的に学ぶ姿勢をもつことができる生徒もいるのである。

将来社会に出て、教科書の内容ではないものを学び続けられる人としての資質・能力を備えているかどうかは、ペーパー試験だけでは見えてこない。「こんなもの使えるか」と疑っていたOPPシートだが、そこに見えてくるものの価値は非常に大きい。

3 一人一人の認知構造に応じた指導
図があれば簡単に理解できると思っていたのに！

読解力の向上に授業で取り組んでみようと考えたのは、生徒が科学的思考を働かせる以前に、そもそもその前提となる文章の正確な読み取りができていないのではないか、と感じたからである。国語の先生と話してみると、やはり言葉を追うだけの表面的な理解までで終わってしまう生徒が多いとのことだった。

そこで、「読解力」の向上を主なねらいとする授業を初めて試みたのが、今回紹介している実践の前年である。ここで、理科の教員としては想像していなかった衝撃的な言葉を生徒のOPPシートに発見した。

生徒からは、文章で説明されている内容と、その説明を集約している図の内容が別個のものとして認識されていることがわかったのだ。これもOPPシートのおかげである。

そこで、今回は文章と図を並行して読み解いていくよう指導を行った。図の中でもグラフを読み解くのが難しい生徒は多いが、そのような生徒もOPPシートでは把握しやすい。

文章を読んでもわからないのに、図まで理解しなければならないのは大変

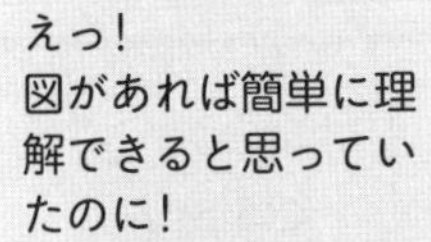
えっ!
図があれば簡単に理解できると思っていたのに!

図3および4の左側は、第**3**時間目に行った、「酸素解離曲線」というグラフを読解する授業のものである。生徒Aは、感想・疑問などの欄に「グラフを使った問題は苦手なので、慣れていくようにしたい」と書いており、グラフは「慣れ」によって、すなわち何回も同じことを繰り返すことによって読解できるようになると考えており、読解力の不足に対して読解力そのものの向上ではなく、知識や経験の積み重ねで補おうとしているのがわかる。また、生徒Dは、今日の授業で「一番大切なこと」を書く欄に「酸素解離曲線のグラフの解き方」と書いているものの、具体的な読解のポイントは書いておらず、根本的な理解ができていない可能性がある。

そこで、第**4**時間目では、グラフの読解のポイントをつかむことをねらいとし、グラフの読解方法の解説書を作成するという課題を設定してグループで取り組む活動を行った。第**4**時間目のOPPシートには、図や表を活用するときのポイントが把握できている様子が見られる。OPPシートによって授業改善ができた成果と言えるだろう。

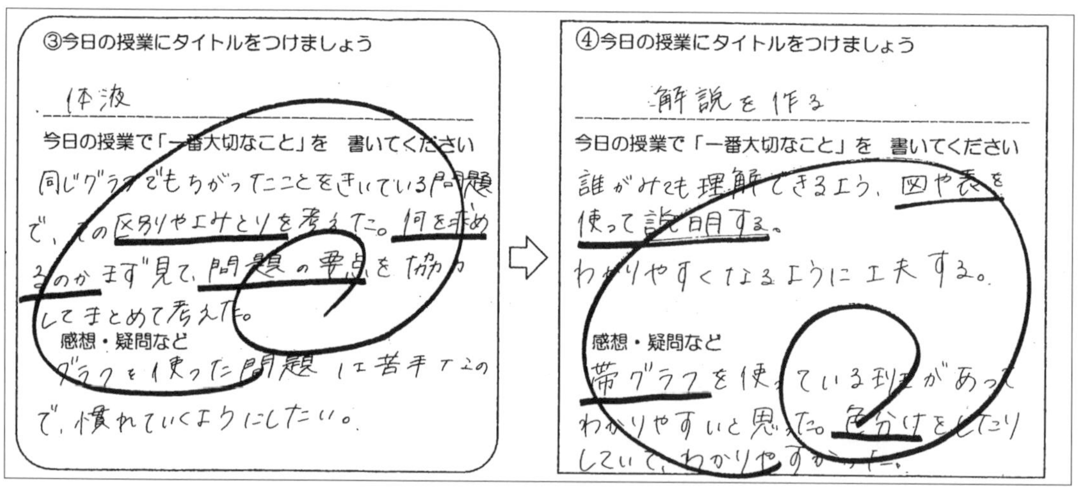

③今日の授業にタイトルをつけましょう
体液
今日の授業で「一番大切なこと」を　書いてください
同じグラフでもちがったことをきいている問題で、その区別やよみとりを考えた。何を求めるのかまず見て、問題の要点を協力してまとめて考えた。
感想・疑問など
グラフを使った問題は苦手なので、慣れていくようにしたい。

④今日の授業にタイトルをつけましょう
解説を作る
今日の授業で「一番大切なこと」を　書いてください
誰がみても理解できるよう、図や表を使って説明する。
わかりやすくなるように工夫する。
感想・疑問など
帯グラフを使っている例があってわかりやすいと思った。色分けをしたりしていて、わかりやすかった。

図3 生徒Aの第**3**、**4**時間目の学習履歴。第**3**時間目の記述から、グラフの読解力の不足を「慣れ」で補おうとしているのがわかる。

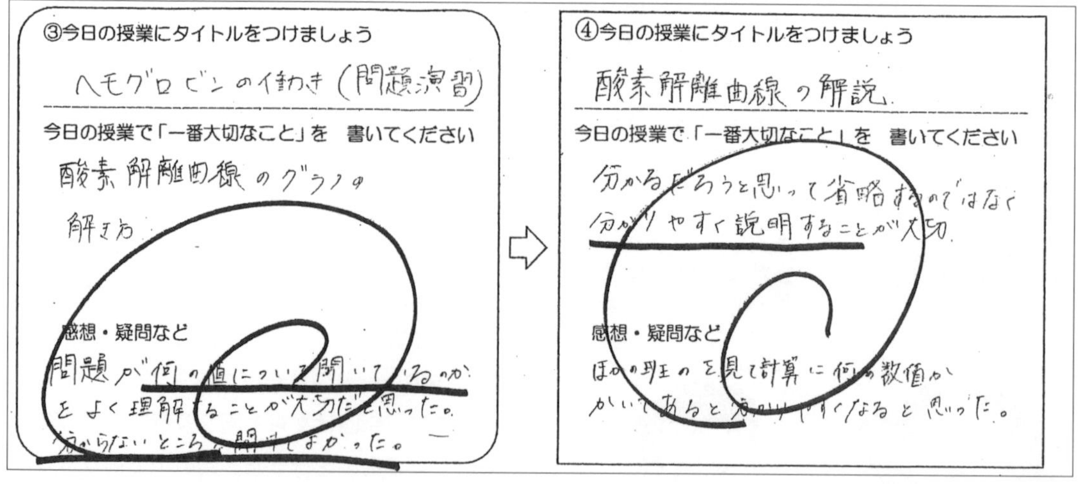

③今日の授業にタイトルをつけましょう
ヘモグロビンの働き（問題演習）
今日の授業で「一番大切なこと」を　書いてください
酸素解離曲線のグラフの解き方
感想・疑問など
問題が何の値について聞いているのかをよく理解することが大切だと思った。分からないところは聞けばよかった。

④今日の授業にタイトルをつけましょう
酸素解離曲線の解説
今日の授業で「一番大切なこと」を　書いてください
分かるだろうと思って省略するのではなく分かりやすく説明することが大切
感想・疑問など
ほかの班のを見て計算に何の数値かかいてあると分かりやすくなると思った。

図4 生徒Dの第**3**、**4**時間目の学習履歴。第**3**時間目の「一番大切なこと」の記述に具体性がなく、理解不足がうかがえる。

4 授業改善の不安解消にOPPA

「こんな指導方法でいいのだろうか？」と不安に思うこともよくある。今回の事例では、「読解力」の向上をねらいとしたため、指導方法も一新する必要があり、まさに冒険だった。

第12時間目の「自律神経系と内分泌系による調節」の授業では、図を指でたどりながら文章を読むという活動を行った。本文の内容に該当する図中の矢印を指でたどっていくというものである。高校生にとってはあまりにも平易で退屈な活動ではないかと思っていたが、図5のように、「このように読んでいったらわかりやすいと思った。これからも続けていきたい」「改めて教科書に文だけでなく図やグラフ、表がある意味がわかりました」などの記述があり、意義のある活動であることがわかった。

また、「読解力」のような、教科にとらわれない資質・能力の向上を単元のねらいとした授業を展開することで、知識・技能の習得や理解の向上も同時に果たすことができた。

冒険は人を成長させる。しかし、地図も持たずに冒険には出られない。最初は半信半疑のOPPシートだったが、これは生徒と教師が一緒に楽しく成長できる冒険に出るための「地図」なのだ、と今となっては実感している。

生徒A

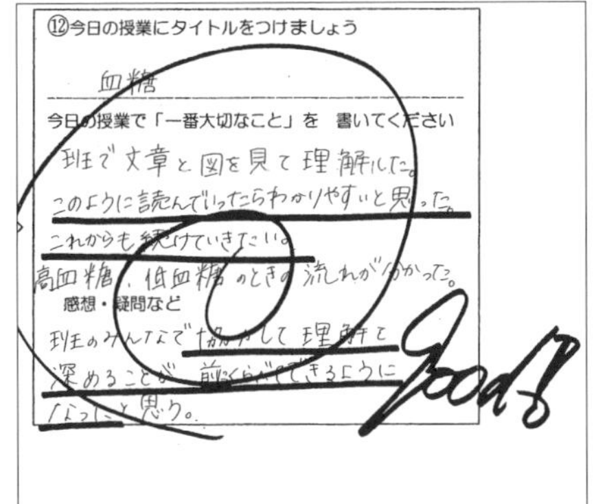
⑫今日の授業にタイトルをつけましょう

血糖

今日の授業で「一番大切なこと」を 書いてください

班で文章と図を見て理解した。
このように読んでいったらわかりやすいと思った。
これからも続けていきたい。
高血糖、低血糖のときの流れがわかった。

感想・疑問など

班のみんなで協力して理解を深めることが前よりできるようになったと思う。

生徒B

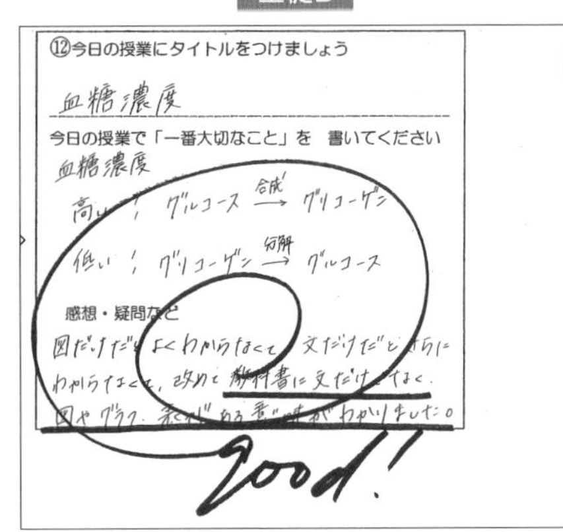
⑫今日の授業にタイトルをつけましょう

血糖濃度

今日の授業で「一番大切なこと」を 書いてください

血糖濃度
高い：グルコース →(合成) グリコーゲン
低い：グリコーゲン →(分解) グルコース

感想・疑問など

図だけだとよくわからなくて、文だけだとさらにわからなくて、改めて教科書に文だけでなく図やグラフ、表がある意味がわかりました。

図5 生徒A、生徒Bの第12時間目の学習履歴

本実践へのコメント

大学受験に使われない、将来の職業に生かされない教科・科目に対し、生徒は「勉強する意味はない」と考えます。生徒たちに「学ぶ意味・必然性」を感得させるための工夫が、この「本質的な問い」の設定に見られます。教科の専門性を重視しがちな高等学校において、OPPAの普遍性や汎用性が発揮された好事例です。OPPシートを回収し開いてみるとき「宝箱を開けるようだ」と例えた青野先生。このような教育観が本実践を可能にしました。(中島雅子)

授業改善

高校
物理

6「学習と指導と評価の一体化」の実践

OPPシートは生徒から教師へのプレゼント

たとえ授業が教師の思い通りにいかなくても、OPPシートに記された生徒のリアルな声が、教師に授業改善のヒントをくれる。OPPシートには、生徒から教師へのプレゼントが詰まっている。

OPPAを通した教師の変容

Before

初めは、私自身が大学院時代に「生徒側」として記入していたOPPシートを、高校生がどの程度活用できるのかという未知数な取り組みに対する不安があった。さらに、生徒の人数分のOPPシートを見取ることに対して、分掌業務や部活動等、校務全般業務を圧迫し、負担が増えるのではないかという不安があった。

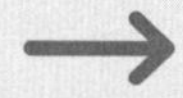

After

教師が授業中何となく話したことや他の生徒の発言などから、想定以上に生徒は敏感かつ幅広く学びを得ようとしており、OPPシートから私自身も多くの発見や学びを得た。生徒の生の声が積み重なることで授業展開の改善に大いに役立っている。授業準備や教材研究への緩急を付けることで、効率化も図ることができる。

OPPシートの構成

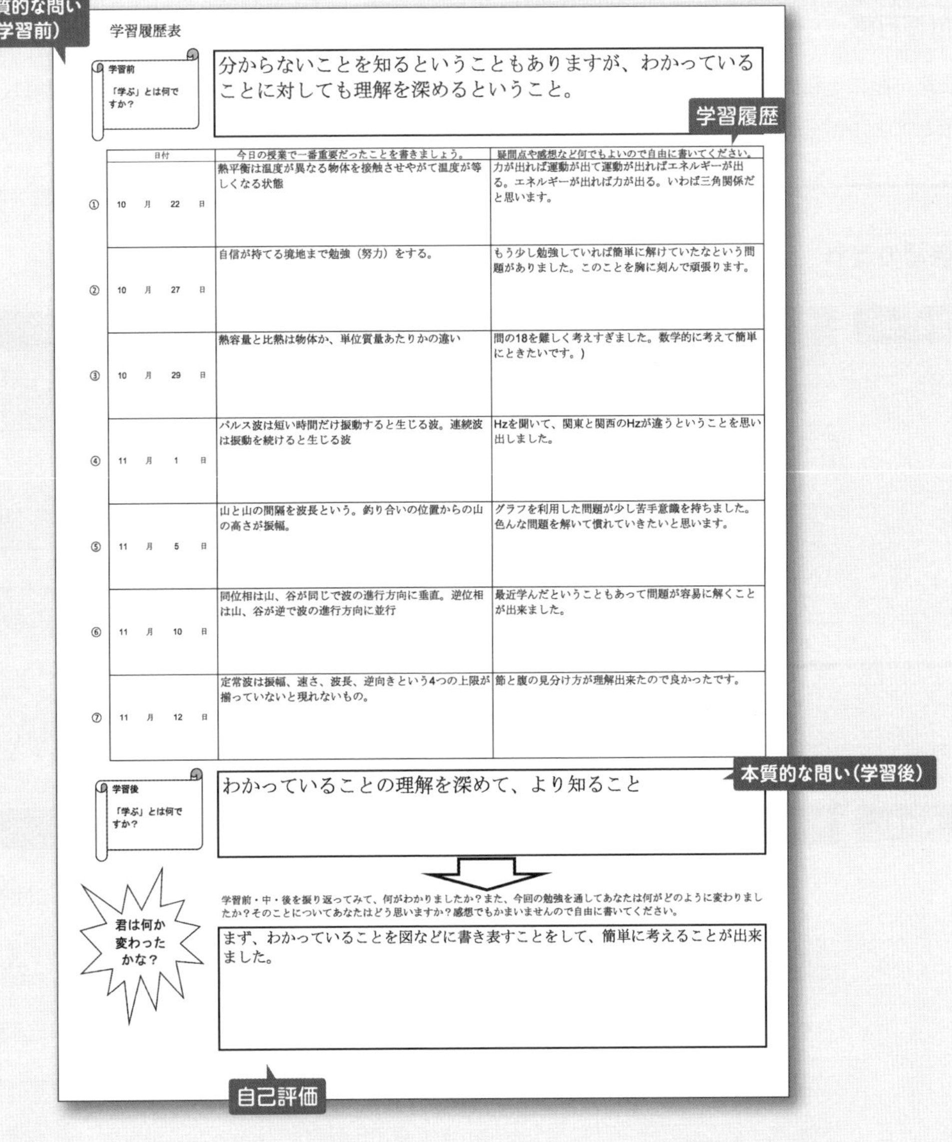

学習履歴表

学習前
「学ぶ」とは何ですか？

分からないことを知るということもありますが、わかっていることに対しても理解を深めるということ。

	日付	今日の授業で一番重要だったことを書きましょう。	疑問点や感想など何でもよいので自由に書いてください。
①	10 月 22 日	熱平衡は温度が異なる物体を接触させやがて温度が等しくなる状態	力が出れば運動が出て運動が出ればエネルギーが出る。エネルギーが出れば力が出る。いわば三角関係だと思います。
②	10 月 27 日	自信が持てる境地まで勉強（努力）をする。	もう少し勉強していれば簡単に解けていたなという問題がありました。このことを胸に刻んで頑張ります。
③	10 月 29 日	熱容量と比熱は物体か、単位質量あたりかの違い	問の18を難しく考えすぎました。数学的に考えて簡単にときたいです。)
④	11 月 1 日	パルス波は短い時間だけ振動すると生じる波。連続波は振動を続けると生じる波	Hzを聞いて、関東と関西のHzが違うということを思い出しました。
⑤	11 月 5 日	山と山の間隔を波長という。釣り合いの位置からの山の高さが振幅。	グラフを利用した問題が少し苦手意識を持ちました。色んな問題を解いて慣れていきたいと思います。
⑥	11 月 10 日	同位相は山、谷が同じで波の進行方向に垂直。逆位相は山、谷が逆で波の進行方向に並行	最近学んだということもあって問題が容易に解くことが出来ました。
⑦	11 月 12 日	定常波は振幅、速さ、波長、逆向きという4つの上限が揃っていないと現れないもの。	節と腹の見分け方が理解出来たので良かったです。

学習後
「学ぶ」とは何ですか？

わかっていることの理解を深めて、より知ること

君は何か変わったかな？

学習前・中・後を振り返ってみて、何がわかりましたか？また、今回の勉強を通してあなたは何がどのように変わりましたか？そのことについてあなたはどう思いますか？感想でもかまいませんので自由に書いてください。

まず、わかっていることを図などに書き表すことをして、簡単に考えることが出来ました。

本実践の全体像

1 診断的評価としての「本質的な問い」
(p.79)

- 生徒が抱える力のイメージ（素朴概念）
- 素朴概念を科学概念へと変容させる出発点

2 形成的評価としての「本質的な問い」
(p.80)

- 素朴概念から科学概念への変容の兆し
- 生徒のコメントから見る教師の指導計画の一致と不一致
- 主体的・対話的で深い学び

3 総括的評価としての「本質的な問い」
(p.82)

- 素朴概念から科学概念への変容
- 授業に対する自信と生徒からの学び

「力学的エネルギー」

指導目標

日常に起こる物体の運動を観察、実験などを通して探究し、その基本的な概念や法則を理解し、運動とエネルギーについての基礎的な見方や考え方を身に付けるようにする。

学習の流れ

Before

時数	学習内容
1	さまざまな力
2	
3	力の合成・分解とつりあい
4	運動の3法則
5	運動方程式の利用
6	
7	摩擦力を受ける運動
8	
9	液体や気体から受ける力
10	
11	仕事と仕事率
12	
13	運動エネルギー
14	位置エネルギー
15	力学的エネルギー

OPPシートへの生徒の記述をもとに
その都度、指導計画を変更していく

After

時数	学習内容
1	さまざまな力 ●シートを通した本質的な問いとは別に、単元を通した本質的な問いに回答する ➡ 1「物体の運動とエネルギーの単元でなぜ力を勉強するのか」
2	
3	力の合成・分解とつりあい
4	運動の3法則 ●シートを通した本質的な問いとは別に、単元を通した本質的な問いに回答する ➡ 2「物体の運動とエネルギーの単元でなぜ力を勉強するのか」
5	運動方程式の利用
6	
7	摩擦力を受ける運動
8	
9	液体や気体から受ける力
10	
11	仕事と仕事率
12	
13	運動エネルギー
14	位置エネルギー
15	力学的エネルギー ●シートを通した本質的な問いとは別に単元を通した本質的な問いに回答する ➡ 3「物体の運動とエネルギーの単元でなぜ力を勉強するのか」

1 診断的評価としての「本質的な問い」

OPPシートの「本質的な問い」(以下、「OPPシートに設定した本質的な問い」）として、1枚目のOPPシートには「学ぶとは何ですか？」、2枚目のOPPシートには「何のために学ぶと思いますか？」を設定した。(本単元ではOPPシートを2枚使用している)。さらに、それとは別に授業の中でパフォーマンス課題として「本質的な問い」を設定した。「物体の運動とエネルギー」という単元名にもかかわらず、生徒は特に意識せずに「力」について学ぶことがある。そこで、「物体の運動とエネルギーの単元でなぜ力を勉強するのか」という「本質的な問い」(以下、「科学的概念に関連した本質的な問い」)を授業の中で設定した。これによって、「指導と評価の一体化」と「学習と評価の一体化」が可能になると考えた。

生徒は毎時間、二つの「本質的な問い」を頭の片隅に置きながら授業を受けたことになる。「OPPシートに設定した本質的な問い」は、物理そのものよりも学ぶ姿勢や意義・有用性といった内容でもあったことからか、常に意識しながら授業を受けている様子はそこまで見られなかった。一方、物理に直結した「科学的概念に関連した本質的な問い」については、私が授業中に毎回考えるよう促していた（図1）ことも影響していると考えられるが、生徒たち一人一人もただ「力」について学ぶだけではなく、授業の中に「科学的概念に関連した本質的な問い」に答えるための手がかりやヒントを懸命に探し出そうとする姿が見られた。

次ページの記述のように、単元の最初の段階でパフォーマンス課題としての「科学的概念に関連した本質的な問い」に対して回答する中で、生徒たちなりの論理立てた説明から様々な素朴概念が見受けられ、このような生徒たちが最終的にどのように回答できるようになるのかワクワクしつつも、緊張感をもって授業に挑むこととなった。まさに指導と評価の一体化である。

また、本単元に限らず生徒の数だけ素朴概念が存在し、それらをもち合わせた状態で授業を受けていることを改めて実感させられた。例えば、この単元の本質に関わることは全てOPPシートの「疑問点や感想など何でもよいので自由に書いてください」の欄に書かれている。一方、本来は本質に関わることを書いてほしい「今日の授業で一番重要だったことを書きまし

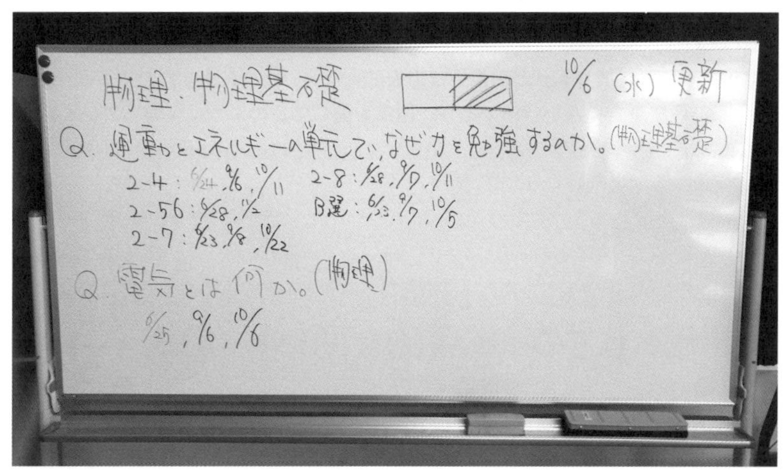

物理・物理基礎
10/6 (水) 更新
Q. 運動とエネルギーの単元で、なぜ力を勉強するのか。(物理基礎)
Q. 電気とは何か。(物理)

図1 常に目に入る場所に掲示

ょう」の欄には、定義や公式等、授業の内容を簡潔にまとめる内容にとどまっている。この改善に関しては後述する。OPPシートがなければ、生徒の実態を把握することもなかった。

生徒A

日付	今日の授業で一番重要だったことを書きましょう。	疑問点や感想など何でもよいので自由に書いてください。
6　月　23　日	水圧は水中で物体が受ける圧力	色々な運動をすることで力が変化するから

運動によって力が生み出されるという素朴概念を形成しており、授業を通してどのように変容していくのか注目すべき記述となっている。

生徒B

日付	今日の授業で一番重要だったことを書きましょう。	疑問点や感想など何でもよいので自由に書いてください。
6　月　23　日	Poは空気から受ける圧力(大気圧)であり、phgは水から受ける圧力(水による圧力)である。pはそれらを足したもの(水圧)である。	まず、力を発生しない限り物体は運動をしないしその運動によって出てくるエネルギーもないからだと思います。

運動の源が力であるという正しい認識をもてている。一方、「運動によって出てくるエネルギー」をどのようなニュアンスで記述しているのかがまだ不透明さがある。

生徒C

日付	今日の授業で一番重要だったことを書きましょう。	疑問点や感想など何でもよいので自由に書いてください。
6　月　23　日	・p=F/S と p=p0+phg	運動もエネルギーも力がないと説明できないから。

「説明」できないことまでは言及しているが、具体的にどのように「説明」できないかについての記述が乏しい。

生徒D

日付	今日の授業で一番重要だったことを書きましょう。	疑問点や感想など何でもよいので自由に書いてください。
6　月　23　日	水圧が p で水の密度がρで似ているが間違えない	運動とエネルギーの単元で力を勉強する理由は、運動やエネルギーに力が加わらなかったら働くことができないので、運動やエネルギーではどのように力を加えたら、どのような力が出るのかを求める必要があるから

「運動やエネルギーに力が加わる」「どのように力を加えたら、どのような力がでるのか」のように「力」については正しい理解が全くない状態であり、授業を通してどのように変容していくのか注目すべき記述となっている。

2 形成的評価としての「本質的な問い」

重力や張力、摩擦力等の一通りの力について授業を終え、運動方程式に入ったタイミングで「科学的概念に関連した本質的な問い」を再度促した。学習前の段階で「力」が加わって初めて運動が起こることを認識できている生徒が少なく、エネルギーとの関わりについては正しく言及できなくても、力と運動に関する記述には改善があってほしい、という教師側の思いである。ここでは、記入に際し、これまで学習してきた内容を正しく論理的に（正解不正解は問わない）用いるようにという声かけを行った。

「科学的概念に関連した本質的な問い」に対して明らかな改善が見られる生徒から変わらない生徒、一歩後退してしまった生徒まで様々な生徒がいた。ただ単にこの問いを投げかけただけでは、なぜそのように答えたのかの原因（生徒の思考の過程）がはっきりしないであろう。

しかし、OPPシートには生徒の毎時間の学習履歴が保存されており、なぜそのような回答に至ったか、至ってしまったのかという理由を随所に垣間見ることができる。生徒はしばしばOPPシートに「間違い」や「勘違い」を書いてくることがある。その際、正しい答えを教えるのではなく、「本当に？」や「なぜそう考えた？」などのコメントを返すようにしている。そうすると、次の時間に改めて科学的概念の変容を目の当たりにできたり、質問しに来たりすることで解決しようとする姿が見られる。また、複数の生徒にこのような記述や疑問、質問があった場合には私の授業の中で間違ったり、勘違

生徒A

9　月　8　日	運動方程式の立て方は着目する物体を決めて、力を図示し、正の向きを決め、加速度をおき、ma＝Fの式に代入する	力を学ぶことで、日常生活に使われる運動を理解出来るようになるから

素朴概念から科学的概念への変容が垣間見ることのできる記述となっている。一方、どのように理解できるかについての記述が乏しく、さらにどのように変容していくのか注目すべき記述である。

生徒B

9　月　8　日	運動方程式の立て方は着目する物体を決めて、力を図示し正の向きを決めて加速度を置く。そしてma=Fに代入する。ここでは、正の向きはどちらでも良い。	力を受けると運動したり、運動によってエネルギーが発生するから。

「力」が「運動」の原因となっている科学的概念への変容が見られる。一方、運動がエネルギーを発生させるという素朴概念が今後どのように変容していくかが注目される。

生徒C

9　月　8　日	・鉛直方向の運動	力が無いと運動もエネルギーも求められないから。(起こらないから？)

「(起こらないから？)」という点に「自信（確信）のなさ」が表れている。今後、どのように自信をもって記述できるようになるかが注目される。

生徒D

9　月　8　日	夏休みに物理に触れていなかったから自分の力では解くことができなかったので解けるように公式をしっかり覚える	運動に力が加わらないとエネルギーとなり働くことができないから、運動でどのように力を加えたらエネルギーとなり運動するのかを求める必要があるから

残念ながら、素朴概念から科学的概念への変容が見られなかった。個別のフォローも入れながら授業を展開していく必要がある。

いしたりしてしまう説明があったことを反省、改善し、次の授業で改めて触れることで、生徒のモヤモヤを置き去りにすることなく授業展開を行っている。このようにOPPシートによってまさに「指導と評価の一体化」による学習・授業改善が実現できる。

前ページの記述のように、学習前に比べ記述できている生徒とできていない生徒の差が顕著に現れた。こうした結果を受け、わかる生徒がわからない生徒に積極的に声をかける、わからない生徒がわかる生徒に積極的に質問できる環境を整えた。2学期になり、ある程度生徒の理解度や特性、OPPシートの記述を把握し、授業の中でわかる生徒同士、わからない生徒同士にならないよう配慮した授業展開を行った。

3 総括的評価としての「本質的な問い」

力を学び、運動方程式、そして力学的エネルギーまで「科学的概念に関連した本質的な問い」に関わる単元を一通り学び終えたタイミングで「科学的概念に関連した本質的な問い」を再び促した。いよいよ、夏休みを挟んで4か月間にわたった授業の集大成である。楽しみと不安が入り交じった気持ちでOPPシートに目を通した。全員が適切な回答ができたということにはならず、反省の多い実践となった。一方、生徒の記述に多く見られるようになったことが、「自分の言葉で説明できるようになりたい」「わからないことはわかる人に聞いて教えてもらう」といった、「科学的概念に関連した本質的な問い」に答えられるようになるための手段として授業に取り入れた方法への言及である。OPPシートを通した個々人とのやり取りや「本質的な問い」に答えることができるようになるための手段が形になっており、これが「学習と評価の一体化」だと実感した。

OPPシートは生徒の学習履歴であることはもちろんだが、教師にとっては生徒からの授業改善のヒントがたくさん詰まったプレゼントである。OPPシートがあることで、瞬時の授業改善のみならず別のクラスで教え方を変えてみたり、次年度への継続・修正点が見えてきたり、多くの示唆を得ることができる。今後もOPPシートなしの授業は考えられない。

一方、本実践を通してOPPシートの利用について大きな改善点が見えてきた。ここまで提示してきたシート全て、「本質的な問い」への答えは「疑問点や感想など何でもよいので自由に書いてください」の欄に記入されている。私がそのように指示したからである。しかし、「科学的概念に関連した本質的な問い」を理解するということは物理概念を身に付けることができたということであり、OPPA論による概念の本質的な理解にあたる。つまり、「今日の授業で一番重要だったことを書きましょう」の欄に書くことが十分可能な内容ということになる。どちらの欄に書くべきことかは生徒が考えることであり、知らないうちに教師の考えを押し付けることになった可能性が考えられる。授業中に起こしがちな「教師の考えの押し付け」を避けるためにOPPシートの活用をしていたにもかかわらず、自分自身がその「押し付け」をしてしまっていたことに気が付いた。OPPシートの利用時のみならず、改めて自身の授業に目を向け、今後の重要な改善点としたい。

先述したように、本実践ではOPPシートに設定した本質的な問いを意識した様子が見られなかった。これは、教師がパフォーマンス課題の効果に意識を向けていたため、OPPシートに設定した本質的な問いについては、生徒への促しが弱かったことによると考えられる。

生徒A

日付	今日の授業で一番重要だったことを書きましょう。	疑問点や感想など何でもよいので自由に書いてください。
10 月 22 日	物体の力学的エネルギーは、保存力以外の仕事の分だけ変化する	物体に力を加えることによって、運動やエネルギーが発生するから

素朴概念から科学的概念への変容が明らかに見られる。

生徒B

日付	今日の授業で一番重要だったことを書きましょう。	疑問点や感想など何でもよいので自由に書いてください。
10 月 22 日	熱平衡は温度が異なる物体を接触させやがて温度が等しくなる状態	力が出れば運動が出て運動が出ればエネルギーが出る。エネルギーが出れば力が出る。いわば三角関係だと思います。

「三角関係」という言葉を利用して相互に関わり合いがあることを表現しており、科学的概念への変容が見られる。

生徒C

日付	今日の授業で一番重要だったことを書きましょう。	疑問点や感想など何でもよいので自由に書いてください。
10 月 22 日	・潜熱	力がなければ運動はしないしエネルギーは生まれないから

粗削りではあるが、正確に表現できている。

生徒D

日付	今日の授業で一番重要だったことを書きましょう。	疑問点や感想など何でもよいので自由に書いてください。
10 月 22 日	物体が保存力以外の力から仕事をすると、物体の力学的エネルギーは変化する	運動する時に力が加わらないとエネルギーが発生しないので、どのように力を加えたらエネルギーになり運動するのかを求める必要があるから

科学的概念へと変容しきれない記述となった。個別のフォローが必要である。

本実践へのコメント

本実践では、「本質的な問い」をパフォーマンス課題として活用しました。二つの「本質的な問い」があることで、OPPシートに設定した「本質的な問い」への生徒の意識が低かったという課題も示されました。つまり、ただ設定すればよいのではなく、そこには教師の働きかけが重要となるでしょう。中谷先生はこれを真摯に受け止め授業改善に活用すると言います。若い先生が授業を重ねる度に専門性を高めていく姿が、本実践から見えてきます。OPPA論による教師の資質能力の育成がなされた好事例です。(中島雅子)

メタ認知

小学1年
生活科

7 OPPシートで成長した自分と出会う

小学1年生のメタ認知

OPPシートには、自由な視点で書かれた1年生の本音があふれていた。教師は、一人一人の個性や思考のパターンを読み取ることができた。そして、自己評価の機会を通して、児童は自身の成長を実感していった。

OPPAを通した教師の変容

Before

生活科の授業ではワークシートを使用していたが、「字を書くのは面倒だから」と書きたがらない児童がいた。違和感を覚えながらも、「書くだけで字の練習になるからね」と言い、とりあえずワークシートを埋めさせるという指導を重ねていた。この一過性の書く活動が児童の学びになるはずがない。

After

1年生の学習履歴には、教師に忖度しない自由な視点で書かれた児童の本音があふれていた。児童が一生懸命に紡いだ言葉の奥を見取り、思考をさらに促すコメントを返すことが児童の学びにつながると確信している。そして、単元全体を振り返って自己評価をする機会をもたせることが、「メタ認知」能力を育む第一歩になると実感した。

本実践の全体像

1 児童にとって初めてのOPPシート（p.87）

- 「本質的な問い」の設定
- 児童の素朴概念を把握する

2 「一番大切なこと」を問う意味（p.88）

- 発達段階に即した教師のコメント
- 児童の自由な視点で学びが表現されるOPPシート

3 1年生のメタ認知（p.90）

―成長した自分と出会う―

4 OPPシートは学びの宝物（p.91）

―児童による単元全体の価値付け「タイトル」―

「モリアオガエルの観察」

指導目標

校区にすむ希少な生き物「モリアオガエル」の観察を通して、生き物に合った世話の仕方があることや生き物が自分と同じように生命をもって成長していることに気付き、生き物への親しみをもち、大切にできるようにする。

学習の流れ

Before

時数	学習内容
1 2	**モリアオガエルのたまごを観察しよう** ●モリアオガエルの卵を見て、気付いたことを話し合う。 ●オタマジャクシの成長に必要なことを話し合う。
3 〜 8	**オタマジャクシの世話をしよう** ●ふ化したオタマジャクシの数を数えて気付いたことを話し合う。 ●グループで分担して、オタマジャクシの世話をする。 ●成長の様子を観察して、絵と文で表現し、成長過程で気付いたことを話し合う。
9 10	**モリアオガエルを生息地に帰そう** ●モリアオガエルの生活について話し合う。 ●モリアオガエルの生活と成長について自分の気付きを絵と文で表現する。
11	**モリアオガエルとの生活をふりかえろう** ●話をしたり観察をしたりして気付いたことや、自分の成長を発表する。 ●友達の気付きについて感想を伝え合う。

OPPシートへの児童の記述をもとに
その都度、指導計画を変更していく
※はOPPシートから教師が気付いたこと

After

時数	学習内容
1	**モリアオガエルのたまごを観察しよう** **➡ 1「本質的な問い」の設定** ●モリアオガエルの卵を見て、「本質的な問い」に回答する。 ※白紙の児童Dこそ深く考えていた。 ●モリアオガエルのひみつを調べよう。
2	●生まれたオタマジャクシの成長に必要なものを考えよう。
3 〜 8	**オタマジャクシの世話をしよう** ➡ 2 ※同じ授業でも、児童個々の自由な視点で「一番大切なこと」が記述されていた。 ●オタマジャクシを育てよう。 ●オタマジャクシを観察して、発見したことを話し合おう。
9 10	**モリアオガエルを生息地に帰そう** ●モリアオガエルの生活に必要なものについて調べよう。 ※初めは児童の書く意欲を継続させるため学習履歴に共感的なコメントを書いていた。児童の拙い記述の奥を見取るうちに、まとめる力を促すためには、補足的なコメントをする必要があると気付いた。 ●モリアオガエルの生活をまとめよう。
11	**モリアオガエルとの生活をふりかえろう** ●OPPシートの「本質的な問い」に回答する。 ※「本質的な問い」は、答えに制限のないパフォーマンス課題となっていた。 ●自己評価欄を記入する。➡ 3 ●OPPシートにタイトルを付ける。➡ 4

1 児童にとって初めてのOPPシート

(1)「本質的な問い」の設定

児童は、小学校1年生。ようやくひらがなを一通り習ったばかりの6月で、まだ全てのひらがなを自在に書けない子や、文章を書いた経験のない子もいた。そして、「わ・は」「え・へ」「お・を」の使い分けや、撥音の小さい「つ」、拗音の「や、ゆ、よ」など表記については、全てこれから学ぶのである。

そこで、発達段階を考慮し、「本質的な問い」は「命とは何でしょう」などの大きな概念を問うものは避け、自分の生活に置き換えて考えやすい問い「もりあおがえるは、どんなくらしをしているでしょう」と設定した。この問いは、モリアオガエルの生態に特化しているように見えるものの、発達段階に応じて答えが多角的に広がるもので、大人ならば環境問題まで発展した答えになり得る、ある程度、普遍性をもった問いであると考えた。

(2) 児童の素朴概念を把握する

1時間目、学習前の「本質的な問い」である「もりあおがえるは、どんなくらしをしているでしょう」を考えさせる前に、木の枝に産み付けられたモリアオガエルの卵塊（実物）を見せ、校区にすむ珍しいカエルだと紹介した。

「モリアオガエル」について

モリアオガエルは、兵庫県版レッドリストBランクのカエルであり、自然豊かな里山で生息している。卵から採取すれば、成体まで教室で観察できるため、校区の素晴らしい自然を児童に気付かせる地域教材として学年を問わず価値が高いと考え、本単元を設定した。

児童は、園児の時にアマガエルやトノサマガエルを見たり、捕まえたりしたことはあったので、モリアオガエルについて全く知らない児童でも、「本質的な問い」に答える際、何か考えを書けるだろうと考えた。言葉でも絵でもよいことを伝えると、用紙とにらめっこしていた児童も、すぐさま楽しそうに書き始めた。児童26人中17人が絵を使っていた。

図1に示すように、児童Aは、木の上に産み付けた卵からオタマジャクシが水辺に落ちる様子を描いており、目の前の卵塊（実物）を見てこれからどうなるかを考えて書いている。児童Bは、カエルの変態を「おたまじゃくしになってかえるになる」と一文にまとめて書いていた。絵を描くことの好きな児童Cは、カエルのくら

児童A

児童B

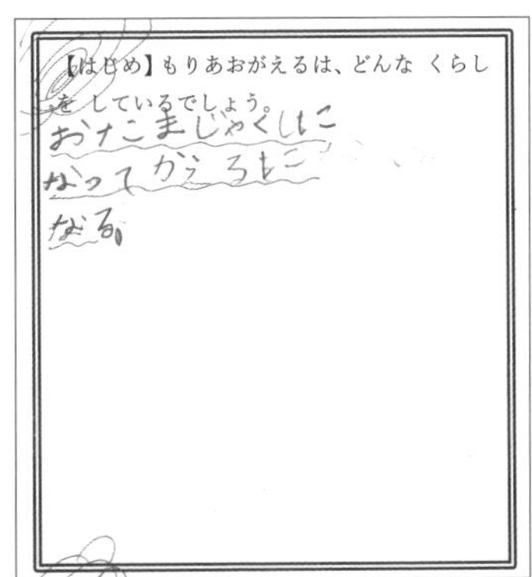

児童C

図1 児童A、児童B、児童Cの学習前の「本質的な問い」への回答

しを絵でイメージしていた。

このように、OPPシートを使うことで、1年生でも学習前の個々の素朴概念を把握することができた。

児童D（図2）は、何も書けずに空欄のまま提出していた。OPPシートをよく見ると、児童Dは、せっかく書いた文を消して白紙に戻していた。目を凝らして消えた文章の跡を見ると「かえるとおなじで、もりあおがえるもみどりなのかな」と読み取れた。なるほど、問いに対する答えとしては「ずれ」を感じる内容であった。文章を消した行為から、問いに正対した内容を表現したいという児童Dの思考の葛藤があったのだと推測できる。

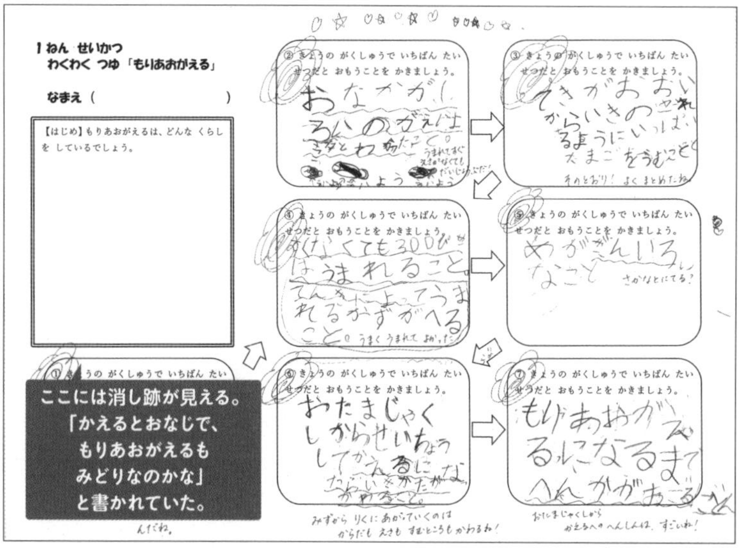

教師は、「白紙だとできない子」というレッテルを貼りがちだ。しかし、児童Dは、書くべき言葉を探して、深く思考していたのだと気付いた。

このことから、児童に寄り添うには、白紙も含めた児童の拙い表現を深く見取ることが大切なのだと気付かされた。その後、児童DのOPPシートからは、自分の考えをまとめる力をぐんぐん身に付けていく様子が見られた。

図2【はじめ】に消し跡のある児童DのOPPシート

2「一番大切なこと」を問う意味

（1）発達段階に即した教師のコメント

児童が初めてOPPシートを書いた後、教師がコメントを書いて次時に返却すると、「花丸が付いている」「わたしも」と喜び、教師の小さな文字を一生懸命に読んでいる児童の姿が見られてうれしく思った。

OPPシートでは、授業後「一番大切なこと」として自分の考えをまとめ学習履歴に書くのだが、文章すら書いた経験のない1年生にとって、考えをまとめて書くなど至難の業である。

しかし、「今日の学習で一番大切なこと」という文言は児童に思考を促しており、初回から児童が「一番大切なこと」を自問自答する様子が見られた。この「自問自答」こそメタ認知だと気付いた。

そこで、たとえ考えをうまくまとめられなかったとしても、自分にとって「一番大切なこと」を意欲的に書き、シートに履歴が残っていく楽しさを味わえるようにしたいと思い、「児童が考えを書けたことをほめる」「児童の思いに共感する」ことを大切に、肯定的なコメントを返すようにした。すると、絵のみや白紙の児童はいなくなり、全員自分の「大切なこと」を書けるようになった（図3）。

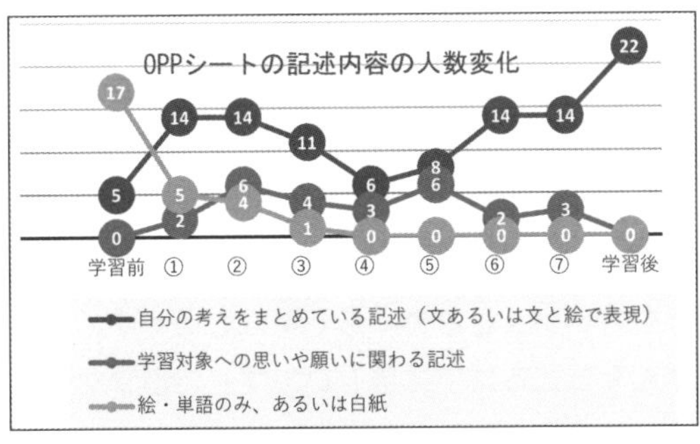

図3 単元を通した児童の記述内容の変化

(2) 児童の自由な視点で学びが表現されるOPPシート

図4は、児童A、B、Cの学習履歴欄の記述である。この時の授業は、卵から生まれたオタマジャクシの数を数える体験活動が中心だった。同じ授業でも、児童個々の自由な視点で「一番大切なこと」が記述されていた。

児童Aは、「てきがおおいからいきのこれるようにたくさんうまれる」と自分の考えをまとめていた。児童Bは、「てきにおそわれずにたのしくくらしてほしいです」と学習対象への思いを書いており、児童Cは、数えたオタマジャクシの数に注目して「321ぴきもうまれるのはすごい」という驚きを絵で表現していた。いずれも大事な学びである。

さらに、児童Aのような自分の考えをまとめて書く力を伸ばすためには、児童の表現力を高めることが必要である。

そこで、言葉が抜け落ちる、書きたいことを書き切れていないなど、一度読んだだけでは何を言おうとしているのかわかりにくい記述に対しては、個々の思考パターンを見取り、児童が書き切れていない部分を補足したり、別の言葉で言い換えたりするようにコメントを改善した。

例えば、図5の児童Cは、「そのいろいろなもので…」と書いているが、児童Cの頭の中の「いろいろなもの」が何を指すのかを見取り、「もりやいけだね」と明確にするコメントを返すようにした。教師のコメントが残ることで、児童がシートを見返したときに自分の書きたかったことが鮮明になると考えた。

単元を通したコメントの働きかけもあって、学習後の「本質的な問い」の回答では、多くの児童が自分の考えをまとめて書くことができていた（図3）。個々の思考のパターンを見取れるのは、OPPシートならではと実感している。

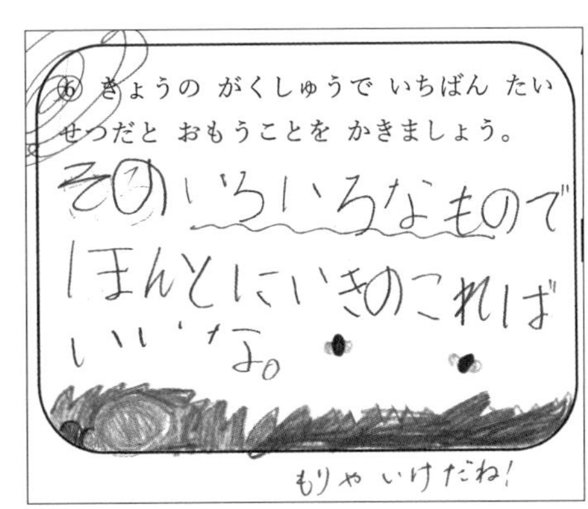

図5 児童Cの学習履歴⑥

児童A

児童B

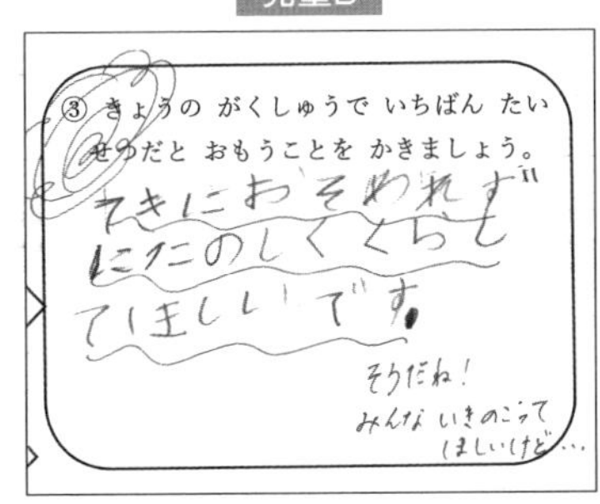

児童C

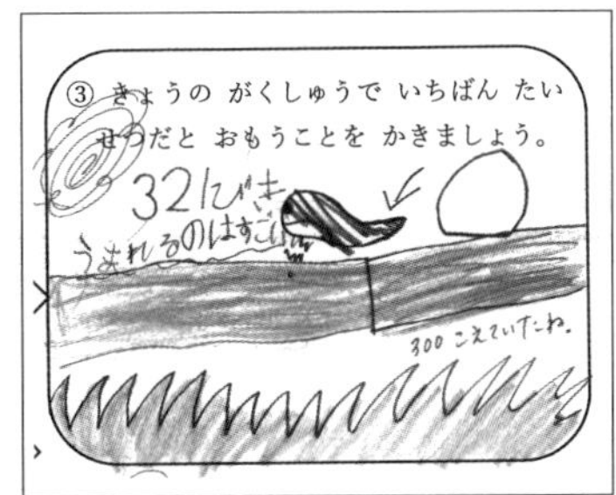

図4 児童A、児童B、児童Cの学習履歴③

3 1年生のメタ認知 ―成長した自分と出会う―

図6は、児童A、児童B、児童Eの学習前・後の「本質的な問い」および「自己評価」の記述である。児童Bの学習後の「本質的な問い」に対する記述では、「しぜんのなかじゃないともりあおがえるはよろこばないから、しぜんできもちいいところでくらしてほしいです。あんぜんなところにいてほしいです」と小さな生き物への思いがあふれていた。

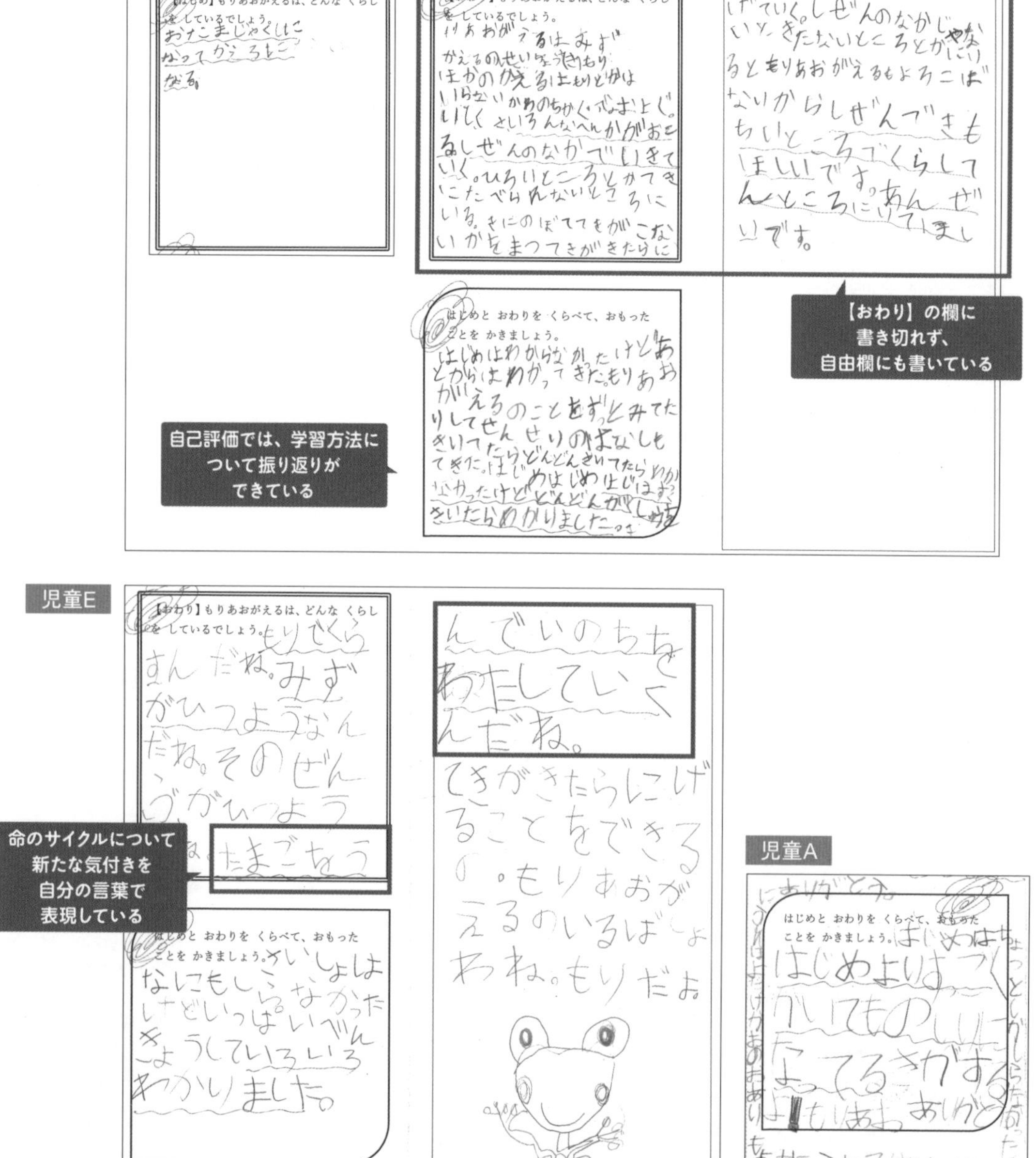

図6 児童A、児童B、児童Eの「本質的な問い」に対する答えの変容と自己評価

また、児童Eは、「たまごをうんで、いのちをわたしていくんだね」と、命のサイクルについて新たな気付きを自分の言葉で表現していた。児童B、児童Eは、「本質的な問い」に対する回答の記述にとどまらず、それぞれ対象物への思いや獲得した概念をのびのびと記述していた。

このように、1年生にとっても、「本質的な問い」は答えに制限のない「パフォーマンス課題」としての効果があることがわかった。

児童Aの自己評価の「はじめよりすごくかいてものしりになってるきがするよ」という言葉からは、自身の成長を捉え、自己効力感を得ていることがわかる。

一方、児童Bは、「自己評価」で「もりあおがえるのことをずっとみていたり、せんせいのはなしをきいていたら、どんどんわかってきた」と学習方法についても振り返っていた。

自己評価を書く時間は、1年生の児童にとって初の「メタ認知」体験であり、学ぶ意味を実感する時間となった。自己の変容に気付きやすいOPPシートの構造が、児童の自己評価を促し「メタ認知」能力を育てる第一歩となった。これは、教師にとってもOPPシートを使ってよかったと感じる経験であった。

4 OPPシートは学びの宝物 ―児童による単元全体の価値付け「タイトル」―

最後に、児童は単元全体を振り返って表紙にタイトルを付けた。「もりあお、ぼくもまたそだててあげるからまっててね！ もりあお、かっこいい！（児童A）」「だいすき、もりあおがえる（児童C）」「もりあおがえるくんてすごいね（児童E）」など、個々の児童の学習対象への思いがタイトルとなっていた。

図7は、児童Bのタイトルである。児童Bは、「もりあおがえるすごいね！ もりあおがえるだいすき！ もりあおがえるそだててよかった」と3行にしていた。これらのタイトルは、モリアオガエルのくらしを学び、生き物の命を大事に思う気持ちのあふれた児童のまとめの言葉である。自分でタイトルをつけたことにより、自分だけの学びの宝物となった。「児童が成長した自分と出会う」、それがOPPシートなのである。

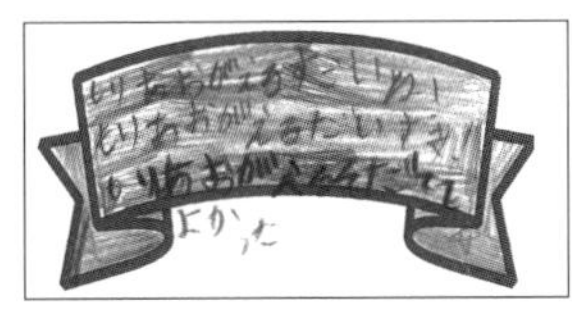

図7 児童Bのタイトル

本実践へのコメント

小学校1年生にはメタ認知は不可能であると考えられていますが、本実践は、そこに果敢に挑戦しています。「一番大切なこと」の内容を児童が自問自答する過程を大切にし、履歴を残す楽しさが生きるように「ほめる」「共感する」などの適切な働きかけを行っています。また、こうした文字での表現と思考の結び付けなどを通した学習履歴の積み重ねだけでなく、単元全体を振り返ってタイトルを付けさせることもメタ認知の育成に寄与しています。（堀 哲夫）

理科嫌いの克服
大学２年
初等理科

8 苦手意識の原因は意外なところに

OPPシートで学生も教師も前向きになれる

理科に苦手意識をもつ学生が多く、講義で取り上げた内容が学生に伝わっているのか自信がなかった。OPPシートの記述から、学生が抱く恐怖や不安を読み取り、学生の実態に合わせた講義を組み立てることができた。

OPPAを通した教師の変容

Before

高校の時に文系を選択し、「理科が苦手、嫌だ」と思っている学生が多く、何を講義で取り上げるべきなのか悩んでいた。多くの実験や観察を行ったり、資料をたくさん配付したりしたが、準備が大変なだけで手応えがなかった。レポートやペーパーテストでは点数が取れず、単位修得できない学生もいた。

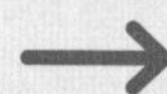

After

本質的な問いを立てることで、自分が講義を通して学生に何を伝えたいのかが明確になり、講義内容で迷うことが減った。学生はどのようなところを大切だと感じたのか、内容が理解できたのかなどを、OPPシートから一瞬で見取ることができるため、目的や学生の状況に合わせて進めていくことができるようになった。

OPPシートの構成

本質的な問い（講義前）

2020年度 初等理科 学修履歴　　学籍番号＿＿＿＿＿　名前＿＿＿＿＿

受講前　なぜ理科を学ぶのでしょう。

・人体の不思議を学ぶため。
・自然、地球の不思議を学ぶため。
（天気、地学も含む）

学修履歴

回数	日付	今回の講義の中で、一番大切だと思ったことを書いてください。	気付いたことや考えたこと、感想や疑問などを自由に書いてください。
1	10/2	導入の行い方 初等理科の進め方　どのへんがポイントになりそう?	先輩の導入授業はとても参考になりました。導入授業頑張ろうと思います。理科が嫌いなので少しでも好きになれるよう努力します。 楽しんで!
2	10/9	火やガスバーナ、マッチなどを恐れる理由	自分が火を恐れる理由が解明できて良かったです。私達の模擬授業は火を使う授業なので、たくさん実験をして慣れてから頑張ろうと思います。
3	10/16	酸性とアルカリ性を学ぶ理由	小学校で酸性、アルカリ性について学ぶ理由が分かりました。最後にグラデーションがきれいに出来て良かったです。児童にも理科の楽しさが分かってもらいたいなと思いました。
4	10/23	顕微鏡のつかい方　どのあたりがポイント?	久しぶりに顕微鏡を使いました。おもしろい物が多く見え、[illegible]楽しいと思えました。この先、顕微鏡を使えるなんてぜいたくな時間でした。 よかったです!!! 自由に使えると楽しいですね!
5	10/30	ねるねるねるねがふくらむひみつ（クエン酸と重そう） 良い表現!!	ねるねるねるねからここまでの実験ができるとは…! 天然のものからふくらんだり、色が変わったり、不思議はすごいなと感じました。成分表が理解できました。 すばらしい!
6	11/6	水のあたたまり方（あたたまるのは、上から? 下から?～）	予想と結果が違ってびっくりしました。[illegible]がくつがえされました。サーモインクがあれば児童も覚えやすくて実験がやりやすそうだと思いました。コンロの使い方も分かって良かったです。 よかった!
7	11/13	水に溶けてみえなくなったものの行方 ～ろかと蒸発～	アルコールランプのアルコールの入れ方が分かりました。 よかったです! 顕微鏡を見たり、アルコールランプを使ったり、ろかをしたりと実験が多くつまっていて、[illegible]や大事さが理解できました。
8	11/19	理科の実験は自由試行!!!（適度は大事）	久しぶりに電池の実験が楽しいと思えました。自由にやると、苦手意識も克服されることが今日の授業で分かりました。[illegible]の時にこれをやっていたら良かったなと感じました。 よかった!!!!!
9	11/27	薬品の取り扱い方 特に塩酸!!	薬品を薄めることは、今までやったことがなかったので勉強になりました。[illegible]したことがたくさんありました。本番で失敗しないようにしたいと思います! これに気をつければOK! 安全第一でがんばろう!
10	12/4	模擬授業① ～水溶液の性質とはたらき～ 何がポイントだと思いましたか?	トップバッターとても緊張したと思います。でも、バッチリ授業していて、実験も上手く流れていたので良いと思いました。しっかり考えられている授業だと思いました。
11	12/11	模擬授業② 気体検知管の使い方と説明の仕方の難しさ	難しい単元、実験を選んだことが分かりました。最初に、気体検知管の使い方を児童に知らせてから、実験に臨むと良いのかなと思いました!
12	12/18	模擬授業③ 水（液体）から蒸気（水）に変化する!	なおちゃんがしっかりと授業を行ってくれて良かったと思います。時間がタイムオーバーしてしまったのは申し訳なかったです。次からもっと良い授業の指導案を書きたいです。 ぜひ!
13	1/8	実験① やくほうしは、どちらのてんびんにものせる。	実験を色々やって、久しぶりに昔やった理科の授業を思い出しました。それで試験もバッチリだ!という気持ちでやりました。意外と忘れていることが多かったので復習しようと思います。
14	1/15	実験② ガスバーナの②連のやり方（ガス→空気 空気→ガス） 良い表現!	ガスバーナーとお友達になれて良かったです。[illegible]最初の方から比べれば少し怖くなくなりました。マッチもすれるようになりました! 成長して良かったと思いました。 実感こもってるね!!
15	1/22	テスト　実験は、正しく覚えなければならない!	実験を見ている時、何が正解か分からなくなりました。すべてが間違いに見えました。実験は、しっかり覚えた方が良いということが分かりました。

受講後　なぜ理科を学ぶのでしょう。

ずばり生きるため!! すべての教科は、生きるために必要ですが、理科はその中で自然や野性的な部分、危機的なことをかいひするために必要であると思います。例えば、火を使うこと、危ない薬品など危険なことを理科では取り扱います。これは、他の教科には無いことであると感じました。私も教師になったらそこを意識しながら行っていこうと思います。

本質的な問い（講義後）

講義をふり返って、あなたにとってどのような変化がありましたか。そのことについてあなたはどのように思っていますか。考えたこと、感じたこと、感想など自由に書いてください。

実験をたくさん行い、忘れていたものが呼び起こされたような感覚になりました。火ともお友達になれ、マッチやガスバーナーも使えるようになりました。理科は、そこまで、好きではないし、得意でもないですが、後期受けて、少しだけ好きになりました。そこは、良かったかなと自分でも思います。

自己評価

本実践の全体像

1 教えてみたい単元、教えたくない単元調べ（p.95）

小学校理科の単元で、教師として教えてみたい単元、教えたくない単元を書き出す。

2 実験器具を実際に使用してみる（p.95）

小学校理科で使用される実験器具のうち、学生の苦手意識につながっていると思われる器具を実際に使用してみる。

3 学生自身が実験や観察の方法を考える（p.98）

実験や観察の方法を学生自身が考え、実験器具の準備から自分たちで行う。グループでの模擬授業にも取り組む。

4 苦手だけど取り組んでみよう（p.98）

「理科は好きではないがやってみようと思えるようになった」という素直な反応がうれしい。

「初等理科」

指導目標

初等理科は小学校教員養成課程における理科の教科内容を扱う講義であり、シラバスにおいて講義の到達目標が以下のように設定されている。

- 自然科学への興味や関心・知識を幅広く形成し、小学校理科全般にわたる実験技術・観察能力をつけることによって、物理・化学・生物・地学に関する基本的な知識と指導の基本を獲得できるようにする。
- 実験や観察を行う理科授業を計画し、実践することで実験・観察における注意点や工夫する点に気付くことができるようにする。

学修の流れ

Before

講義回	学習内容
第１回から15回	● 様々な実験や観察を実施 ● 実験方法の資料作成
学期末	● 暗記で解答できるペーパーテスト

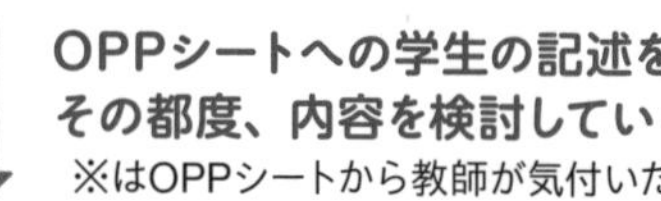

OPPシートへの学生の記述をもとに
その都度、内容を検討していく
※はOPPシートから教師が気付いたこと

After

講義回	学習内容
第1回	●「教えてみたい単元」「教えたくない単元」調査 ➡ 1 ※学生自身も自分がなぜ理科を苦手と思っているかに気付くきっかけとなっていた。
第2回から第15回	● シラバスで提示している講義内容に沿って、第1回で実施した、「教えてみたい単元」「教えたくない単元」調査の結果とOPPシートの記述内容から、学生の苦手意識の原因となっている操作を含む実験・観察を実施 ➡ 2 ※理科が苦手と思う原因は教師が考えるよりも様々だった。 ● 学生自身が個人やグループで実験・観察や授業の内容を考える活動の実施 ➡ 3 ※教師から与えられた実験や観察を行い、正確な結果が出ることよりも、自分たちで試行錯誤して実験や観察を行ったほうが、失敗したとしても実験や観察にやりがいを感じ、苦手意識が軽減していた。
学期末	● 実験・観察の実技試験 ● 同自分の学びを振り返るレポート ➡ 4

1 教えてみたい単元、教えたくない単元調べ

講義の初回に、小学校理科の教科書を見ながら、「教えてみたい単元」「教えたくない単元」とその理由、単元と関係なく「理科で不安なこと」を付箋に書き出す活動を行う（表1）。この活動には、学生に小学校理科の内容を実際に見てほしいという意図と、講義の中で何を取り上げるのか検討する材料にしたいという意図がある。しかし、学生AのOPPシートの学修履歴欄の記述（図1）から「自分が何が好きで何が苦手なのか確認したこと」が大切だったと感じていることがわかった。

講義で取り上げる内容を考えるために実施してみたことであったが、学生にとっては自分が理科を苦手と感じている理由に気付くきっかけとなっていたことにOPPシートが気付かせてくれた。

表1 教えたくない単元の理由の例

分野	理由
エネルギー	電線がからまり怒られた 電気を使う実験が不安 グラフを書くのが苦手
粒子	火の扱いが怖い （マッチ、アルコールランプ、ガスバーナー、実験用コンロ） リトマス紙が苦手 安全（薬品）が不安
生命	虫が触れない、怖い、見たくない スケッチ（絵心ない） 微生物を見つけられなかった 顕微鏡
地球	岩石の違いがわからない 虫眼鏡で火をつけられなかった 星座早見盤がわからない
その他	不器用で実験で事故っちゃいそう

小学校の理科で何を学んでいたのかを思い出し、自分が何が好きで何が苦手なのか確認したこと。

図1 学生Aの学修履歴

2 実験器具を実際に使用してみる

理科嫌いを生む原因として、実験や観察の体験が少ないからだという声を時々耳にするが、OPPシートの学生の声には実験、観察そのものへの不安が多く綴られていた。具体的には、「教えたくない単元」や「理科への不安」の中に実験への恐怖感や思ったように観察ができなかった経験を挙げる学生が多数見られた。それらの学生の多くは、火への恐怖心があることは「よくないことだ」と感じていたり、顕微鏡で観察ができなかったのは「自分が上手にできなかったからだ」と感じたりしていることをOPPシートから見取ることができた。そこで、実験や観察の時間に余裕を持ち、個々の学生が自分のペースで落ち着いて何度も試行錯誤して実験や観察に取り組むことができるようにした。

ここでは、加熱器具、顕微鏡に関する学生の

様子、教師側の態度が学生に与える影響の3点について取り上げる。

(1) 火への恐怖心

図3は火を扱うことに対して恐怖心をもっていた学生Bの記述である。講義ではマッチやアルコールランプ、ガスバーナーなどの加熱器具の仕組みを理解するところから取り組んだ。この学生は、加熱器具の仕組みを知ったことで、注意すべき点が理解できた。その結果、自分が火を扱うのを怖いと感じていた理由に気付き、「成長して良かった」と感じていた。

この学生以外にも火の扱いに恐怖心をもっている学生が多いことが、講義初回の単元アンケートからわかったため、火を扱うことのどのような点に恐怖心を感じるのか、私自身も改めて考えてみるきっかけとなった。図4の学生Cの「練習あるのみ」という記述にもある通り、どの学生も何度も加熱器具を扱い、器具の仕組みや注意しなければいけないポイントを自ら理解することで恐怖心が薄れることがOPPシートの記述内容や、講義内での様子からわかった。

(2) 顕微鏡で観察ができなかった経験

火の扱いと同様に単元アンケートやOPPシートへの記述で多く見られたのが、顕微鏡による観察についての記述だった。高等学校までの理科の授業で顕微鏡を使ったことがあったものの、目的とするものを見ることができないまま授業が終わってしまった経験をもつ学生が多く見られた。顕微鏡の扱いに慣れていなかっただけでなく、学生の話からは顕微鏡自体の問題で観察ができなかったのではないかと思われるような例もあったが、どの学生も観察ができなかったのは「自分が顕微鏡の扱いを理解していなかったせいだ」と感じていた。そこで、1人1台顕微鏡を使用できるようにし、加熱器具と同様に複数回にわたって顕微鏡を扱ったり、確実に観察できる試料から始めたり、実体顕微鏡と生物顕微鏡の特徴を学生自身が考え、自分で使い分けることができるようにするなどの工夫を行った。その結果が図5である。

学生Bは「おもしろい物が多く見え始めて楽しいと思えました」と記述している。学生Dの記述からは「見えないまま観察が終わってしまった」経験から観察全般に対して苦手意識をもってしまっており、顕微鏡で試料が見えただけで観察を「少し好きに」なったと感じていた。さらに学生Eは、顕微鏡での観察に対して「改めて知りたいと思いました」と前向きに取り組む姿勢が見られるようになった。

教師が思う以上に学生たちは顕微鏡に対して「観察できなかったらどうしよう」と不安をもっていることがOPPシートの記述からわかった。顕微鏡を使用する練習から始め、顕微鏡に少し慣れるだけで、観察への不安が減少し、理科への苦手意識の軽減につながることを知った。

火を扱った初回の記述

自分が火を恐れる理由が解明できて良かったです。私達の模擬授業は火を使う授業なのでいっぱい実験をして、慣れてからでできると思います。

講義中盤でガスバーナーを扱ったときの記述

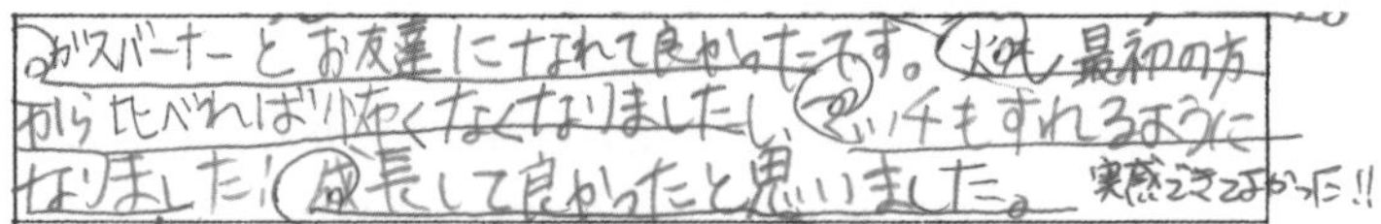
ガスバーナーとお友達になれて良かったです。火も最初の方から比べれば怖くなくなりましたし、マッチもすれるようになりました！成長して良かったと思いました。
実感できてよかった!!

図3 学生Bの火の扱いに対する記述

やはり、マッチをつかって、ガスバーナーをやるのが怖いと思う。練習あるのみ。集気びん、気体をあつめて燃え方をみるというのは、とてもおもしろかった。あんなにはっきり違うんだ！と思いますよね。もっと学ぶの大切ですね。

図4 学生Cの火の扱いに対する記述

(3) 指導側の態度によって引き起こされる苦手意識

理科の授業では薬品など危険なものを使用したり、回路など丁寧に扱う必要があるものを使用したりする機会があるため、指導する教師側も安全管理や正確な実験を行うために真剣な態度となる。しかし、この態度が理科を苦手と感じている学生にとっては、より強い不安につながることがOPPシートの記述からわかった。

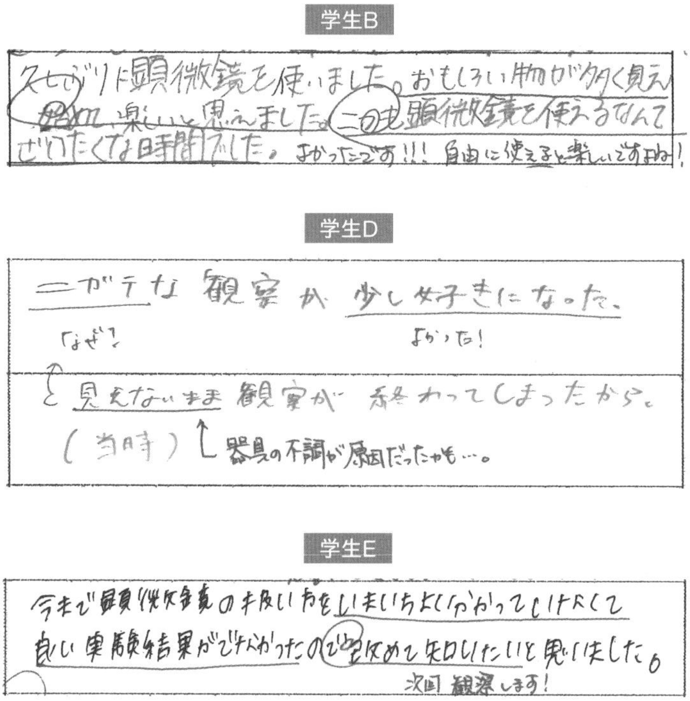

図5 顕微鏡の扱いに関する記述

図6は模擬授業の試行のため、塩酸の希釈を指導した際の学生FのOPPシートの記述である。「一番大切だと思ったこと」の欄には乱れた文字で「細かなことに注意する」とだけ記述されている。右側の感想欄には「私はやっぱり理科は苦手だなと思いました」と書かれている。この学生は積極的な学生で、理科は苦手だが、この時までは順調に講義内容に取り組んでおり、元気よく実験や観察を行っていた。しかし、塩酸の希釈を指導した際、安全管理の観点から、通常よりも真剣でやや厳しい態度で指導を行ったことが原因で、理科への苦手意識がよみがえってしまった。

図7は電気の実験を行った際の学生Bの記述である。学生Bは講義初回の単元アンケートで「教えたくない単元」として電気関係を挙げており、その理由が「不器用すぎて怒られた」というものであった。これらのことから、たった一度だけであっても教師の態度が理科への苦手意識につながってしまうことを知った。安全に実験や観察を行うために、真剣な態度で臨むことは大切であるが、学生が教師の真剣な態度を前向きな気持ちで受け止めることができるよう注意を払わなければいけないと気付かされた。このように、子どもにとって実験や観察は楽しいものだという教師の思い込みや、教師の不用意な態度により理科への苦手意識が生じることがOPPシートにより明らかになった。

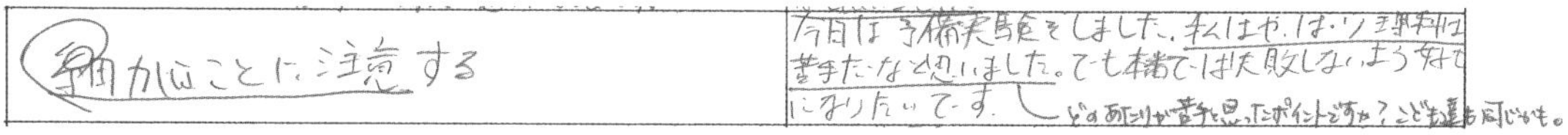

図6 学生Fの塩酸を扱った際の記述

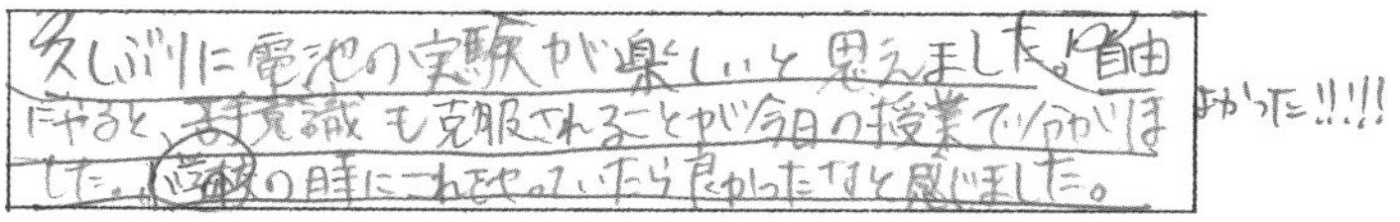

図7 学生Bの電気の実験時の記述

3 学生自身が実験や観察の方法を考える

図8は学生Gの「自己評価」である。学生が自分たちで考えて実験や観察を行う機会を複数回設けたことで、「自分たちで考えて行動するのが楽しいと思った」と感じていたことがわかった。図7の学生Bの記述にも「自由にやると、苦手意識も克服されることが今日の授業で分かりました」とある。教師に言われた通りに実験を行い、予定されたきれいな結果を出すよりも、うまくいかなくても自分たちで考えて試行錯誤するほうが、理科を楽しいと感じ、学ぶ意欲につながっていた。

当初、学生たちに実験や観察を自由に考えさせることは、講義の目的を達成することができるのか、学生から「講義の準備をさぼって楽をしようとしている」と思われないだろうかなどの不安もあった。しかし、実験、観察を行っている際の学生はとても生き生きとしていた。OPPシートの記述からも、講義の目的が達成されただけでなく、学生が理科を楽しいと感じるきっかけにもなっていたことがわかり、自信をもって講義に取り入れることができるようになった。

講義をふり返って、あなたにとってどのような変化がありましたか。そのことについてあなたはどのように思っていますか。考えたこと、感じたこと、感想など自由に書いてください。

小学生、中学生の時は実験も嫌いで勉強したくない教科だったけど自分たちで考えて行動するのが楽しいと思った。
星座の話とか実験だけじゃない細いところもやってみたかった。
大きな実験だけを題材にするのではなくちっちゃいのを!

図8 学生Gの自己評価

4 苦手だけど取り組んでみよう

図8は講義最終回に学生が記述した「自己評価」である。どの学生も理科に対して少しだけ前向きに取り組もうという気持ちをもつことができるようになったことがわかる。一見、大きな成果があったようには見えないが、それぞれの学生が毎回の講義の中で、自分の苦手意識と向き合い、苦手を克服しようと実験や観察に挑戦し、自分自身の成長を実感し、いろいろなことがありつつも楽しいと思えていることを見取ることができたため、自己評価欄に書かれた学生たちの正直な気持ちが講義担当者としてはうれしく、安心することができた。

教員養成課程のカリキュラムとして、この学生たちは3年次に「初等理科指導法」を履修し、小学校教諭としての理科とどのように向き合うのかを考える。さらに、教育実習で子どもたちと一緒に理科を学ぶ。その入り口として、理科への苦手意識を少しだけ軽減できただけでなく、苦手なことに取り組み、克服することができた経験が、今後の教員生活にも生かされるのではないかと思っている。実際、卒業後に理科を担当することになった者もいるが、皆気負うことなく理科に取り組んでいる様子である。

私にとってOPPシートは、学生と一緒に悩み、伴走し、学生の成長を一緒に喜ぶための大切な存在である。知識に偏ることなく、大学を卒業した後もそれぞれの学生が生きる場所で活用できる考え方を、大学生の間に経験し身に付けられるようにすることが大切なのだと自信をもって言うことができるようになったのは、OPPA論に出会ったからだと実感している。

学生B

講義をふり返って、あなたにとってどのような変化がありましたか。そのことについてあなたはどのように思っていますか。考えたこと、感じたこと、感想など自由に書いてください。

実験をたくさん行い、忘れていたものが呼び起こされたような感覚になりました。火ともお友達になれ、マッチやガスバーナーも使えるようになりました。理科はそこまで好きではないし、得意でもないですが、後期受けて、少しだけ好きになりました。そこは、良かったかなと自分でも思います。

学生E

講義をふり返って、あなたにとってどのような変化がありましたか。そのことについてあなたはどのように思っていますか。考えたこと、感じたこと、感想など自由に書いてください。

理科は苦手で好きではなかったけど、この授業を通して色々な器具の使い方を思いだしたり、知ることができたり、復習することができたので、この授業をうけられてよかったです！学生としても実験楽しくて、毎週うけるのが楽しみでした！
模擬授業は大変だったけどやってみないと分からないことだらけだったのでやってよかったです！

学生F

講義をふり返って、あなたにとってどのような変化がありましたか。そのことについてあなたはどのように思っていますか。考えたこと、感じたこと、感想など自由に書いてください。

実験は事前に準備しておくと授業を落ち着いて行うことができる。
少し理科がたのしく感じました。
児童になげかけをすることが出来て良かったです。アンモニアが臭かったです。
準備は大変だったけど楽しかったです。模擬授業も発表者になれて良かったです。

学生H

講義をふり返って、あなたにとってどのような変化がありましたか。そのことについてあなたはどのように思っていますか。考えたこと、感じたこと、感想など自由に書いてください。

理科むずかしい～やだ～ →実験たのしい！変化みるのたのしい！が増えた。
児童のことを考える機会が増えた。

図9 学生B、学生E、学生F、学生Hの自己評価

本実践へのコメント

鶴ヶ谷先生は、講義で伝えたいことを明確にするとともに、学生の実態を把握し、一人一人に適した指導を行います。また、学生自身が観察や実験の方法を考えることなどにより、学生の苦手意識の克服と教師として必要な力量形成を図っています。教師と学生が共に成長できる具体例を示した貴重な実践と言えます。（堀 哲夫）

教師の教育観
小学2年
生活科

9 磁石って何？

教師の想定を超える児童の学び

「小学校２年生にOPPAは難しいだろう」と考えていたが、その先入観を見事に児童が吹き飛ばしてくれた。はじめはなかなか書けなくても、粘り強く続けてみるみる書けるようになり、２年生ならではの素直な言葉で本質に迫っていった。

OPPAを通した教師の変容

Before

当初は、「２年生だから楽しく磁石で遊べたら十分」と考えていた。磁石に興味をもち、おもちゃが作れれば学習としては合格で、OPPシートへの記入や思考の深まりも十分にはいかないだろうと予想していた。

After

OPPシートにより、児童の発想や考えは教師の想像を大きく上回ることに気が付いた。問いを発見した児童や、単におもちゃを作るだけでなく、磁石の力や遊びを次々に発見する児童が多数現れた。見取りをもとに授業改善したところ、仲間と関わりながら、時間をかけて追究する児童の姿が見られた。

OPPシートの構成

本質的な問い（学習前・後）

じしゃくとは何か？

○じゅぎょう前

○じゅぎょう後

生かつか　学しゅうポートフォリオ

じしゃくあそび

2年３組　　番　名前:

表

学習履歴

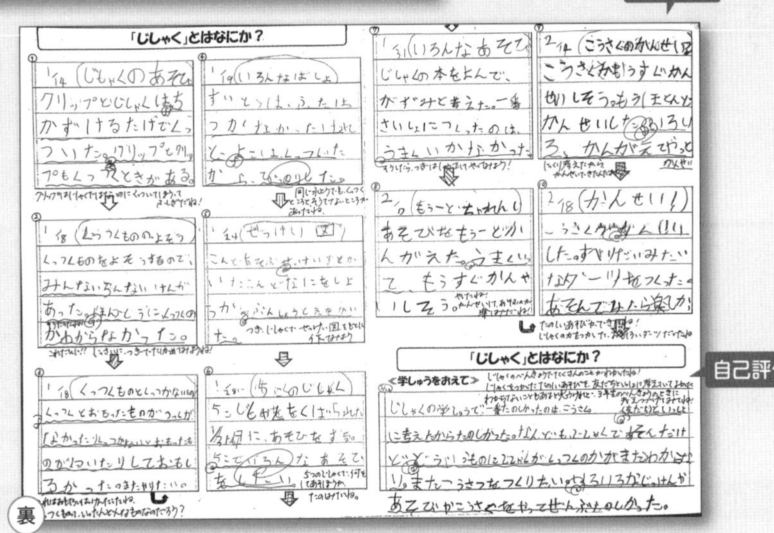

自己評価

裏

本実践の全体像

1「本質的な問い」の設定（p.103）
「じしゃくとはなにか？」

- 学習前：診断的評価（素朴概念・学習の出発点）
- 学習後：総括的評価（学習の成果）
- 学習前後の比較（児童の変容）

2 児童が教えてくれたこと①
予想とのギャップ（p.104）

- 教師の予想をはるかに超える児童の気付き「いがいなものがくっついた」「たたいたら音がするもの」

3 児童が教えてくれたこと②
おもちゃ作りを超えた「じしゃくあそび」(p.105)

- 磁石の不思議さに出会う児童

4 指導目標（ねらい）の変更（p.106）

- OPPシートの記述から指導目標の変更（レベルアップ）へ
- OPPシートに表れた具体的な児童の姿から「授業改善」へつなげる必要性

5 変容を自覚する児童（p.106）

- 「どういうものにじしゃくがくっつくのかがまだわからない」

「磁石遊び」

指導目標

- 身近な自然を利用したり、身近にあるものを使ったりするなどして遊ぶ活動を通して、遊びや遊びに使う物を工夫してつくることができるようにする。
- 自然の不思議さに気付くとともに、みんなと楽しみながら遊びを創り出そうとすることができる。

＊磁石は３年理科の単元だが、本実践は対象である磁石そのものの性質や特徴を児童自身が気付き、見いだすことで、生活科の磁石遊びをより充実した深い学びとすることをねらって行ったものである。

学習の流れ

Before

時数	学習内容
1	●磁石について知っていることを出し合う　●学習の見通しを持つ
2	●磁石につくもの、つかないものを見つけ出す
3	●磁石の性質（磁石の持つ力）について考える
4	●磁石遊びの計画を立てる
5	●磁石を使ったおもちゃを作って遊ぶ
6	●磁石を使ったおもちゃを作って遊ぶ
7	●磁石を使ったおもちゃを作って遊ぶ
8	●学習を振り返り、「磁石とは何か」を考える

OPPシートへの児童の記述をもとに その都度、指導計画を変更していく

After

時数	学習内容
1	●磁石を実際に手にした後、OPPシートの「本質的な問い」（学習前）の回答を記入する ➡❶
2 3	●磁石に付くもの、付かないものを予想し確かめる。（実験） ●気付きをOPPシートに記入する ➡**❷「いがいなものがくっついた」（児童A）**
4	●実験で見つけた疑問を確認し、考える ●同じものでも箇所によって磁石が付く、付かないのはなぜか ●同じものなのに磁石が付くものとつかないものがあるのはどうしてか。 ➡**❷「たたいたらいい音がするものにほとんどがくっついた。」（児童A）**
5	●磁石遊び、おもちゃ作りの計画
6 7 8 9	●磁石遊びをしよう ●磁石を使っておもちゃを作ろう ➡**❹「磁石と材料の関係」「磁石どうしの関係」「磁石と砂（砂鉄）の関係」（児童B）**
10	●作ったおもちゃで遊ぼう
11	●OPPシートに「本質的な問い」（学習後）の回答を記入する ➡**❸「じしゃくってすごくふしぎ」（児童C）** ●自己評価欄（学習の振り返り）を記入する ➡**❺「どういうものにじしゃくがくっつくのかまだわからない」（児童C）**

1 「本質的な問い」の設定

今回の単元で活用したOPPシートでは、「本質的な問い」を「じしゃくとは何か？」に設定した。当初、「低学年（2年生）にOPPシートは難しいのではないか。書けない児童が多いのではないか」との懸念を自身も含めて抱いていた。しかし、いざ実践してみると予想とは裏腹に自分の考えをわかりやすく書くことができていた。児童A、児童B、児童Cの記述を見ると、学習前と後とでは記述量だけでなく、その内容に深まり、具体性が見られることがわかる（図1）。学習前は各児童にとって磁石は生活経験の中でのもので大まかな認識であったが、学習を経てその性質や特徴にまで着目できたことがわかる。OPPシートにおける学びの履歴の蓄積があったからこそ変容が見られ、成長につながったのである。

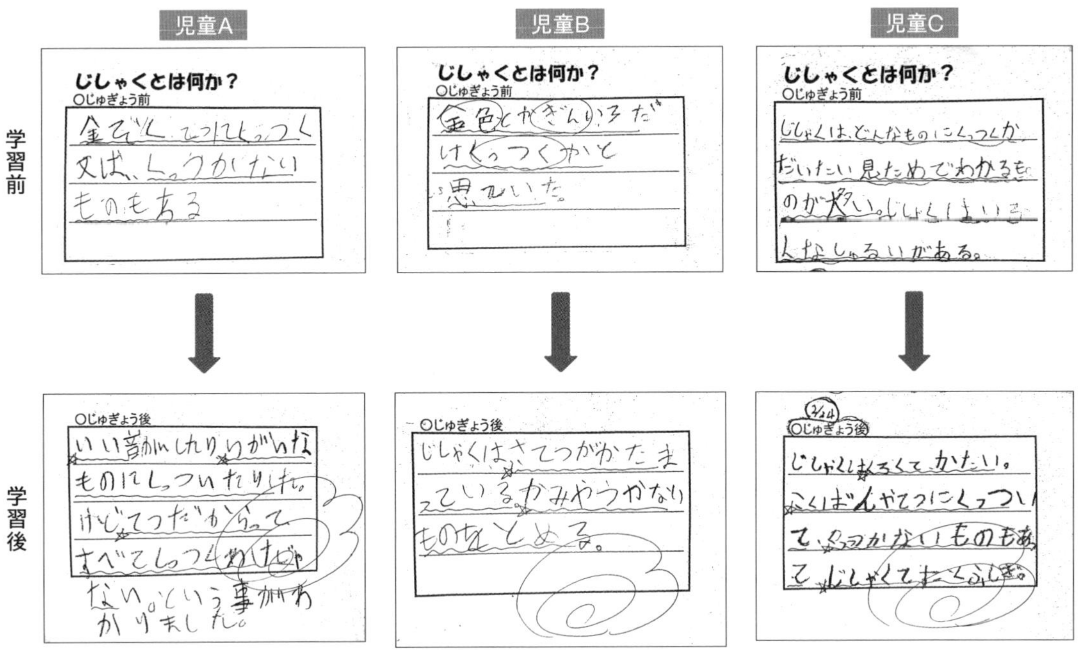

図1 児童A、児童B、児童Cの学習前・後の「本質的な問い」に対する回答

2 児童が教えてくれたこと① 予想とのギャップ

第**2**・**3**時では、教室内で「じしゃくに付きそうなもの」を予想し、磁石を手に確かめてみた。当初、私は2年生はじしゃくのことを知らない児童が多いので、「そもそも予想がおぼつかないのではないか。できたとしてもやみくもに予想し、とりあえずたしかめてみるだろう、生活経験の中で磁石を手にしたことがある児童は光っている物（金属）に付くと予想するだろう」と考えていた。

しかし、実際には予想とは大きく異なるものであった。児童Aは「いがいなものがくっついた」「たたいたらいい音がするもの」と記述していた（図2）。

磁石が、思っていたものとは違うものにくっつきました！
すごいね！ 磁石にくっつくものを見つけ出したね！
OPPシートで見取ることができてよかった!!

児童Aをはじめ、多くの児童が予想の時点でいかにも磁石に付きそうなものを挙げていたが、実験を通して予想の確かめだけでなく、予想とのギャップ（＝意外性）や磁石に付くものの共通点にまで目を向けてねばり強く考察していた。しかも、本児童は単元の終わりにも同じ記述をしており、ここでの発見が単元を貫く問いへとなったのである。

私は磁石遊び（おもちゃ作り）への過程において「磁石に付くものが身の回りにはたくさんあること」への気付きだけで満足であると考えていた。しかし、児童Aのように私の想定をはるかに超え、自分自身で思考を膨らませ、ねばり強く探究していたことに気付いたのだ。もし、これに気付かずにただ単元計画通りに次へ進めていたら…今考えると少しおそろしい。

OPPシートがあったからこそ、貴重な児童の学び、思考を見逃さずに見取ることができた。OPPシートに救われたと授業者として実感している。

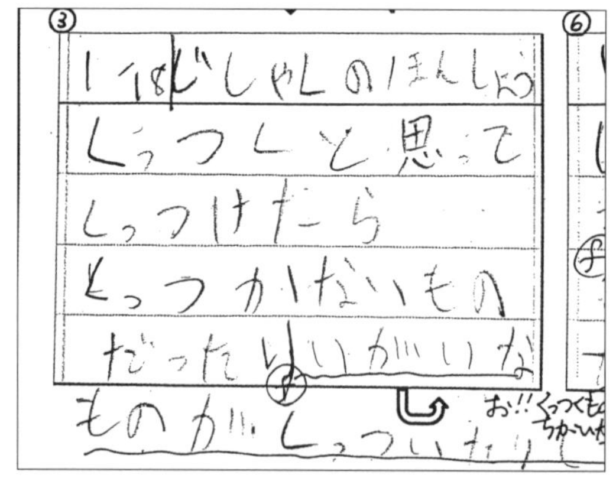

くっつくと思って
くっつけたら
くっつかないもの
だったりいがいな
ものがくっついたり

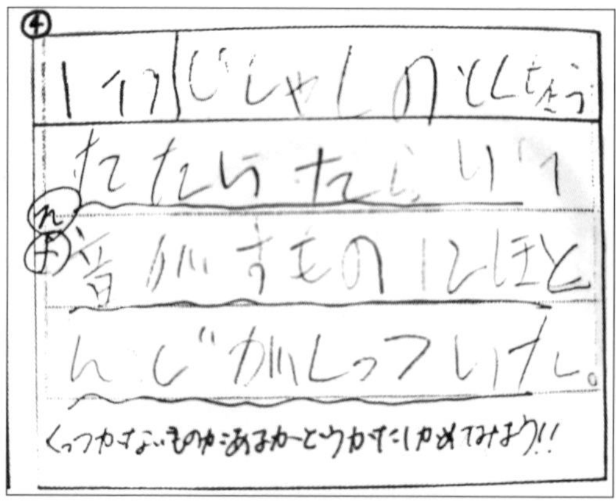

たたいたらいい
音がするものにほと
んどがくっついた。
くっつかないものがあるかどうかたしかめてみよう!!

図2 第**2**・**3**時の児童Aの学習履歴

3 児童が教えてくれたこと②
おもちゃ作りを超えた「じしゃくあそび」（児童B）

第5時からは磁石を使った遊び（おもちゃ作り）を考え、行っていった。第2時以降で研ぎ澄まされた磁石に対する児童の思考は、単に遊ぶ（おもちゃを作る）だけにとどまらなかった。児童Bは、磁石を使ったおもちゃを考えていく過程で身の回りの材料そのものと磁石との関係に着目した。

持参したモールが磁石にくっついたことについて、「はりがねが入っていることにきづいたのでじしゃくにくっつきました」と学習履歴に記していたことから、材料と磁石とを結び付けていたのである。また、「じしゃくとじしゃくだとくっつく力がつよかった」と、磁石どうしの関係にも気が付いていった。さらに、学習を進めていくと、校庭の砂の中にじしゃくに付くもの（＝砂鉄）があることを見聞きして発見し、仲間と共にその砂の正体を考えながら袋に入れて遊ぶ活動もしていた。磁石への気付きが広がっていったのである（図3）。

磁石の遊びが次々に思い浮かんできたよ!!まだまだあるのかも!?

じしゃくのあそびをもっともっと見つけ出していきたいな!!

磁石遊びは数えられないほどありそうだね!!

当初、私としては遊び（おもちゃ作り）を「目的」としていたが、児童にとってみればそれは「手段」であったこと、「磁石のもつ不思議さをもっと探究したい、解き明かしたいという思いがあったこと（＝児童の願い）」を認識させられた。児童BのOPPシートや授業中の発言によってその後の授業展開は大きく変わり、おもちゃだけにとらわれない幅広い磁石遊びを容認し、実際に実施していくことにつながったのである。

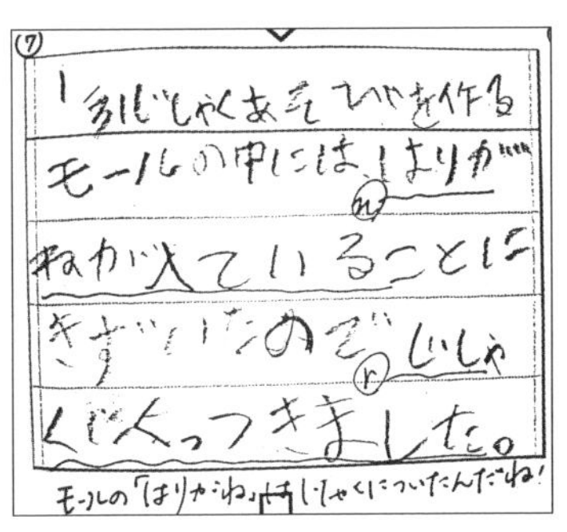

モールの中にははりが
ねが入っていることに
きずいたのでじしゃ
くにくっつきました。

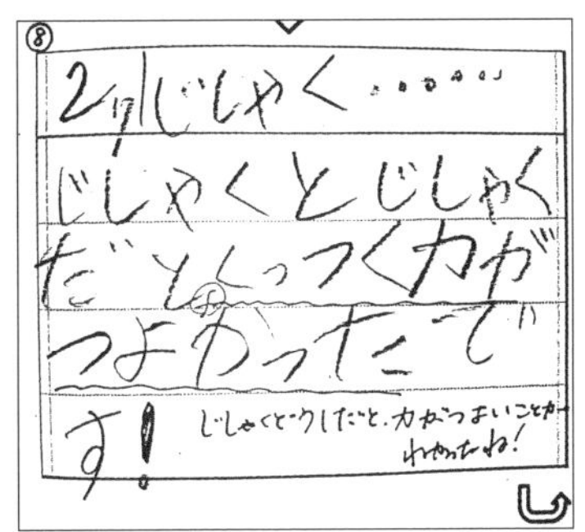

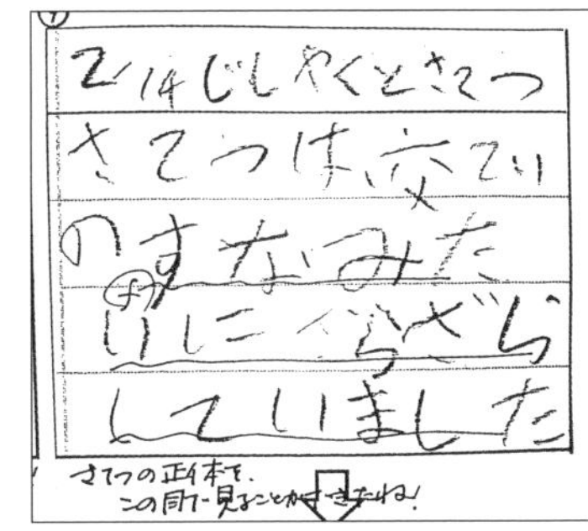

さてつは、
していました

図3 第7・8・9時の児童Bの学習履歴

4 指導目標（ねらい）の変更
“じしゃくそのもの”に着目して

学習に入る前は、①磁石をさわり（導入）、②磁石につくものを確かめ、③おもちゃを作り、④遊ぶ流れを想定していた。生活経験に基づき、あまり深入りはせず、あくまでも磁石を使ったおもちゃを作り、楽しく遊ぶことをねらいとしていた。

しかし、児童A、児童B、児童Cをはじめとした OPP シートの見取りによって指導目標（ねらい）を変更することとした。児童たちは、磁石に付くものを探し、確かめる過程で数々の疑問に直面した。「意外なものが磁石に付き、また、付くであろうと思っていたのに付かない」「同じものなのに付く部分と付きにくい部分がある」など、単に付くか付かないかの二者択一ではなく、見つけた疑問を低学年の児童なりに吟味する姿が見られたのである。

こうした児童の姿から、指導目標（ねらい）のレベルアップを考えた。「磁石とは何か」という本質的な問いに照らし、「磁石そのものがもつ力に児童自ら迫る」というものである。そのため、極力あえて疑問を残したまま次へ進むことにした。続くおもちゃ作りでは、“作る”ことよりも“磁石そのもの”への執着が見られた。おもちゃ作りの過程で磁石に付くものを探し出す児童、磁石どうしの関係に気付く児童、付く、付かない性質を利用して次から次に遊びを発見する児童…作る過程で思考と気付き、さらに自然に遊びも生み出されていったのである。私はここで予定よりも十分に時間を取り、児童ができる限り満足できるまで続けるようにした。全体で解決を急げば思考は止まってしまうし、次年度以降の理科の学びにも影響を与えてしまうと考えたからだ。

磁石の力に気が付いたようだね！

先生！ ○○に磁石がついたよ！

△△にはつかなかったな

磁石ってふしぎだな！

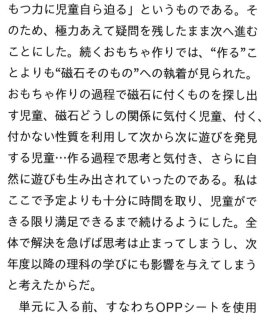

単元に入る前、すなわち OPP シートを使用する以前の私であれば、きっとここまで児童の気付きは見取れず流していたであろう。まして、指導目標の変更には至っていなかったと思われる。しかし、今回 OPP シートを継続して使用したことでこれまでの授業では気が付かなかったような児童の学びを見取り、すぐさま授業改善へと結び付けることができた。OPP シートは実際の児童の学びの姿、成長を具体的に私に示し、そこから授業改善へとつなげていく重要な視点を私に示してくれたと実感している。

5 変容を自覚する児童
疑問の“継続”と主体的に学習に取り組む態度

図4は児童Cの「自己評価」である。児童Cは「どういうものにじしゃくがくっつくのかがまだわからない」と記述していることから、これまでの学びを時系列で振り返っていることがわかる。実は、本児童は**2**・**3**時において「くっつくとおもったものがくっつかなかったりく

っつかないとおもったものがくっついたりして…」と記述し、その後のおもちゃ作りや遊びの中で考え続けていった。しかし、単元を終えてもまだ疑問が残っていることから、児童Cの学びはいったん一区切りとなったようで実は“継続”しているのである。授業の中で数々の発見をし、学習前との変容を自覚しつつ、疑問を継続して持ち続け、再出発していることが読み取れるのである。こうした姿が「主体的に学習に取り組む態度」であることを気付かせてくれた。

児童は学びに対して意欲的で、自分で考えたことを積極的に他者に伝えたいという願いをもっていた。授業での発言だけでなく、OPPシートへの記述でその願いを表現してくれた。児童の学びを「見取る」ことが「授業改善」へとつながるという一番大切なことを児童が教えてくれたと思う。

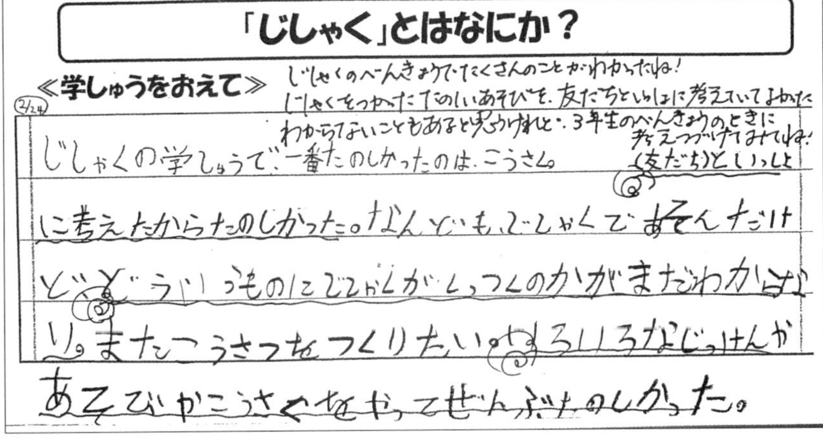
「じしゃく」とはなにか？
≪学しゅうをおえて≫
2/24
じしゃくのべんきょうでたくさんのことがわかったね！
じしゃくをつかったたのしいあそびを、友だちといっしょに考えていてよかった
わからないこともあるとおもうけれど、3年生のべんきょうのときに考えつづけてみてね！
じしゃくの学しゅうで一番たのしかったのは、こうさく（友だち）といっしょに考えたからたのしかった。なんども、じしゃくであそんだけどどういうものにじしゃくがくっつくのかがまだわからない。またこうさくをつくりたい。いろいろなじっけんがあそびやこうさくをやってぜんぶたのしかった。

図4 児童Cの自己評価

本実践へのコメント

一般に、低学年の児童に文章を書かせることは、とても難しいと考えられています。しかし、OPPシートを根気よく使うことによって、文章を書くことやそれ以外にも、教師の想定外の児童の実態を見ることができます。藤原先生の実践は、こうした現実を如実に示した好例です。常識的に考えて、2年生には「じしゃくとは何か」という問いは難しくて何も書けないのではないかと思われますが、児童の主体性に任せて問うたことに本実践成功の鍵があると言えます。「本質的な問い」から引き出された児童の考えを活用し、授業の改善を図ったことも重要です。つまり、児童の思考の流れに沿った授業の展開なのです。児童は素晴らしい可能性をもっており、それをいかに引き出し活用するかを教えてくれる貴重な実践です。(堀 哲夫)

教師の教育観
高校3年
英語

10 間違いは宝

今も教師を続けていられるのはOPPAのおかげ

授業は教師一人でやるものではなく、生徒と共に作っていくものであることがわかった。生徒も変容したが、OPPAによって変わったのは教師自身である。授業が辛かった私が教師を続けていられるのはOPPAのおかげなのだ。

OPPAを通した教師の変容

Before

授業が苦しい。楽しい授業にしたいので、毎時間ネタを考えるがもう限界。授業1時間すべてを自分一人で何とかしようともがいていた。教師としてこれでいいのか、このまま定年まで月日が流れていくのかと思い悩む日々。

After

授業が楽しくて仕方がない。今日の自分の授業がどうだったのか知りたくて、休み時間にOPPシートをむさぼり読む。つまずいていたのはここだったのか、と目から鱗。OPPシートが次の授業のヒントをくれる。授業は教師一人でやるのではなく生徒と共に作るものだとわかった。一番変わったのは教師だった！

OPPシートの構成

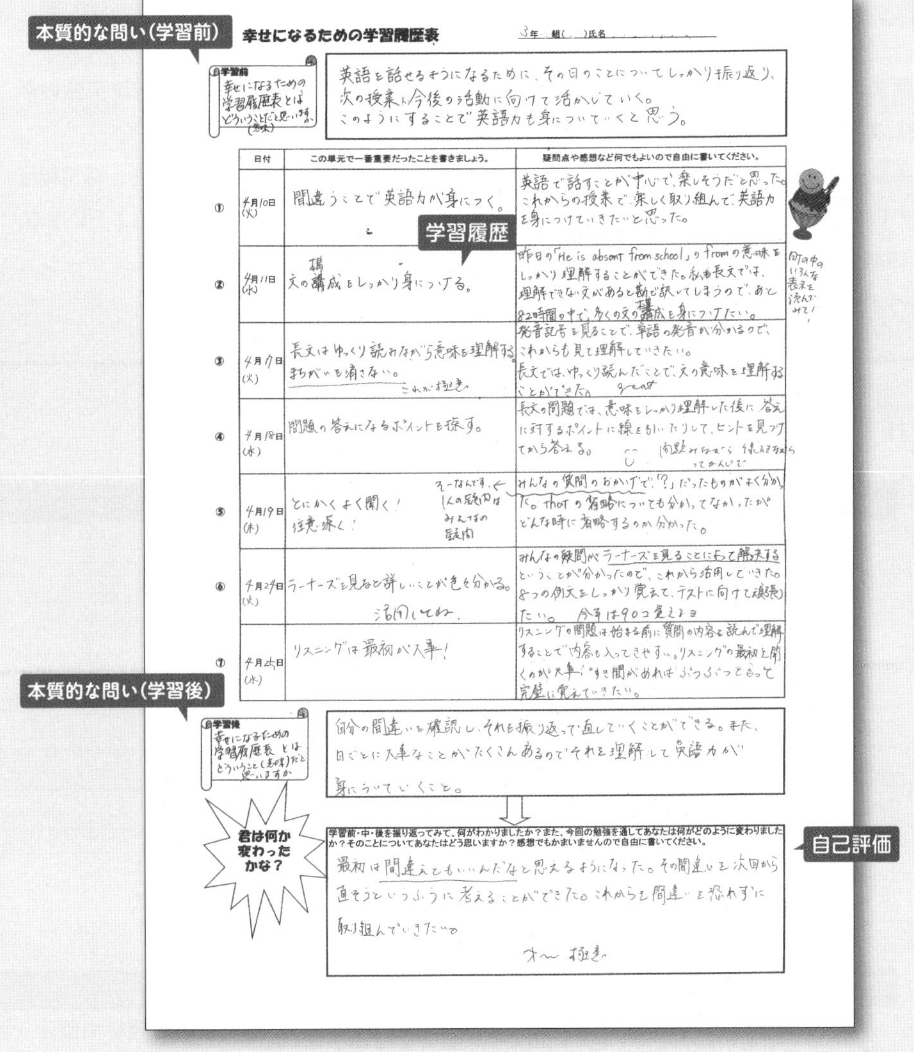

本質的な問い（学習前）

幸せになるための学習履歴表　3年　組（　）氏名

学習前
幸せになるための学習履歴表とはどういうことだと思いますか。（意味）

英語を話せるようになるために、その日のことについてしっかり振り返り、次の授業や今後の活動に向けて活かしていく。このようにすることで英語力も身についていくと思う。

学習履歴

	日付	この単元で一番重要だったことを書きましょう。	疑問点や感想など何でもよいので自由に書いてください。
①	4月10日（火）	間違うことで英語力が身につく。	英語で話すことが中心で、楽しそうだと思った。これからの授業で、楽しく取り組んで、英語力を身につけていきたいと思った。
②	4月11日（水）	文の構成をしっかり身につける。	昨日の「He is absent from school」のfromの意味をしっかり理解することができた。私は長文では、理解できない文があると勘で訳してしまうので、あと82時間の中で、多くの文の構成を身につけたい。
③	4月17日（火）	長文はゆっくり読みながら意味を理解する。まちがいを消さない。	発音記号を見ることで、単語の発音が分かるので、これからも見て理解していきたい。長文では、ゆっくり読んだことで、文の意味を理解することができた。great
④	4月18日（水）	問題の答えになるポイントを探す。	長文の問題では、意味をしっかり理解した後に答えに対するポイントに線を引いたりして、ヒントを見つけてから答える。
⑤	4月19日（木）	とにかくよく聞く！注意深く！　そーなんです。1人の疑問はみんなの疑問	みんなの質問のおかげで「?」だったものがよく分かった。thatの省略についても分かってなかったがどんな時に省略するのか分かった。
⑥	4月24日（火）	ラーナーズを見ると詳しいことが色々分かる。　活用してね。	みんなの疑問がラーナーズを見ることによって解決するということが分かったので、これから活用していきた。8つの例文をしっかり覚えて、テストに向けて頑張りたい。　今年は90コ覚えるヨ
⑦	4月25日（水）	リスニングは最初が大事！	リスニングの問題は始まる前に質問の内容を読んで理解することで内容も入ってきやすい。リスニングの最初を聞くのが大事。すき間があればぶつぶつと言って完璧に覚えていきたい。

本質的な問い（学習後）

学習後
幸せになるための学習履歴表とはどういうこと（意味）だと思いますか

自分の間違いを確認し、それを振り返って直していくことができる。また、日ごとに大事なことがたくさんあるのでそれを理解して英語力が身についていくこと。

君は何か変わったかな？

学習前・中・後を振り返ってみて、何がわかりましたか？また、今回の勉強を通してあなたは何がどのように変わりましたか？そのことについてあなたはどう思いますか？感想でもかまいませんので自由に書いてください。

最初は間違えてもいいんだなと思えるようになった。その間違いを次回から直そうというふうに考えることができた。これからも間違いを恐れずに取り組んでいきたい。

自己評価

本実践の全体像

1 「本質的な問い」の設定（p.111）
「『幸せになるための学習履歴表』とはどういうこと（意味）だと思いますか」

- 学習前：診断的評価（学習の出発点）
- 学習後：統括的評価（より詳細な記述）
- 学習前後の比較：（変容：焦点化され具体性が増した記述）

2 教師の気付き①（p.111）
「教えた通りに伝わっていない！」

- 「間違い」を肯定的にとらえようとする記述の表出。教師の意図が伝わっていることを確認できる。

3 教師の気付き②（p.112）
「え？前置詞でつまずいていたの？」

- OPPシートに寄せられた質問をもとに授業改善したところ、他生徒の理解も促されたことを知り、生徒の学習状況の把握が可能になる。

4 教師の気付き③（p.113）
「解決方法がわからないんだ！」

- OPPシートに寄せられる質問を自力で調べて解決できると生徒が自覚したことを知る。

5 変容を自覚する生徒（p.114）

- 学習に取り組む態度の変容

「基礎構文の活用」

指導目標

専門高校３年生の大学等への進学も考えている生徒を対象にした選択科目である。生徒は英語の必要性は承知しているが基礎的な英語力が十分ではないと感じており苦手意識が強い。

- 外国語（英語）の音声や語彙、表現、文法、言語の働きなどの理解を深め、文構造のうち、活用頻度の高いものについて、言語活動を通し、意味のある文脈中で繰り返し触れることができるようにする。
- これらの知識を状況に応じて適切に活用し、主体的に外国語（英語）を用いてコミュニケーションを図ろうとする態度を養う。

学習の流れ

Before

時数	学習内容
1	英語による自己紹介　オリエンテーション　英語によるやりとり
2	文構造の理解と活用：基本構文（Itの用法）
3	英作文：場面設定及び基本構文活用。 英文内容把握：文構造理解と速読即解力の向上を目指す。
4	英作文、英文内容把握、リスニング
5	英作文、英文内容把握、リスニング
6	文構造の理解と活用：基本構文（不定詞の用法）
7	英作文、英文内容把握、リスニング

OPPシートへの生徒の記述をもとに
その都度、指導計画を変更していく
※はOPPシートから教師が気付いたこと

After

時数	学習内容
1	●OPPシートの本質的な問いについて回答する。　➡ **❶本質的な問いの設定** ●オリエンテーションで「間違いは宝」を伝える ➡ **❷「間違うことで英語力が身につく」（生徒A）**
2	●OPPシートに質問：前時の英文中の前置詞に関する疑問が出たので解説 ※授業改善 「昨日の“He is absent from school.”をしっかり理解することができた。」 生徒AのOPPシート記述
3	英作文、英文内容把握、リスニング
4	英作文、英文内容把握、リスニング
5	※連日OPPシートに質問が寄せられるため回答時間をとる。 ➡ **❸「みんなの質問のおかげで『？』だったものがよくわかった。」（生徒A）**
6	※疑問の調べ方を提案 ➡ **❹「みんなの疑問がラーナーズ（参考書）を見ることによって解決することがわかった」（生徒A）**
7	●OPPシートの本質的な問いに回答する ●自己評価を記入する ➡ **❺「最初は間違えてもいいんだな、と思えるようになった」（生徒A）**

1 「本質的な問い」の設定

今回作成したOPPシートでは、「本質的な問い」を「幸せになるための学習履歴表とはどういうこと（意味）だと思いますか」に設定した。使用するOPPシートは高校生用に埼玉大学中島雅子准教授が作成したもので「幸せになるための学習履歴表」というタイトルがついている。一見、教科の内容とはかけ離れているようだが「幸せになるための学習履歴表」について考えることが、学びの意味について考えるきっかけになり、教科の学習にも寄与するのではないかと思い、設定した。

なお、この「本質的な問い」の学習前、学習後の生徒の回答はOPPシート最下欄にある自己評価の記述と連動しているため、後の5変容を自覚する生徒（p.114）における自己評価の記述と一緒に説明したい。

また、P.109のOPPシートは生徒AのOPPシート全容であり、以降参照しながらお読みいただければ全体の流れがおわかりいただけると思う。

2 教師の気付き①「教えた通りに伝わっていない！」

私が生徒の記述から学んだこと、それは教師の授業の意図がどのように生徒に伝わっているか、である。OPPシートを使う以前は、「教えたことは教えたとおりに伝わっているだろう」と思い込んで授業をしていた。しかし、OPPシートを使うことで、生徒の率直な言葉から、「決して全員が教師の思うとおりに受け止めているわけではないこと」「同じことを教えても生徒により様々な受け止め方があること」を知ることができた。それまでの経験や有している背景知識が生徒により違うので、解釈が違うのは当然なのだが、それに気付かず長年授業をしてきたのだから、苦しいわけである。

第**1**時の授業では、「英語を学ぶ上で大切なことは何か」について取り上げた。その一つが「間違いは宝」である。

今まで間違えるのが怖くて発話できず、英作文を白紙で提出していた生徒や、わからないことを恥ずかしくて聞けず、そのまま高校3年生まできてしまった生徒は少なくない。したがって、第**1**時では「間違いは宝」という印象的なフレーズで、間違えてもいいので積極的に表現するように伝えた。その結果、約7割の生徒から「間違いは大丈夫」などの記述が表出した。1時間の授業の中では様々な話や活動をしており、生徒が「一番重要だったこと」の欄に書く内容も違うはずなので、この結果には驚いた。次に示す図1～図3の生徒A、生徒B、生徒Cは外国語学習において「間違いは宝」という話を自分なりに解釈しまとめている。

そうか、間違うことで英語力が身に付くんだな。間違えていいんだ！

4月10日(火)	間違うことで英語力が身につく。

図1 第**1**時の生徒Aの学習履歴

生徒Bは“Don’t be shy! Just speaking! Making mistake(s) is really important.”と英語で書いている（図2）。

以上により、生徒の意識が「間違ってはいけない」から「間違えてもよい」へと変わったことを見取ることができた。わからない点を率直にシートに書いてもらうためにも「間違えても大丈夫」という前提は不可欠なので、OPPシートで教師の意図が伝わっていることを知ることができたのは大きな成果と言える。

そうか。なるほどね。みんな今まで間違えるのが恥ずかしかったのね。間違えることが大事だとわかってくれてよかったわ

4月10日 (Tue)	Don't be shy! just speaking! Making mistake is really important.

図2 第1時の生徒Bの学習履歴

4月10日 (Tue)	分からないところを空らんにしてしまうのではなくて、間違えても書くこと・話すことが大切。	楽しい授業になりそう! 恥を捨てて、自分から話せるようになりたい。 good

図3 第1時の生徒Cの学習履歴

3 教師の気付き②
「え？ 前置詞でつまずいていたの？」

「間違いは宝」であり、わからないことは恥ずかしいことではないので質問することが大事、と第1時で伝えたところ、早速第1時の授業後のOPPシートに質問が出た。

図4は生徒Dの第1時の学習履歴欄への記述である。「○○ is absent from school　の（文中fromは）なぜfromなのか、atはいつ使うのか」という質問が書いてある。

これは、第1時の授業で出席をとる際、「今日○○さんは欠席です」と言った生徒に対し、私が答えた“Oh,○○is absent from school!”という英文の前置詞に関する質問である。実は前置詞も、苦手意識の原因になっている場合が少なくない。つまり、前置詞のイメージを理解しておらず、なんとなく勘で使っているのだ。

疑問点や感想など何でもよいので自由に書いてください。
○○ is absent from school のなぜ from なのか at はいつつかうのか。
Good question!

図4 第1時の生徒Dの学習履歴

なんでfromなのかな～？ fromとかatとかってどうやって使うのかわからない
そうだ、OPPシートで聞いてみよう！

そうか。前置詞も苦手な人多いよね。せっかく出てきた質問だから予定変更して、次の授業は前置詞のイメージを説明しよう

生徒はfromを「起点」というイメージではなく、「〜から」という日本語で覚えている可能性があるので、第**2**時の授業では指導計画を変更し、活用頻度の高い前置詞のイメージを図で説明することにした。これが、OPPシートのフィードバック機能を生かした授業改善である。授業中に質問する生徒はほとんどいないのだが、OPPシートには質問が書かれるので、次の授業の材料となる。

次の図5は、その授業改善として、前置詞の説明をした第**2**時終了後の生徒Aの学習履歴欄への記述である。「昨日の"He is absent from school."のfromの意味をしっかり理解することができた」とあり、これを読んで教師は「前置詞に疑問をもっていたのは一人ではなかった」ことを知ることになる。OPPシートで生徒の状況把握をしながら授業を進めていけるのだ。

第**2**時以降、8割近い生徒がOPPシートに質問を書いてくるようになった。その都度指導計画を変更し、質問を取り上げる時間を設けた結果、「へー」「ああなるほど」といった声があがり、活気のある授業となった。その結果、図6の第**5**時の生徒Aの学習履歴欄には「みんなの質問のおかげで『?』だったものがよく分かった」という記述が表出した。質問の共有により、他の生徒の課題が自分にとっても課題だったと気付いたことがわかる。

昨日の「He is absent from school」のfromの意味をしっかり理解することができた。私も長文では、理解できない文があると勘で訳してしまうので、あと82時間の中で、多くの文の構成を身につけたい。

図5 第**2**時の生徒Aの学習履歴

みんなの質問のおかげで、「?」だったものがよく分かった。thatの省略についても分かってなかったがどんな時に省略するのか分かった。

図6 第**5**時の生徒Aの学習履歴

授業の初めにみんなからの質問が出されて、質問・疑問があるのはみんなすごいな〜って思った

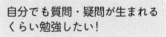

自分でも質問・疑問が生まれるくらい勉強したい!

フムフム。どうやら質問することはいいことだ、ってわかったようね。今までたまっていた疑問が解決されてよかったわね。でも、ここからが本番。答えを自分で見つけるにはどうしたらいいか、あと一歩ね

4 教師の気付き③「解決方法がわからないんだ!」

「わからないことは質問する。ほったらかしにしない」という姿勢は見られるようになったが、肝心なのは自分で解決方法を探ることだ。

第**2**時の前置詞の説明時に英英辞典を使用したところ、図7の生徒Dの第**2**時の学習履歴欄には「英英(辞典)も使って調べるやり方もあるとはじめて知った」と書かれていた。このOPPシートの記述のおかげで、私は生徒が解決する方法がわからなかったことを知った。

このようにして授業の中で具体的な方法を示

前置詞はイメージでつかむ。
もしわからないことがあれば英英も使って調べる
やり方もあるとはじめて知った。
使ってね〜

図7 第2時の生徒Dの学習履歴

みんなの疑問がラーナーズを見ることによって解決する
ということが分かったので、これから活用していきたい。
8つの例文をしっかり覚えて、テストに向けて頑張り
たい。 今年は90コ覚えるヨ

図8 第6時の生徒Aの学習履歴

すことが効果的であると気付いたので、質問に答えるときには、生徒が持っている参考書の引用元を示すことにした。その結果、図8の第**6**時の生徒Aの学習履歴欄に「みんなの疑問がラーナーズ（参考書）を見ると解決するということが分かった」という記述が表出し、参考書の活用を提示したことが功を奏し、生徒が自力解決への糸口を見つけたことを私は知ることができた。これもOPPシートからの気付きをもとにした授業改善である。

5 変容を自覚する生徒

次の図9をご覧いただきたい。図9は「本質的な問い」に対する回答の学習前後の生徒A、生徒Bの比較である。

図9の生徒A、生徒Bの学習後の記述を詳しく

生徒A

学習前

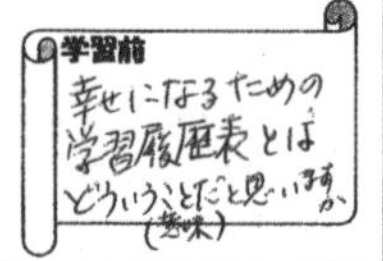

学習前
幸せになるための
学習履歴表とは
どういうことだと思いますか
（意味）

英語を話せるようになるために、その日のことについてしっかり振り返り、
次の授業や今後の活動に向けて活かしていく。
このようにすることで英語力も身についていくと思う。

学習後

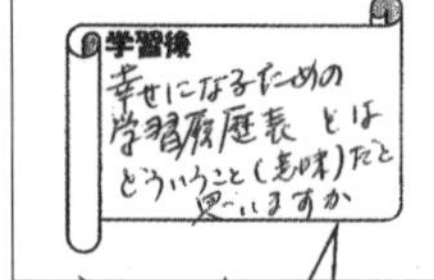

学習後
幸せになるための
学習履歴表とは
どういうこと（意味）だと
思いますか

自分の間違いを確認し、それを振り返って直していくことができる。また、
日ごとに大事なことがたくさんあるのでそれを理解して英語力が
身についていくこと。

生徒B

学習前

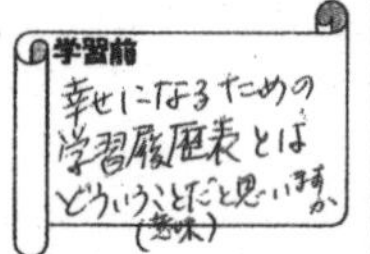

学習前
幸せになるための
学習履歴表とは
どういうことだと思いますか
（意味）

今、自分が改善すべき点を見つけるとともに、良いところはさらに
伸ばしていく。
これを実現させるためのもの。

学習後

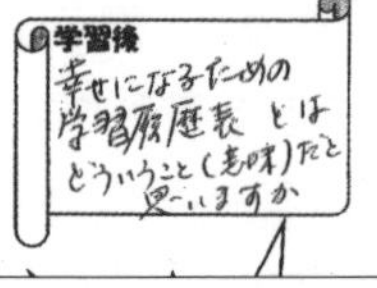

自分の課題を見つけ、今何をすべきか、どうすれば力を伸ばすことができるかを
示すためのもの。
また、自分が意欲を持って学習に取り組むことを助けるもの。

図9 生徒A、生徒Bの学習前・後の「本質的な問い」に対する回答

見ると、学習後には、「自分の間違いを確認し、それを振り返って直していくことができる」「自分の課題を見つけ今何をすべきかどうすれば力を伸ばすことができるかを示すためのもの」「自分が意欲を持って学習に取り組むことを助けるもの」と、学習前の漠然とした記述より焦点が明確になり具体的に記述されている。「自己の課題を発見し解決していく」という学びの本質を、通常授業の中で生徒がこのように明確に自覚することはOPPシートなしにはできないと実感する。

さらに、図10の生徒Aの自己評価欄をご覧いただきたい。図9の学習後の「本質的な問い」に対する回答との連動が見られ、「最初は間違えてもいいんだなと思えるようになった」との

学習前・中・後を振り返ってみて、何がわかりましたか？また、今回の勉強を通してあなたは何がどのように変わりましたか？そのことについてあなたはどう思いますか？感想でもかまいませんので自由に書いてください。

最初は間違えてもいいんだなと思えるようになった。その間違いを次回から直そうというふうに考えることができた。これからも間違いを恐れずに取り組んでいきたい。

オ〜 極意

図10 生徒Aの自己評価

記述から、それまでは「間違えてはいけない」と考えていたと推測される。生徒Aの学習に取り組む態度が大きく変容し、「その間違いを次回から直そうというふうに考えることができた」と自己の変容を自覚していることが見取れる。

その後OPPシートを使い続けていると、2枚目のOPPシートの自己評価欄に興味深い記述が表出した。

図11は生徒Bの2枚目のOPPシートの自己評価欄である。「今、自分がどんなことができてどんなことができないか、把握できたと思う。今後もOPPシートを活用しながら自分の課題を見つけ、能動的に学習していきたいと思った」と書かれている。ここまで学びの本質を理解していることに驚いた。OPPシートで生徒の成長を私（教師）が見られることも、この仕事を続けようという強い動機付けになっている。

学習前・中・後を振り返ってみて、何がわかりましたか？また、今回の勉強を通してあなたは何がどのように変わりましたか？そのことについてあなたはどう思いますか？感想でもかまいませんので自由に書いてください。

今、自分がどんなことができてどんなことができない（理解できていない）のか、把握できたと思う。今後も、OPPシートを活用しながら自分の課題を見つけ、能動的に学習していきたいと思った。
また、テストのためではなく、英語を使って相手になにかを伝えられるよう知識をつけていきたいと強く感じた。

図11 生徒Bの自己評価

本実践へのコメント

OPPシートを使ってみたところ、教師の独りよがりに気付き、生徒の実態を知り、「間違いは教師の授業にとって宝」だということを知った谷戸先生。生徒に「間違いは宝」であると自覚させ、自発性を引き出し、学習と授業の改善につなげていきました。生徒が「英英辞典で調べる」「参考書を活用する」など、自分で解決方法を探るようになったのも、教師が学習履歴欄から学び、適切な働きかけを行ったからです。「間違い」をキーワードにし、生徒も教師も自己の変容を自覚し成長につなげていくことができた優れた実践の一つであると言えるでしょう。（堀 哲夫）

第3章

応用編

本質的な問い
中学校

1 「本質的な問い」でコミュニケーション

OPPAをより活用するために

自分の学びに対して、もう一人の自分が「理解できている」「他によい方法はないか」と認知することが大切である。そのため、コミュケーションによる他者からの学びは不可欠である。そこで「本質的な問い」と連動するツールを2つ紹介する。

OPPAを通した教師の変容

Before

公立中学校の理科教師だった頃、生徒に「あっ」と言わせる面白い教材の開発に没頭した。それらの教材を使えば、必ず理科が好きになると思っていた。しかし、本当に理科は教材が面白いだけでいいのか。生徒の本質的な理解や概念形成の有無は、教材の面白さだけではわからない。

→

After

OPPAの実践を重ねていくと、他者からの学びの大切さと価値に向き合う生徒の様子が見えてくる。特に、コミュニケーションは重要である。自分の実践からOPPAとコミュニケーションとの関係をイメージしてみると、授業とOPPシートが実にフィットしていることに気付いた。

OPPシートの構成

ダイヤモンドランキング
授業の様子と廊下掲示

自然観察すごろくトーク
自然観察に関する本質的な問いを含むマス目で作成。見通しと振り返りの機能を持つ

教科書すごろくトーク
教科書の単元や章のタイトルを本質的な問いに設定。学習前と後の変容を語る

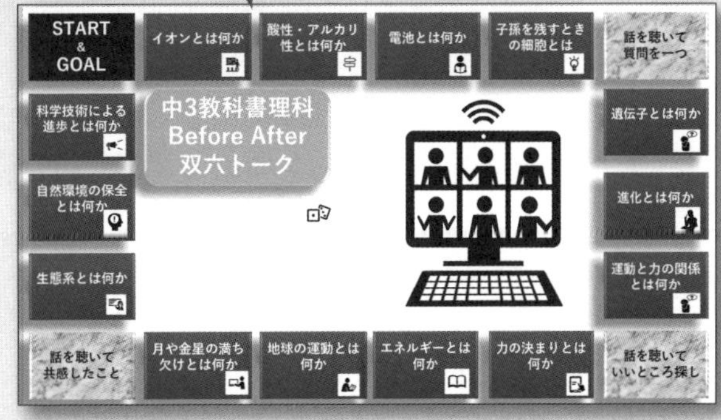

本実践の全体像

1 OPPAとコミュニケーションツール (p.120)
- 「本質的な問い」と価値観
- ダイヤモンドランキングとすごろくトーク
- コミュニケーションを促しOPPシートで見取るための視点

2 ダイヤモンドランキングとOPPAとの関係 (p.121)
- コミュニケーションを通じた学びの見通しや振り返り(診断的評価・総括的評価)
- 合意形成から「本質的な問い」への回答を深く考える

3 ダイヤモンドランキングの作り方・やり方・進め方 (p.122)
- 教師の準備(ランキングカードの作成)
- 児童・生徒の活動(基準作り)
- 教師の活動(活動の促進とOPPシートによる学びの可視化)

4 ダイヤモンドランキングの実践例 (p.123)

総合的な学習「働く意義とは何か」
「理科を学ぶ意味」

5 すごろくトークとOPPAとの関係 (p.125)
- コミュニケーションを通じた見通しや振り返り(診断的評価・総括的評価)
- 他者との相違から本質的な問いを深く考える

6 すごろくトークの作り方・やり方・進め方 (p.126)
- 教師の準備(オンライン用で作成)
- 児童・生徒の活動(他者からの学び)
- 教師の活動(活動の見取りとOPPシートによる学びの可視化の促進)

7 すごろくトークの実践例 (p.127)

中学理科「生命の連続」　小学校国語「やまなし」(p.128)

1 OPPAとコミュニケーションツール

(1)「本質的な問い」と価値観

コミュニケーションを重視した授業後のOPPシートには、他者からの学びの記述が多く見られる。例えば「Aさんと対話で気付いた」「Bさんと意見が対立」「Cさんの意見を参考にして自分の考えを修正した」というメタ認知的な記述である。これらは教師が教えて学べるものではなく、答えのない学びでもある。また、学習前・後の「本質的な問い」を記述させるとき、コミュニケーションを通じて「本質的な問い」を深め、価値観と向き合う様子も見られる。

(2) ダイヤモンドランキングとすごろくトーク

このあと紹介する「ダイヤモンドランキング」と「すごろくトーク」は、「本質的な問い」を活用したコミュニケーションツールである。「ダイヤモンドランキング」の事例「なぜ人は働くのか」(本質的な問い) は、働く意義という価値観、すごろくトークの事例「生命とは何か」「DNAとは何か」「細胞とは何か」(本質的な問い) は生命観という価値観である。問いを深めることで、価値観の形成を促すことができるのではないだろうか。

(3) コミュニケーションを促し、OPPシートで見取るための視点

私が実践で大切にしているコミュニケーションを促す、深めて、拡げて、共有する視点は次の7点である。また、これらは教師がOPPシートを見取り、コメントするときの視点でもある。

①自分の考えを自分の言葉で発言や記述などで表現する。(アウトプット)
②よく聴く。もしかしたらと考える。違和感を抱く。質問できる体勢を整える。(傾聴)
③相手のいいところ見つけることで自分を再発見する。(いいところ探し)
④相手の立場で考える。(共感)
⑤自他の考えを疑う。反対側からみる。俯瞰してみる。本質に迫る。(批判的思考)
⑥判断する。妥協点を見つける。納得や最適な答えを追究する。(合意形成)
⑦省察する。(修正)

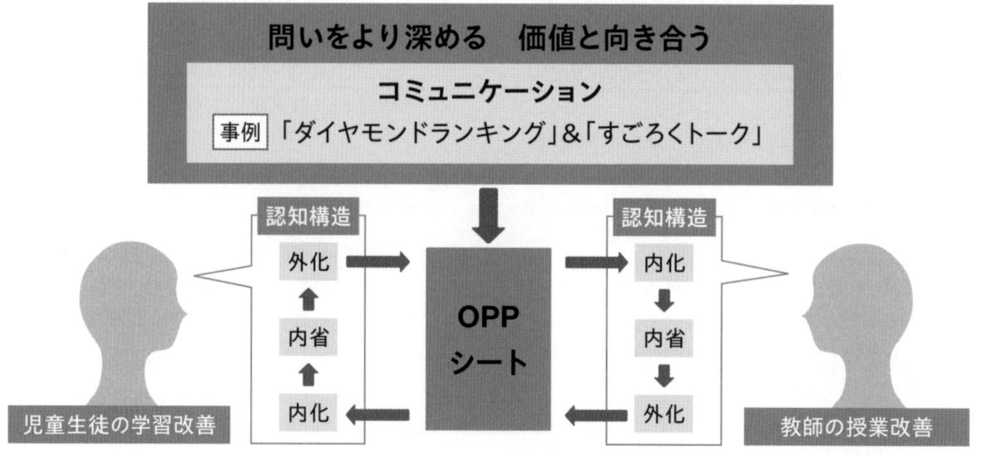

図1 OPPAとコミュニケーションの関係

(堀哲夫「思考や認知過程の内化・内省・外化とOPPA」(『新訂 一枚ポートフォリオ評価OPPA』p.166図7-5) を参考に筆者が作図)

図1を参考にこれらの視点に当てはめてみると、コミュニケーションを通じて自分の考えを発表したり、OPPシートに表現したりするアウトプットは「外化」に当たる。また、傾聴したり共感したりしながら、他のいいところを自分の考えに取り込むことは「内化」に当たる。さらに、いいところ探しから自己肯定感の向上、批判的思考から本質に迫り、修正することは「内省」に当たるのではないかと考えられる。

2 ダイヤモンドランキングとOPPAとの関係

ダイヤモンドランキングはコミュニケーションツールの一つで、学びの見通しや振り返りを促す教材である。話し合いの中から様々な価値観を共有し、深い理解や思考の柔軟性を育て、より自分の言葉でOPPAの「本質的な問い」に迫ることができる。

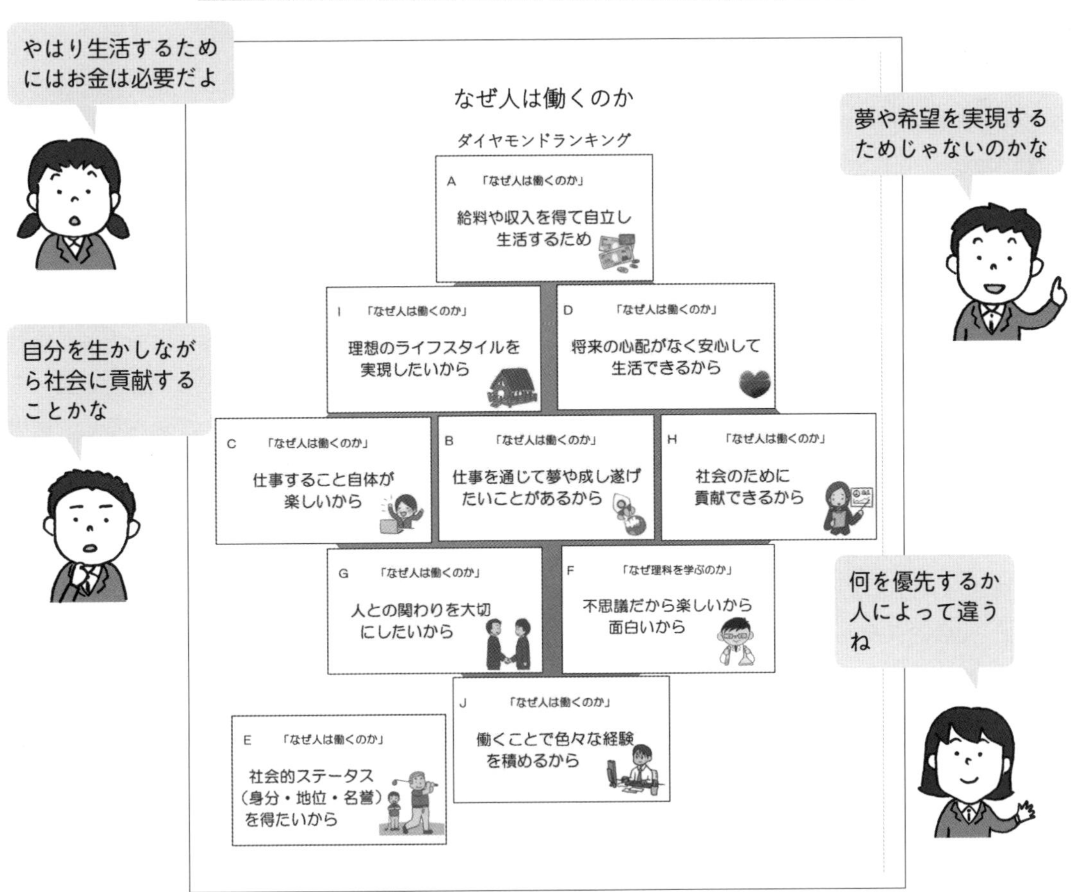

図2「なぜ人は働くのか」のダイヤモンドランキング

ダイヤモンドランキングは自分の考えや意見を表明し、仲間と話し合いながら合意形成を図り、深い理解や思考の柔軟性を育てることをねらいとする。あるテーマの「問い」に関する解答例をカードにして、大切だと考えるものをランキングして議論を行う。図2のようにカードをダイヤモンド上に並べるので「ダイヤモンドランキング」という。カードにはどれも大切な内容が書かれているが、あえてランキングすることで自分の考え方を明確にし、他者との相違を考え、時には共感や対立によって根拠を持った深い話し合いに発展していく。

ランキングは各教科や道徳、学活、総合的な学習の時間など、小・中・高の校種を問わず多くの学習活動で実施することが可能である。単元や内容のまとまりの前後で実施すると、学びの見通しや振り返りなどで活用できるところがOPPAと関連する点である。

例えば、図2の中学校における総合的な学習の時間の「なぜ人は働くのか」というランキングの問いは、そのままOPPシートの「本質的な問い」と関連させることができる。OPPシートとランキングシートの連動により、生徒は働く意義をより深く考え、自分の言葉で語れるようになる。

3 ダイヤモンドランキングの作り方・やり方・進め方

ダイヤモンドランキングは対面授業でもオンライン授業でも可能である。ここでは紙で作成した10枚のカードとダイヤモンド上のシートを使った対面授業のものを紹介する。

【作り方】(教師の準備)

❶テーマに関する「問い」を考える。

❷「問い」に関する答えの例を10枚のカードにする。

＊Point：このカードの内容によって議論の深まりを生む。多くの児童生徒が賛同できるもの、少数意見でも重要なもの、対立する内容などを含ませると効果的である。例えば、図1の場合、「I 理想のライフスタイルを実現するため」(賛同)、「E 社会的ステイタスを得たい」(少数意見)、「A 給料や収入を得て自立し生活するため」と「H 社会のために貢献できるから」(対立)などである。

【やり方】(児童生徒の活動)

❶カードをダイヤモンド上に並べ、順位付けを行う。

❷個人で考え、班で話し合い、他の班と交流する。

❸活動後OPPシートで自己評価をする。

＊Point：話し合いを通じて、ランキングの基準や根拠を探しはじめ合意形成を図るようになる。その際、様々な考えや意見があること知り、自分の考えを修正、対立することもある。活動中の様子から、概念の大小から構造的に並べる班、自分たちの感性を生かして並べる班、理想と現実のどちらかを優先する班など、ランキングの基準づくりが見えてくる。

【進め方】(教師の活動)

ランキングでは基準づくりが大切である。教師はランキングの根拠である基準づくりを促進する役割を担う。例えば、異なるランキングの班を見つけて、互いにプレゼンさせたりすると、異なる意見の対立により、さらに深く考えるようになる。最後にOPPシートに記述させ学びを可視化し、意識と自覚化を促す。

4 ダイヤモンドランキングの実践例

(1)「働く意義」

中2の総合的な学習の時間では職場体験の前と後に、以下のような「なぜ人は働くのか」についてランキングを行った。例えば、夢や希望、楽しさ、社会貢献など働くことの理想とするカード（B・C・H）を上位にする班、収入、将来の心配、ライフスタイルなど現実的なカード（A・D・I）を上位にする班などがあり、対立する班同士の話し合いでは価値観を巡って深い議論となる。このような議論の中で、ある生徒が「きれいごとが社会を成り立たせている」（図3）という発言が生まれ、多くの生徒が共感した。OPPシートの記述からも、自分とは異なる意見にも一理あるなど、他者からの学びからの価値観の変容がうかがえた。

作成したカードの内容

A 給料や収入を得て自立して生活するため
B 仕事を通じて夢や成し遂げたいことがある
C 仕事すること自体が楽しいから
D 将来の心配がなく安心して生活できるから
E 社会的ステータス（地位名誉）を得たいから
F 個性を生かし成長できるから
G 人との関わりを大切にしたいから
H 社会のために貢献できるから
I 理想のライフスタイルを実現したいから
J 働くことで色々な経験を積めるから

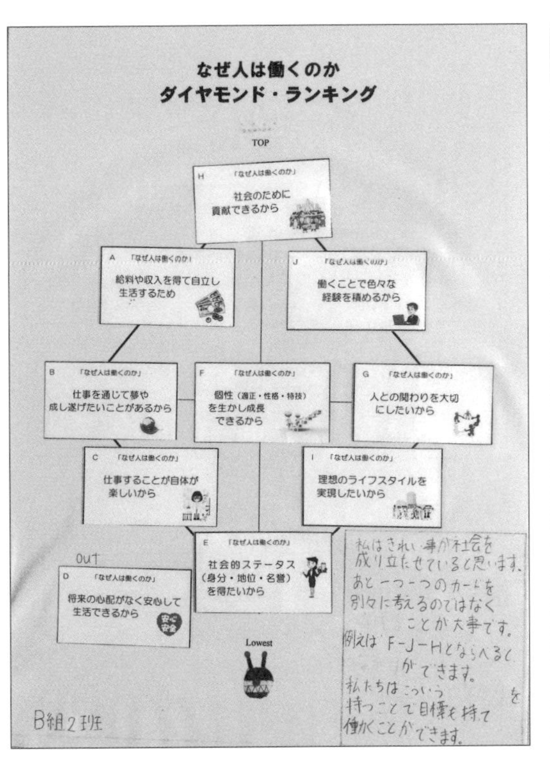

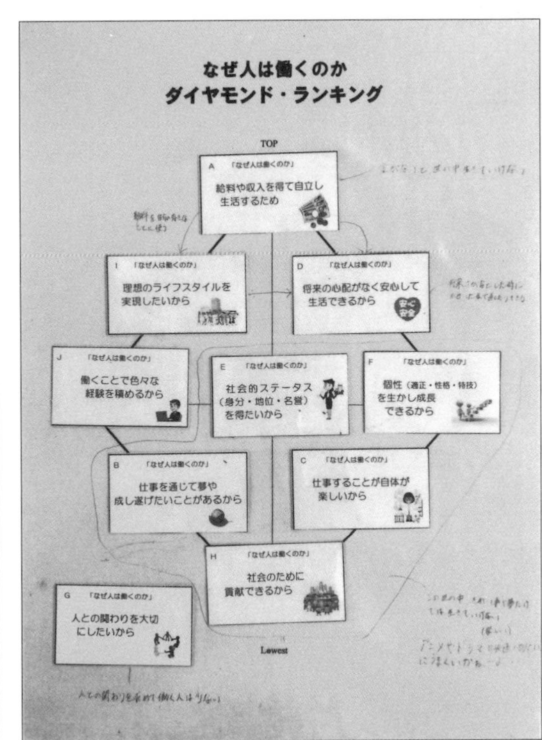

図3「なぜ人は働くのか」のダイヤモンドランキング例

(2)「理科を学ぶ意味」

中１の理科授業のはじめと最後に、以下のような「なぜ理科を学ぶのか」(図4) についてランキングを実施した。はじめはD、Fのような個人の学びの項目を上位にあげていた生徒が、中１の終わりにはE、H、Bのような資質・能力や社会の関係性の学びの項目を上位にあげるようになる。OPPシートの記述から、教師の授業改善を通じて、生徒の理科を学ぶ意味の変容を見取ることができた。

> **作成したカードの内容**
> A 科学技術の発展のため
> B 地球環境について考え自然災害の防止に役立つから
> C 将来の仕事などに役に立つから
> D 学力を身に付け知識を増やすため
> E 自分の世界の視野を広げるため
> F 不思議だから楽しいから面白いから
> G 成績のため入試対策のため
> H 事実や結果をもとに考える力を身に付けるため
> I 日常生活に役立つ知識や技術を身に付けるため
> J 安全な生き方や自分で身を守るため

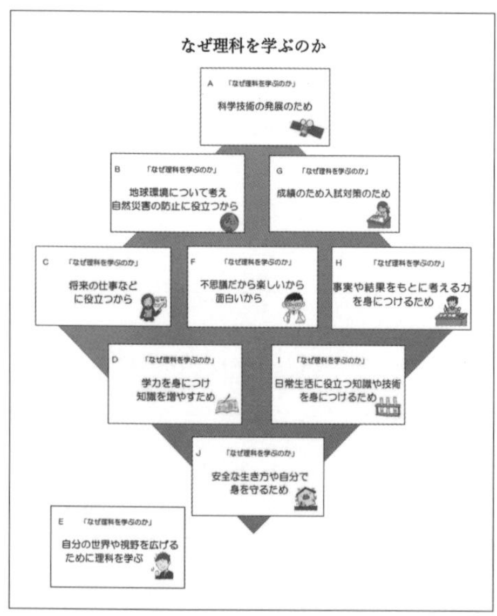

図4「なぜ理科を学ぶのか」の
ダイヤモンドランキング例

(3) その他

「ダイヤモンドランキング」の他のテーマとして「算数とは何か」「民主主義とは何か」「歴史とは何か」「道徳とは何か」「運動会とは何か」「いいクラスとは何か」「移動教室とは何か」「強い部活とは何か」などの問いを立てることができる。

また、教師用の「ダイヤモンドランキング」として、校内研修などで「評価とは何か」「学習指導要領では何を重視して授業を行うか」(図5)「資質・能力とは何か」などのテーマで実施することができる。

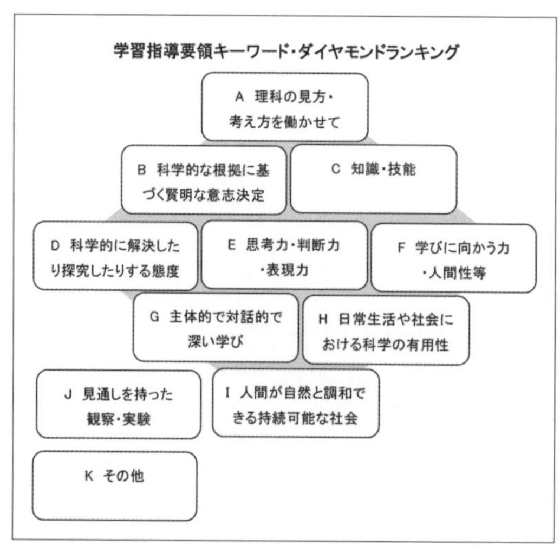

図5「学習指導要領キーワード」の
ダイヤモンドランキング例

5 すごろくトークとOPPAとの関係

すごろくトークもコミュニケーションツールの一つで、学びの見通しや振り返りの促す教材である。マス目の問いを自分の言葉で語り、他人の意見に耳を傾けながら、OPPAの「本質的な問い」により迫ることができる。

すごろくトークは、サイコロを振ってコマの

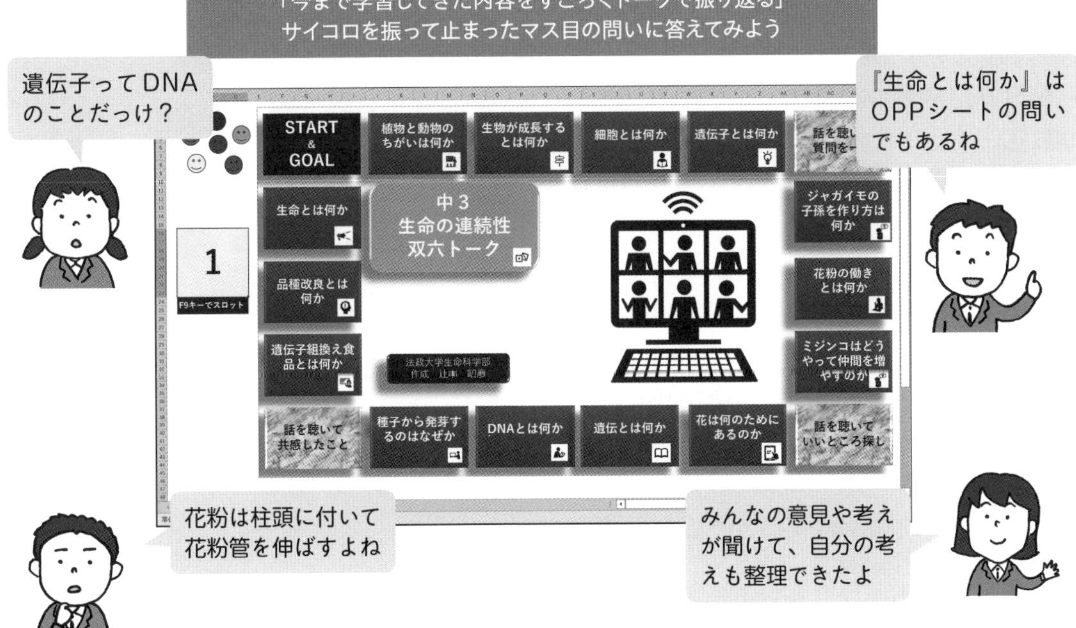

図6「生命の連続性」のすごろくトーク

止まったマス目の問いに、自分の言葉で答えるゲーム形式として作成されたコミュニケーションツールである。偶然に止まったマス目の問いを答えなければならないため、瞬時に適切な答えを導くことになる。また、三つの隅には「質問をする」「いいところを探す」「共感する」など、対話を促す仕掛けが設定されている。

すごろくトークもダイヤモンドランキング同様、学びの見通しや振り返りで活用できる。すごろくシートのマス目には、単元や内容のまとまりのテーマに沿った問いがあり、学習前では診断的評価となり、学習後なら総括的評価となる。例えば、図6の中3理科「生命の連続性」では、学習内容に関する問い「〇〇とは何か」とし、最後のマス目には「生命とは何か」と問いを配置してある。これはOPPシートの学習前・後の「本質的な問い」の「生命とは何か」と連動させてある。すごろくトークにより、生命の連続性について深く考え、自分の言葉で語れるようになる。なお、図6はPC用でサイコロの代わりにエクセル関数を用いたものである。

6 すごろくトークの作り方・やり方・進め方

すごろくトークは対面授業でもオンライン授業でも可能である。ここではPowerPointやExcelで作成したシートを使ってできるオンライン授業のものを紹介する。なお、オンライン授業用に作成したものを、サイコロとコマとなるおはじきまたは児童生徒の消しゴムを使って、対面授業に転用することもできる。

【作り方】(教師の準備)

❶パワーポイントでテーマに沿った「問い」を14枚のカードにして作成（必ずしも14枚にしなくてもよい）。

❷①をスクリーンショットで撮影したトリミングを施し、画像データにする。

❸②をエクセルシートに貼り付け、動かすコマとサイコロ［エクセル関数=RANDBETWEEN(1,10)］を作成する。

【やり方】(児童生徒の活動)

❶進行役（司会者）を決めてパソコンのF9キーでサイコロを操作する。

❷順番にスタートストップを言ってサイコロを振る。

❸サイコロの数だけコマをドラッグ&ドロップで進める。

❹止まったマス目の問いに対する自分の考えや意見を述べる。

❺三隅は他の人の話を聞いて意見・いいところ・共感を述べる。

❻ゴールして2周目に進む際に、同じコマに止まったら1回目と異なる視点で述べる。

【進め方】(教師の活動)

班ごとに1台のPCを見ながら進めても、1人1台のPCをオンラインでつなげてもよい。教師は活動の様子を見取り、いい意見や面白い意見を抽出してクラス全体に活動の様子を発表させる。最後、各自でOPPシートに記述し、学びの可視化を促す。

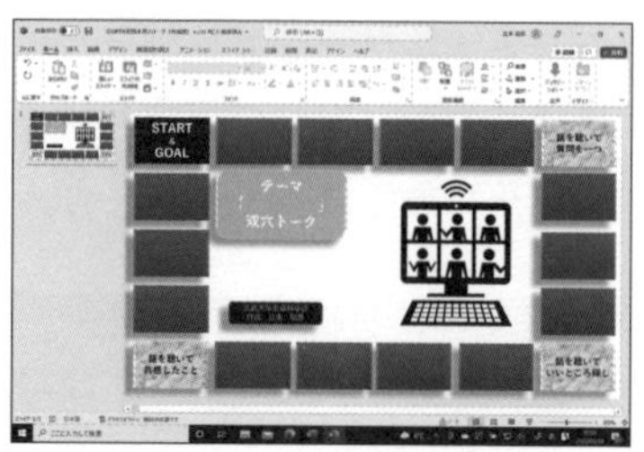

①パワーポイントでカードを作成する

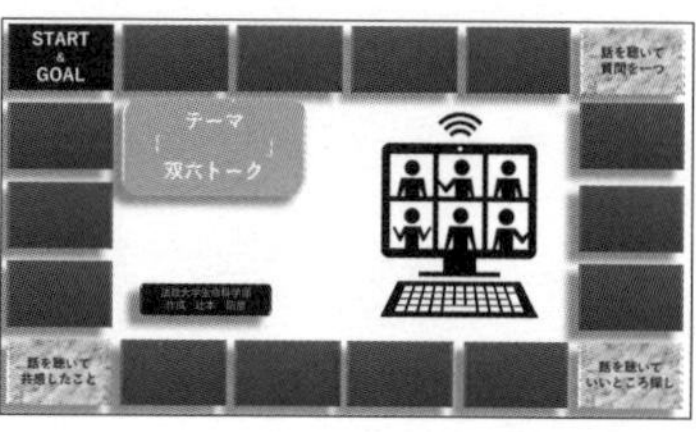

②スクリーンショットで画像データにする

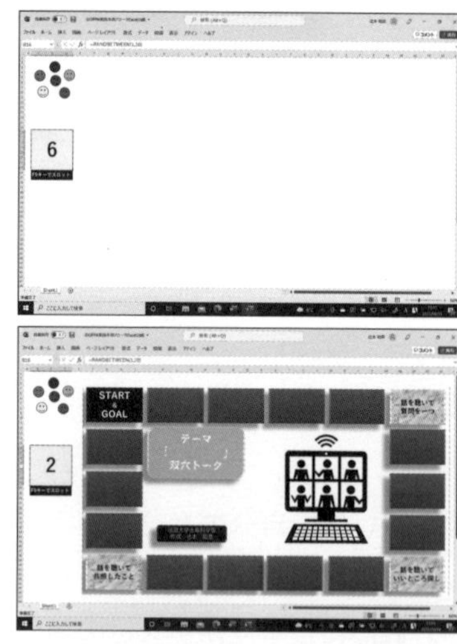

③エクセルシートに画像をペーストして完成

Point1　コマはエクセルの挿入→画像から選び、色を変えて作成する。その際、スクリーンショットの画像を「最背面に移動」にして、コマが常に最前面で動かせるようにしておく。

Point2　サイコロはエクセルの数式→数学／三角からRANDBETWEENを選び、最小値1最大値10を入れて作成する。パソコンのF9キーを押し続けると1～10までの数字がランダムに変化して、F9キーを離すと数字が確定する。

7 すごろくトークの実践例

図2の中3単元「生命の連続性」では、「DNAと何か」「遺伝とは何か」「生命とは何か」など学習前にたずねてもなんとなく漠然と答えられるもの、「植物と動物の違い」「細胞」「花の役割」などこれまでの学習で学んだことなどを用意した。このすごろくシートを単元の学習前に行うと学びの見通し、最後に行うと学びの振り返りになり、その結果、生徒自身が自分の学びの変容に気付くことになる。なお、詳細な実践はp.128の小学6年の国語「やまなし」の事例で紹介している。

OPPAは、学習者の思考過程を可視化し、教師とのコミュニケーションを図ることなどに効果的ですが、学習者間のコミュニケーションを行うことは難しいでしょう。そこで、こうした点を補ってくれる「すごろくトーク」を活用した授業を考え出したのが辻本先生です。周知のように「すごろく」とは、さいころを振って出た目の数だけ駒を進めていく遊び。その中に、課題として説明を求めていくようにしたものです。そこでは、教師が「すごろくトーク」の中にどのような課題を設定するかが鍵となります。辻本先生の試みは「本質的な問い」に対する生徒の回答をランキングする「ダイヤモンドランキング」と「すごろくトーク」、いずれもOPPシートのよさを取り入れることによって、ややもすると退屈になりがちな授業が、次に何が起こるかという期待感を抱かせ、興味深い学習を展開するものとなっています。(堀 哲夫)

本質的な問い
小学6年
国語

2 児童の「わからない」の意味

すごろくトークの活用

児童が「わからない」と感じた部分には、単元の本質に迫るものが多く潜んでいる。それらを集め、すごろくトークを作成した。学習前と学習後に同じすごろくトークを行うことで、児童は自身の変容に気付くことができた。

OPPAを通した教師の変容

Before

『やまなし』は、作者である宮沢賢治の自然観や生命観が表れている作品である。しかし、独特の表現により、それらを捉えることが難しい。児童が「わからない」と口にすることが予想された。その言葉を聞くことが怖かった。なぜなら、教師は必ず児童に「わかった」と言わせなければならないと感じていたからである。

After

単元の始めに行ったすごろくトークで「わからない」部分が鮮明になったことによって、単元を通して児童は自分なりの納得解を見つけようとしていた。そして、単元の最後にもう一度同じすごろくトークを行うと、変容した自分に出会うことができた。児童の「わからない」は学ぶ意味、必然性の感得の第一歩だと感じた。

OPPシートの構成

本実践の全体像

1「本質的な問い」の設定（p.131）
「なぜわたしたちは『やまなし』を学ぶのか」

- 学習前：診断的評価（素朴概念・学習の出発点）
- 学習後：総括的評価（学習の成果）
- 学習前後の比較（児童の変容）

2「わからない」からすごろくトークを作成（p.130）

- 「学習目標」がすごろくトークの問いになる

3 １回目すごろくトークでの児童の気付き（p.131）

- 「クラムボンはカニの泡」
- 「教科書だけではわからない」
- すごろくトークの問いの関係性への気付き

4 2回目すごろくトークでの児童の気付き（p.132）
「やっぱり、クラムボンのしょうたいは、最後までぼくは分からなかった」

- 変容の自覚
- すごろくトークとOPPシートとの関係性

5 変容を自覚する児童（p.133）
「宮沢賢治は優しい人間で時代と合わない」

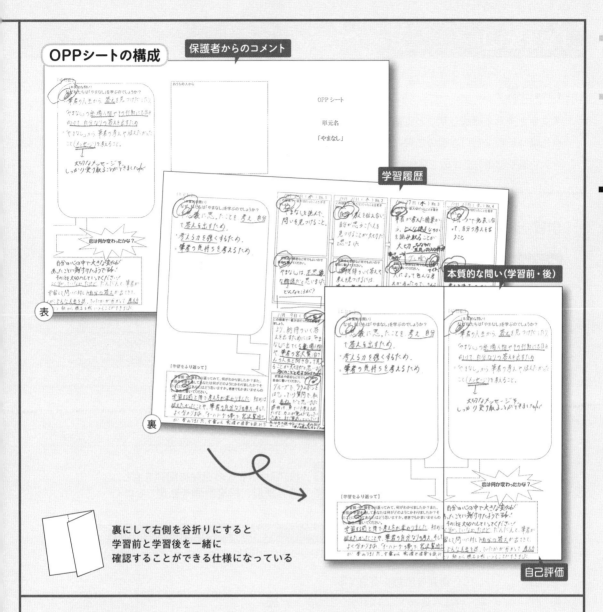

「やまなし」

指導目標

- 文章を読んで理解したことに基づいて、自分の考えをまとめることができるようにする。
- 比喩や反復などの表現の工夫に気付くことができるようにする。
- 人物像や物語の全体像を具体的に想像したり、表現の効果を考えたりすることができるようにする。

学習の流れ

Before

時数	学習内容
1	●「やまなし」を読み、初発の感想を交流する
2	●「五月」「十二月」で描かれている風景を、簡単な絵や図に表す
3	●「イーハトーヴの夢」を読み、宮沢賢治の生き方や考え方について話し合う
4	●「やまなし」の心引かれる表現に線を引き、その情景を想像する ●「五月」「十二月」の場面を比べ、感じたことや考えたことをまとめる
5	●なぜ「やまなし」という題名にしたかを考える
6	●宮沢賢治が「やまなし」に込めた思いについて考え、文章にまとめる
7	●第6時で書いた文章を読み合い、感想を交流する
8	●学習を振り返る

OPPシートへの児童の記述をもとに
その都度、指導計画を変更していく

After

時数	学習内容
1	●「やまなし」を読み、OPPシートに本質的な問いについて回答する。 ➡ 1 2 ●初発の感想を交流する
2	●1回目のすごろくトークを行う ➡ 3
3	●「五月」「十二月」場面で描かれている風景を、簡単な絵や図で表し、感じたことや考えたことをまとめる
4	●「イーハトーヴの夢」や、宮沢賢治の年表から、作者である宮沢賢治の生き方や考え方について話し合う
5	●宮沢賢治の他の作品を読み、作者の生き方や考え方について話し合う ●なぜ「やまなし」という題名にしたかを考える
6	●宮沢賢治が「やまなし」に込めた思いについて考えを文章にまとめ、交流する
7	●「やまなし」における「私」とは何か考えを交流する
8	●2回目の「やまなしすごろくトーク」を行う ➡ 4 ●OPPシートに本質的な問いについて回答する ➡ 5

1「本質的な問い」の設定

今回、本質的な問いを「わたしたちはなぜ『やまなし』を学ぶのでしょうか？」に設定した。当初は「命とは何ですか？」に設定しようと考えていた。なぜなら、『やまなし』の作品中にカワセミが魚を捕食したり、木の実であるやまなしが川底に落ち、そこに住むカニたちの食料になったりする描写があるからである。しかし、「わたしたちはなぜ『やまなし』を学ぶのでしょうか？」に設定したのには、2つの理由がある。

一つ目は、『やまなし』を学習する上で、「命」という視点だけでは児童の思考を狭めてしまうと考えたからである。作品中に、「生」と「死」を連想させる描写は数多く存在する。しかし、『やまなし』を読み味わう中で「命」以外の点に着目する児童もいるはずである。そのような児童の考えも大切にしたいと考えた。また、本質的な問いの性質上、単元の始めに「命とは何ですか？」と問うことで、児童が「この単元は命について学習するのか」と認識し、彼らの自由な思考が妨げられるのではないかとも考えた。

二つ目は、『やまなし』は作者独特の表現が多く、児童にとって、一読しただけでは作品世界を捉えることが難しいからである。「なぜこのような難解な作品について学ぶのか」と疑問に思う児童がいると考えた。児童にとって『やまなし』は「わからない」ことが数多く存在する作品である。「なぜ学ぶのか」と問うことで、「わからない」ことを肯定的に捉え、学ぶ意味・必然性を感得する第一歩としたいと考えた。

図1は3人の児童の学習前と学習後の本質的な問いに対する回答である。児童Aは「命の大切さ」に気付いている。すごろくトークを含む

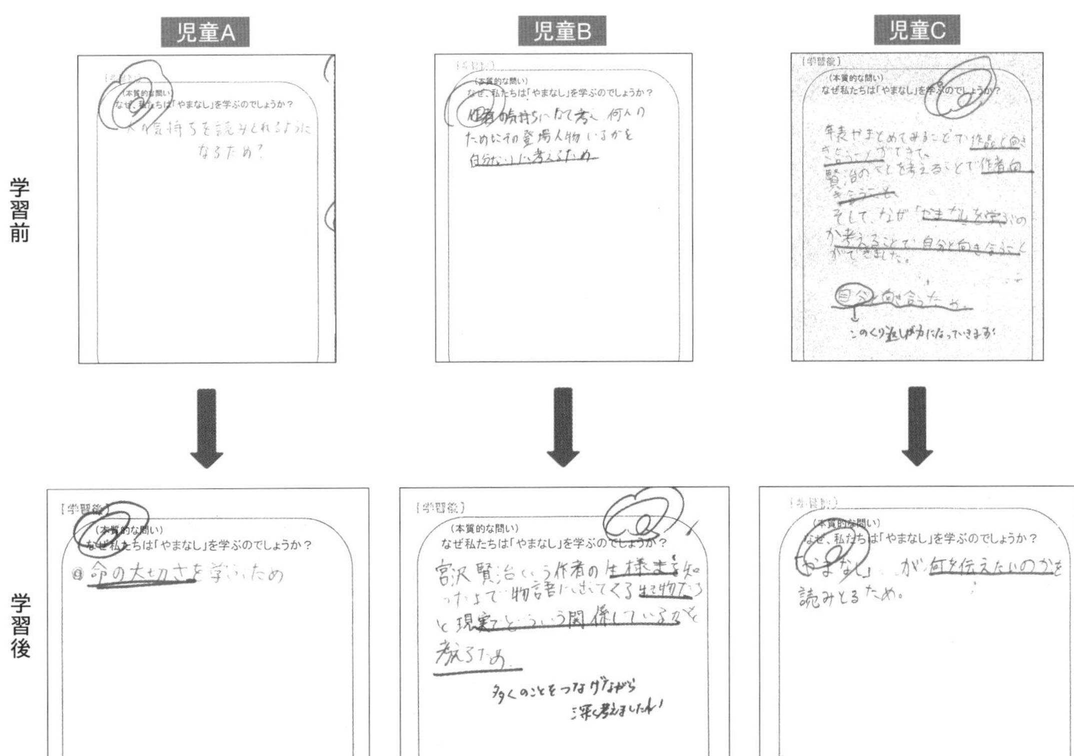

図1 児童A、児童B、児童Cの学習前・後の「本質的な問い」に対する回答

単元全体で私から「命」について言及することはあえてしなかったが、児童Aはこの考えに行き着くことができた。児童B、Cは『やまなし』を学び、作者と作品が今を生きる私たちとどのような関係にあるのか着目している。学んだことが自分にどう生かされるのか考えるきっかけとなったと考えられる。「わたしたちはなぜ『やまなし』を学ぶのでしょうか？」という本質的な問いに設定したことで、学びが全8回の授業にとどまらず、児童がこれから成長していく過程でもさらに考えを深め、自己の生き方に生かしてほしいと願った。

2「わからない」からすごろくトークを作成

すごろくトークは、コミュニケーションを通じて学習の見通しや振り返りを促すツールである。今回、単元の導入（診断的評価）と終末（総括的評価）ですごろくトークを実施した。すごろくトークを作成する上で、それぞれのマス目に入る問いが重要となってくる。図2のように、本単元の本質的な問い「わたしたちはなぜ『やまなし』を学ぶのか？」を最後のマスに設定し、その他は学習内容に関する問いを配置した。

第**1**時では、初めて『やまなし』という作品に触れ、他者と感想を交流した。授業後、児童のOPPシートの学習履歴欄には、「わからない」という記述が多く見られた。図3のようにわからないことから「クラムボンってなに？」などの疑問点が明確な「学習目標」を考える児童もいた。それらを集め、すごろくトークを作成した。

『やまなし』は児童に作品の本質を問うような表現が数多く存在する。そのため、児童の「学習目標」をすごろくトークにすべて取り入れることが難しかった。そこで、A、B、Cのマス目を用意し、グループで議論したい児童それぞれの問いをそのマスに反映させた。

このすごろくトークを初めて目にした児童は、「私の気になることが入っている！」「この質問の答え、全然わからないな」と笑顔で話していた。すごろくトークを始めると私が口にしていなくとも、周囲の友達と質問し合う児童。その姿から、児童の言う「わからない」は「学びたい」の意味を含むのだと感じた。

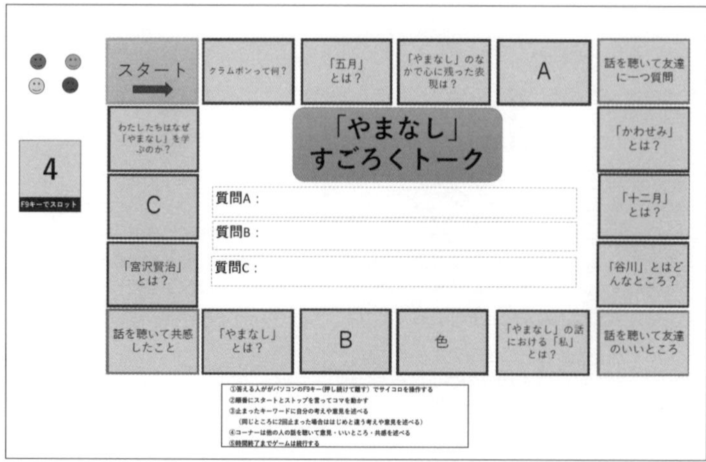

図2「やまなし」のすごろくトーク

図3 児童Aの第**1**時の学習履歴

3 1回目すごろくトークでの児童の気付き（第2時）

(1)「クラムボンはカニの泡」（児童B）

第2時で1回目のすごろくトークを行った。児童の口から「わからない」という言葉が数多く聞こえてきた。しかし、わからないなりに自分の考えを見つけ、伝えようとする姿が見られた。

「クラムボン」は「小さな生物」ではなく、「カニの泡」かもしれない!

図4は、児童Bの第1時と第2時の学習履歴欄への記述である。児童Bは『やまなし』に出会った第1時の時点で「クラムボン」に興味をもち、その正体を「小さい生物」と考えていた。しかし、第2時ですごろくトークを行う中で、他者との相違から考えが変わったようである。学習履歴欄には「クラムボンはカニの泡」と記述している。『やまなし』の作品中に「クラムボンは死んだよ」「クラムボンは殺されたよ」という表現がある。児童Bはカニの泡が潰れて「消える」ことが作品中の「死んだ」「殺された」につながると、すごろくトークを通して考えるようになった。他者との相違から柔軟に自分の考えを変えられる児童に感心した。しかし、今思うと児童Bに「クラムボンがもしカニの泡であるなら、なぜ作者は『死んだ』と表現したのかな？」と問いかければよかったと思う。その問いによって、この単元の本質により迫れたのではないかと考えられる。

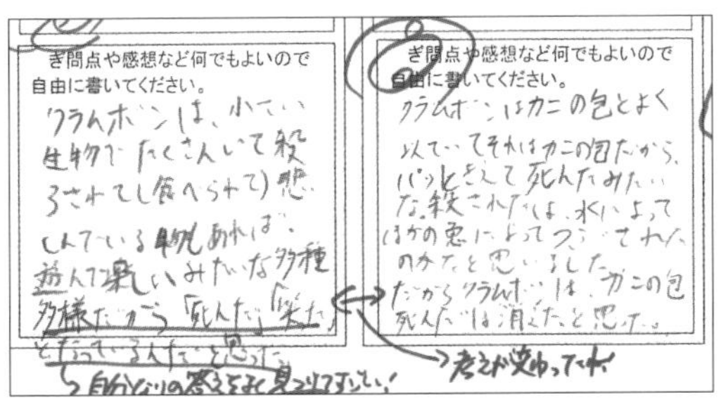

ぎ問点や感想など何でもよいので自由に書いてください。

ぎ問点や感想など何でもよいので自由に書いてください。

図4 児童Bの第1時、第2時の学習履歴

(2)「教科書だけでは分からない」（児童A）

「わからない」ことが多い中でも、それぞれの問いの関係に着目する児童がいた。図5の児童Bの学習履歴欄を見ると、すごろくトークのそれぞれの問いについて考えることが最後のマス目の「本質的な問い」である「わたしたちはなぜ『やまなし』を学ぶのか？」につながると気付いている。授業内で他の児童も同様の発言をしていた。さらには、それは「教科書だけでは分からない」と記述している。

図5 児童Bの第2時の学習履歴

この記述を次時で取り上げると、「宮沢賢治について調べたほうがいい」「宮沢賢治の他の作品を読んでみよう」といった意見があがった。そこで、単元計画を変更し、第4時で宮沢賢治の年表、第5時で宮沢賢治の他の作品を扱うこととした。児童の要望もあり、授業外でも宮沢賢治の作品に触れられるよう、それらを学級文庫に置き、並行読書を進めていった。

すごろくトークによる他者とのコミュニケーションで、「わからない」ことが具体化されていった。そして、その「わからない」ことの終着点が本質的な問いである「わたしたちはなぜ『やまなし』を学ぶのか」に行き着くと児童は自ら考えた。児童それぞれが見通しをもち、自ら学びを進める姿に成長を感じた。

4 2回目すごろくトークでの児童の気付き（第8時）
「やっぱり、クラムボンのしょうたいは、最後までぼくは分からなかった」（児童D）

第**8**時で2回目の「やまなしすごろくトーク」を行った。図6は児童Dの第**8**時の学習履歴欄である。すごろくトークにより考えの変容に気付き、『やまなし』全体の復習ができたと記述している。「やっぱり、クラムボンのしょうたいは、最後までぼくは分からなかったです」とも記述している。児童Dは単元の始めから「クラムボン」の正体を突き止めたかったがそれはできなかった。しかし、児童Dは落ち込んではいなかった。「少しりかいがふかまりました」という記述にもあるように、学習を振り返ることで学びを深め、自己効力感を感得していったと考える。

図6 児童Dの第**8**時の学習履歴

2回目のすごろくトークでは多くの児童が1回目と比べ、自分なりの考えを伝えることができていた。その際、宮沢賢治の生き方や他の作品との共通点を根拠としていた。「宮沢賢治について調べたい」「宮沢賢治の他の作品を読んでみたい」と自分たちで考え、取り組んだ。自らの手で得た情報をもとに、考えを深める。児童の活力はどこから湧いてくるのか。それは、「わからない自分」「わかりそうでわからない自分」を認識した1回目のすごろくトークとOPPシートによるものだと考える。

すごろくトークにある問いはOPPシートの本質的な問いに連動している。児童自身、第**2**時でそのことに気付いている。すごろくトークで他者との価値観の相違に触れながら概念を形成し、OPPシートでその学習状況を自己評価する。第2時で「わからない」ことを認識し、自己の学びを調整し始めた。その一部に宮沢賢治の年表の使用、並行読書がある。すごろくトークで見通しをもち最後には学びを振り返り、自己の変容に気付くことができた。すごろくトークの問いの性質、概念の形成過程を重視している点などはOPPシートとの相性がいいと、この実践を通して感じた。

『やまなし』における「私」は「水」だと思う！

1回目より2回目の方が答えられた！

「クラムボン」は妹の「トシ」だよ！

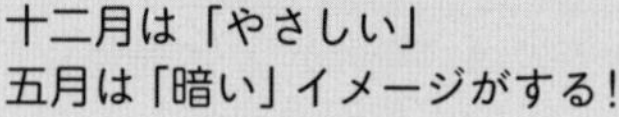

十二月は「やさしい」
五月は「暗い」イメージがする！

5 変容を自覚する児童
「宮沢賢治は優しい人間で時代と合わない」（児童E）

図7は、児童Eの自己評価欄である。記述を見ると、児童Eは本単元を通して、宮沢賢治の生命観について捉え始めていると考えられる。「生」と「死」のつながり、そしてその深さに気付いている。「宮沢賢治は優しい人間で時代と合わない考え方」という記述に私は感心した。児童Eは授業内で社会科の学習と絡めて宮沢賢治についての考えを述べていた。軍国主義が進む時代で、全ての生命を大切にする宮沢賢治は異端であり、その中で自分の信念を貫く強さをもっている人物といった趣旨の発言をしていた。『やまなし』という作品を、時代背景や作者の生き方、考え方をもとに読み味わっていた。国語の授業を越えて『やまなし』と向き合っていた。

社会の歴史で学んだことと合わせて考えました！

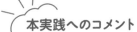

【学習をふり返って】

学習前・中・後をふり返ってみて、何がわかりましたか？また、今回の学習を通してあなたは何がどのようにかわりましたか？そのことについてあなたはどう思いますか。感想でもかまいませんので、自由に書いてください。

自分はやまなしを学習して、「宮沢賢治」という人間の考え方や「生や死」などについて分かりました。「宮沢賢治」は優しい考え方をした人間で時代と合わない考え方だったが最後までその心を忘れない強い人だと思いました。「死」でも命のつながりがだれかが死んでその死が他者の生につながるなど死や生の深さもわかりました。

とても強い信念をもっていたのですね！

図7 児童Eの自己評価

本実践へのコメント

授業で難解な内容を扱うとき、学習履歴に「わからない」という記述が出てきます。そのようなとき、OPPシートと相性のよい「すごろくトーク」を活用することが考えられます。本実践では、それぞれのマス目に入る「問い」が重要であると考え、最後のそれは「わたしたちはなぜ『やまなし』を学ぶのか」にしています。要するに、このような「問い」にいきなり答えさせるのではなく、マス目にある「問い」で段階を追い、さらにグループでコミュニケーションを図りながら考えを深め、回答を導き出す手掛かりを与えようとしているのです。授業内容の理解を深めるために、作者の他の作品を準備したことも重要な支援だと言えるでしょう。（堀 哲夫）

授業改善

小学5年
理科

3 児童の「学習目標」が授業をつくる

OPPA論に基づく自由試行の導入

学習者の可能性を信じ、成長を願うOPPAは、教育活動を行う上での私の心の支えである。「学習目標」を達成できるような授業が、児童にとっても教師にとっても楽しい時間になることを実感した。

OPPAを通した教師の変容

Before

小学校5・6年生の理科専科を任されたが、児童が理科の授業を楽しいと思っているのかどうか不安だった。児童一人一人の考えに基づいて、意欲的に問題解決を図る授業をつくるにはどうしたらよいのだろうか。教師が本時の課題に誘導するのではなく、どうしたら児童の考えをもとに授業を構成できるのか悩んでいた。

After

OPPシートを読むことで、児童が様々な考えをもっていることに気付いた。さらに、児童が授業の中で何を解決したいと思っているのかを見取ることができた。児童の「学習目標」を達成できるように学習計画を立てることで、「疑問を解決することができた！」「次の時間が楽しみになった！」という反応があった。

OPPシートの構成

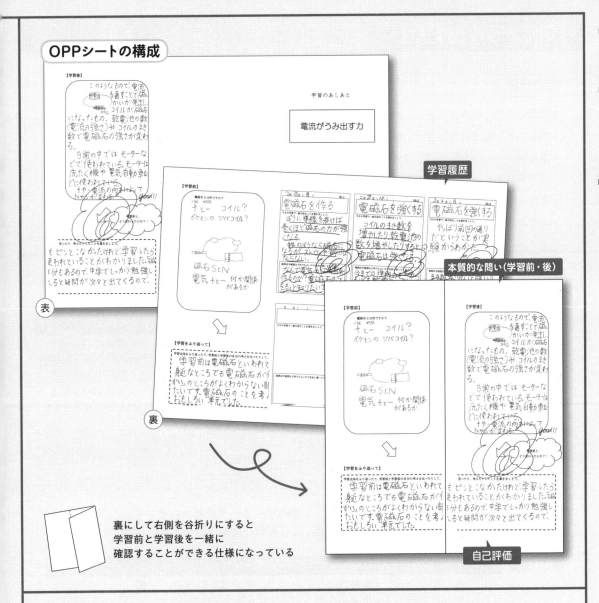

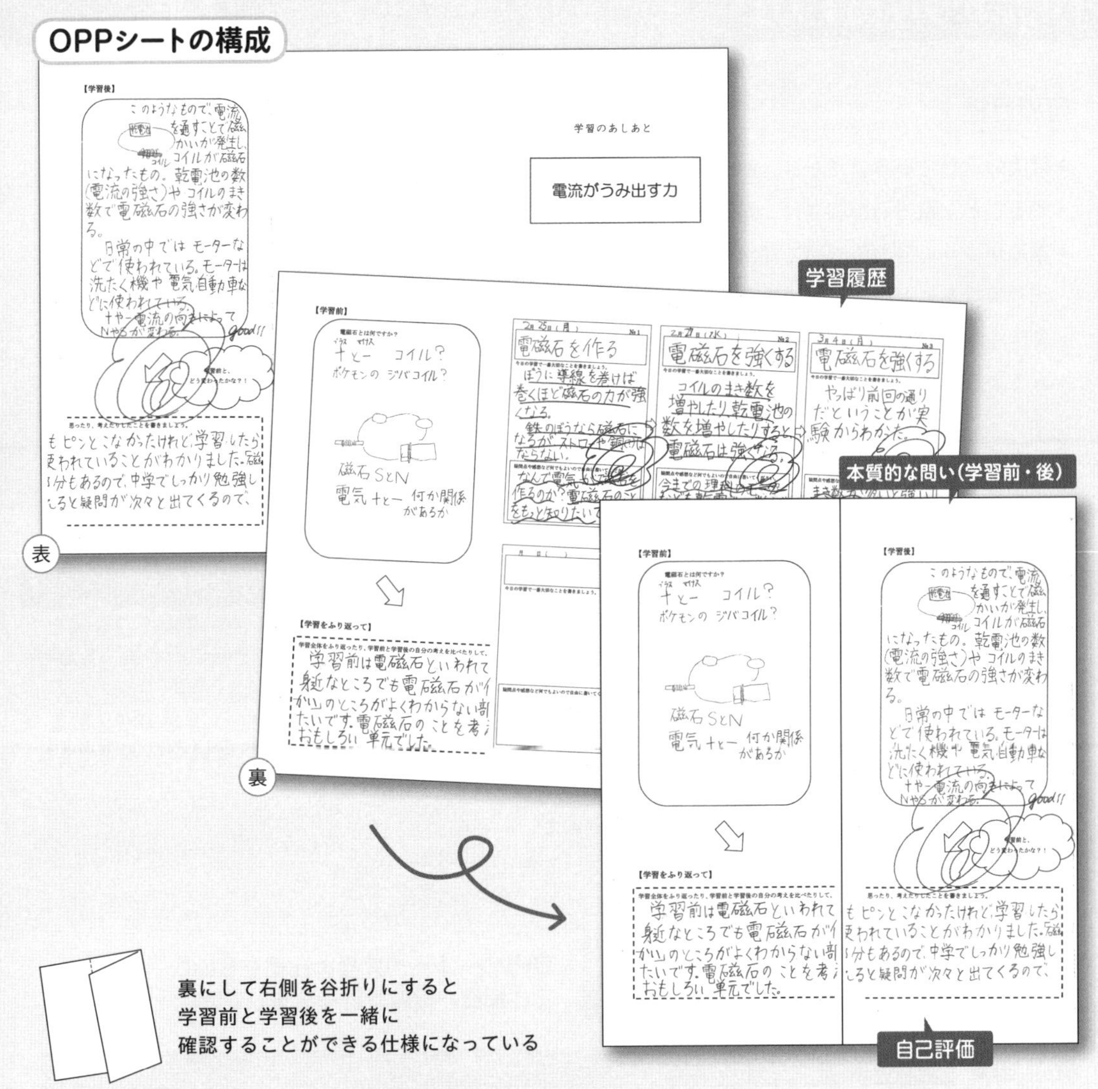

本実践の全体像

1「本質的な問い」の設定（p.139）
「電磁石とは何ですか?」

- 学習前：診断的評価（素朴概念・学習の出発点）
- 学習後：総括的評価（学習の成果）
- 学習前後の比較（児童の変容）

2 学習意欲の向上（p.140）
「電磁石のことをもっと知りたい」(児童A)

- OPPA論に基づいた「自由試行」の導入
- 「学習目標」の可視化

3「学習目標」の質的な高まり（p.140）

- 児童の「学習目標」に基づいた学習計画の立案
- 学習中：形成的評価（新たな「学習目標」に基づいた教師の授業改善）

4 児童の変容（p.142）
「最初は不便なものと思っていたけれど」(児童C)

- 自己評価による「学ぶ意味・必然性」の感得

「電流がうみ出す力」

指導目標

- 電流の流れているコイルは、鉄心を磁化する働きがあり、電流の向きが変わると電磁石の極も変わること、電磁石の強さは、電流の大きさや導線の巻き数によって変わることを理解できる。
- 電流がつくる磁力について探究する中で、電流がつくる磁力の強さに関係する条件についての予想や仮説をもとに、解決の方法を発想し、表現することができるようにする。
- 条件を制御しながら、電流がつくる磁力を調べる活動を通して、主体的に問題解決することができるようにする。

学習の流れ

Before

時数	学習内容
1	●電磁石の釣り竿を用いた魚釣りを行い、電磁石の性質について課題を見いだす。
2	●電磁石の性質について予想し、調べる方法を考える。
3	●電磁石の性質を調べる。
4	●電磁石の性質についてまとめる。
5	●電磁石を強くする方法について考え、調べる方法を考える。
6 7	●電流の大きさや導線の巻き数を変えたときの電磁石の強さを調べる。
8	●電流の大きさや導線の巻き数を変えたときの電磁石の強さをまとめる。
9 10 11	●電磁石を利用した道具やおもちゃを作る。

OPPシートへの児童の記述をもとに
その都度、指導計画を変更していく

After

時数	学習内容
1	●OPPシートの「本質的な問い」について学習前の回答 ➡ 1 ●教師が演示する電磁石が鉄を引きつける様子を観察 ●電磁石についての基本的な成立条件について知る。 ●電磁石を自由に製作し、ゼムクリップを引きつけてみる(自由試行)。 ●OPPシートに「授業で1番大切だと思ったこと」を記入 ●電磁石について1番知りたいことを短冊に記入 ➡ **2「電磁石のことをもっと知りたい」(児童A)**
2 3	●1時限目の記述を基に単元の学習計画を立て、電磁石の性質と強くする方法を、班ごとに実験 ●実験結果をA3判の用紙にまとめ、発表　●OPPシートの学習履歴欄の記入
4 5	●一人一つ電磁石を製作し、電磁石の性質について調査 ●OPPシートの学習履歴欄の記入
6	●電磁石の性質についてまとめる。 ●OPPシートの学習履歴欄の記入 ➡ 3
7 8 9	●電磁石を使ったおもちゃの製作 ●OPPシートの「本質的な問い」について学習後の回答 ●単元全体を振り返り、自己評価欄を記入 ➡ **4「最初は不便なものだと思っていたけれど」(児童C)**

1 「本質的な問い」の設定

今回作成したOPPシートでは、「本質的な問い」を「電磁石とは何ですか？」に設定した。中島（2019）に基づき、回答の幅が広い問いにすることで、一人一人の児童の電磁石に対する素朴概念とその変容が明確に可視化できると考えたからである。

児童A、児童B、児童Cの学習前・後に記述した「本質的な問い」に対する回答を詳しく見ると、多くの児童が、学習前は「わからない」「電池で動くじしゃく（予想）」「電気を通すもの？」というように記述しており、電磁石に関する経験が少ないことがうかがえた。

学習後に記述した「本質的な問い」に対する回答には、永久磁石との違いや電磁石に関する科学的概念が詳しく記述されていたり、日常生活で電磁石が使われていることに気付いていたり、学習を通して、電磁石に対する知識や考えが変容していることを私自身実感した。

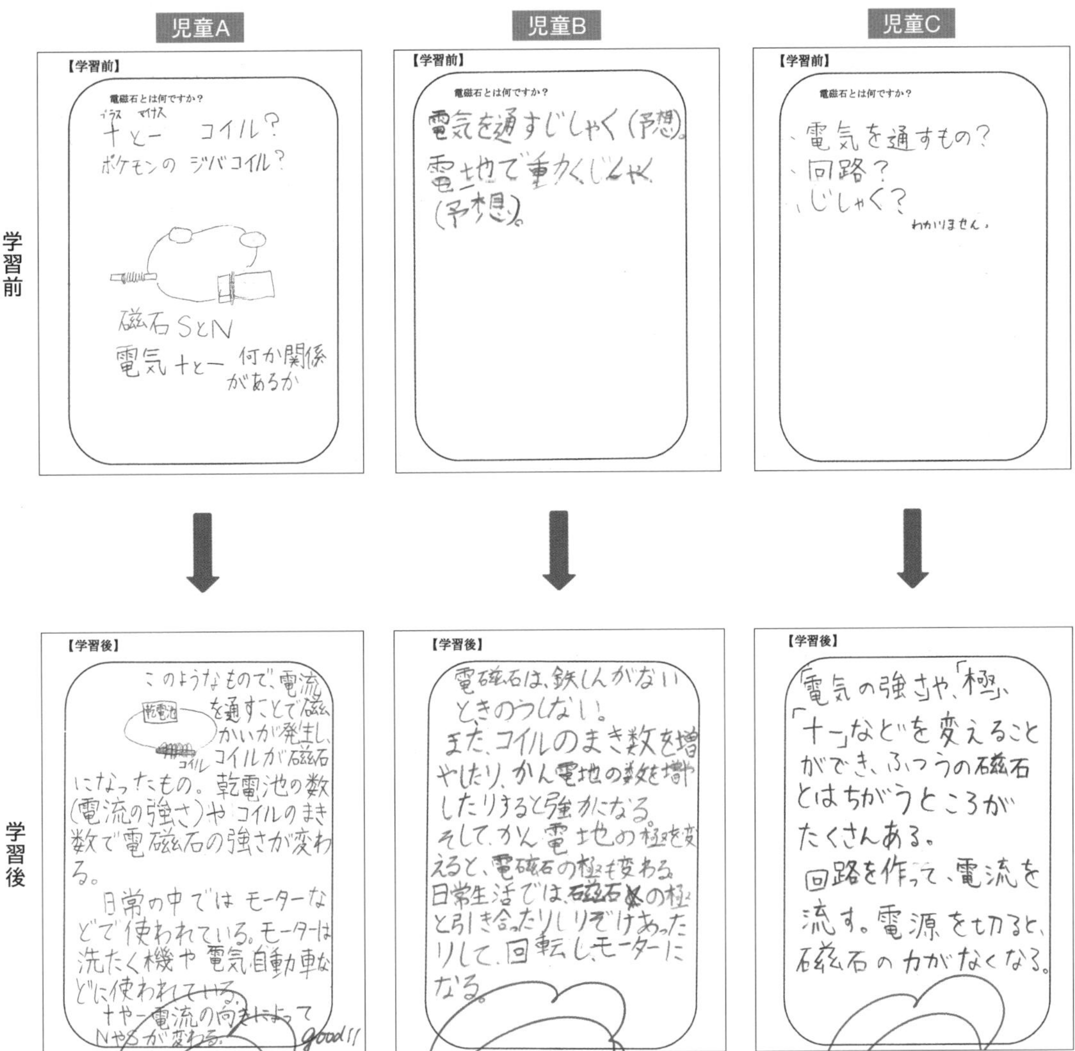

図1 児童A、児童B、児童Cの学習前・後の「本質的な問い」に対する回答

2 学習意欲の向上
「電磁石のことをもっと知りたい」（児童A）

学習前の「本質的な問い」に対する記述から、児童は電磁石に関する体験が少ないことがうかがえた。そこで、電磁石の製作や電磁石の性質を調べるために必要と思われる素材等(芯となる金属棒、エナメル線、乾電池、方位磁針、ゼムクリップ)を用意し、電磁石を自由に製作する活動「自由試行」を導入した。これにより、児童自身が電磁石に関する課題を自ら発見し、「学習目標」を設定することが容易になると考えたからだ。

児童Aの学習前の「本質的な問い」に対する回答は電磁石についての予想の記述であった(図1)が、この授業終了後の学習履歴欄には「ぼうに導線を巻けば巻くほど，磁石の力が強くなる」「鉄のぼうなら磁石になるが、ストローや銅はならない」というような電磁石の性質に関する記述に変容していた（図2）。その他の児童のOPPシートからも「電流の大きさを大きくすると磁力が強くなる」ことや「電磁石には極がある」ことなど、電磁石の性質に関する記述が全体の約80%で見られた。その他は「クリップがついた」というような感想であったが、たった25分間の活動の中でも、児童に多くの気付きがあったことが見て取れた。

児童に自由に製作をさせると、教師が意図する課題とかけ離れてしまうのではないかとの声もあるが、OPPシートの「本質的な問い」により、「自由試行」を行う目的意識が明確化し、「1番大切なこと」を問うことで児童が「電磁石とは何ですか？」という問いに対する自分なりの考えを記述することができたと考えられる。

次に、児童Aの疑問・感想欄を見てみる、児童は「なんで電気が磁石を作るのか？ 電磁石のことをもっと知りたいです」というように電磁石に関する「学習目標」をOPPシートに記述していた（図2）。このような記述は、多くの児童のOPPシートで見られた。このように、「自由試行」により児童自身が電磁石の性質に気付き、電磁石に関する「学習目標」を記述することができたのは、OPPシートにより児童自身の概念や考えの認知過程が可視化されたためだと考えられる。 私は、OPPA論に基づいた「自由試行」により、児童が電磁石に興味をもち、学ぶ意欲を高めている様子を見取ることができてうれしく思った。

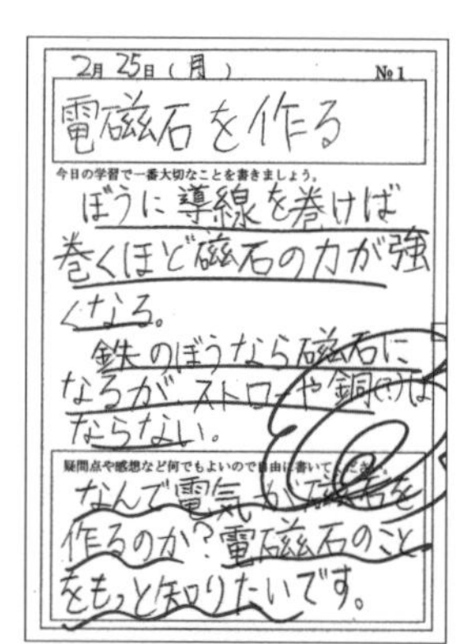

図2 児童Aの1時限目の学習履歴

3 「学習目標」の質的な高まり

児童のOPPシートから「学習目標」を見取ることができたが、それをより明確な形で視覚化するため、電磁石について一番知りたいことを短冊へ記入する時間を設けた。OPPA論に基づき「自由試行」を行ったおかげで、全員が電磁石に関する「学習目標」を記入することができていた。記入された短冊は模造紙上に集約、整理して貼付し、学習計画とした（図3）。こ

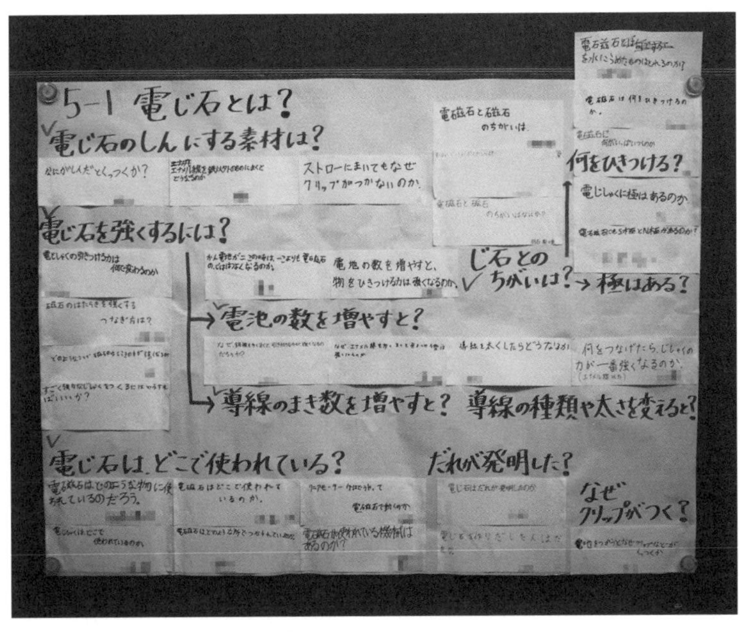

図3 児童の「学習目標」に基づいた学習計画

れに沿って、第**2**時以降の授業を進めた。

学習計画を毎時間掲示することにより、児童は次の時間に何をするのかという見通しをもち、

みんなが1番知りたいことを書いた短冊を模造紙にまとめました。今日は何について解決していきましょうか?

電磁石を強くする方法をもっと詳しく調べたい!

芯の素材についても調べないと!

何を明らかにするのか、各班で実験計画を考えて、進めていきましょう。

自らの「学習目標」を解決しようと、意欲的に学習に取り組む姿が見られた。学習者が自ら「学習目標」を解決していることを実感できるよう、結果と考察はA3判の用紙に自由に表現できるようにした。そうすると、まとめ方の形式が定まっていないのにもかかわらず、児童は各班で変える条件と変えない条件を決め、まとめることができていた(図4)。

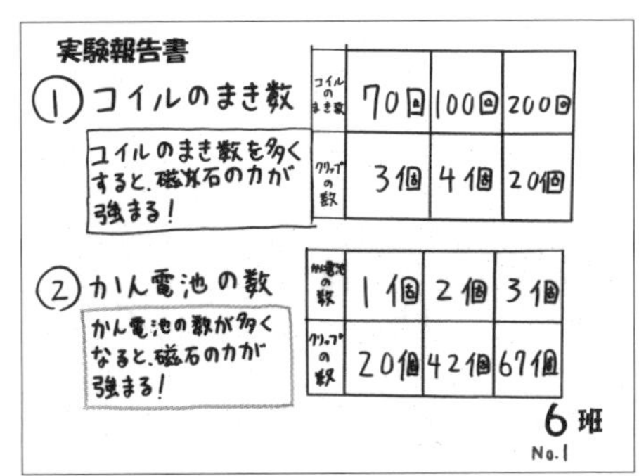

実験報告書

①コイルのまき数

コイルのまき数	70回	100回	200回
クリップの数	3個	4個	20個

コイルのまき数を多くすると、磁石の力が強まる!

②かん電池の数

かん電池の数	1個	2個	3個
クリップの数	20個	42個	67個

かん電池の数が多くなると、磁石の力が強まる!

6班
No.1

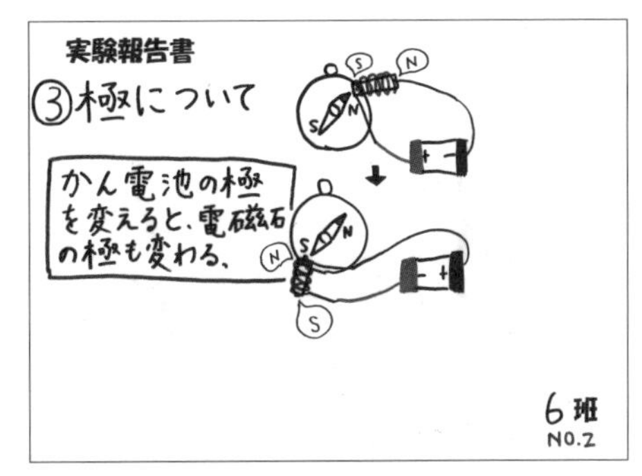

実験報告書

③極について

かん電池の極を変えると、電磁石の極も変わる。

S N

6班
NO.2

図4 実験結果および考察をまとめた記述例(D組6班)

このように、児童が実験結果をまとめるまでの学習状況を、OPPシートによって見取りながら授業改善を行った。児童Aの学習履歴欄を見てみると、第**2**時終了後には「(乾電池の数を増やすと電磁石が強くなることは予想していたが)、巻き数の件はもっとしっかり確かめたい」と記述し、第**3**時終了後には「まき数が多いと強いのは、周りに電流が流れているかべが厚いから?」と、新たな「学習目標」を見いだしていることがうかがえた(図5)。

このような児童の記述が複数見られたことから、当初は予定していなかった一本の導線に電流を流し、磁界観察用短鉄線が引き寄せられる様子を児童に見せるという演示実験を第**6**時に追加した。コイル状でない直線の導線でも電流が流れると磁界が発生することを伝えるためである。児童からは、驚きの声があがり、第**5**時終了後のOPPシートには「導線だけでも磁力は少しあり、鉄のぼうに巻くことで磁力を強くしている」というような記述がいくつも見られた(図5)。

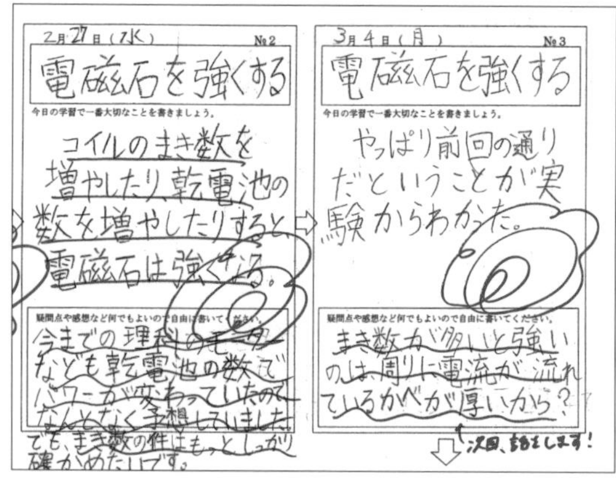

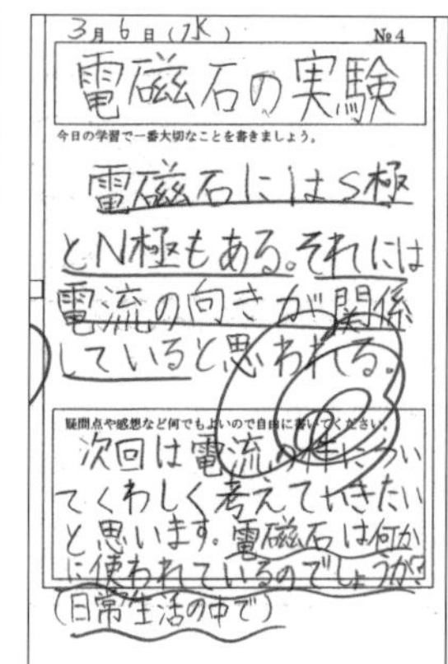

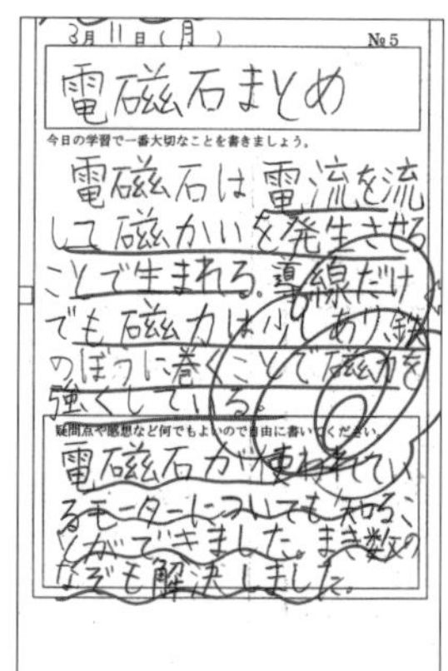

図5 児童Aの第**2**～**5**限目の学習履歴

4 児童の変容
「最初は不便なものだと思っていたけれど」(児童B)

図6は、児童Bの自己評価欄である。児童Bは「最初は電気がないと使えない不便なものだと思っていたけど、強さを調せつできたり、つけたりはなしたりすることができたり電気の流れを変えることができたり、良いこともあることが分かった」と記述している。このことから、児童Bは電磁石に永久磁石にない利点を見いだし、電磁石に関する認識が変容したことがわかる。児童Cにおいても、永久磁石にはない電磁石の利点を見いだし、さらに「ほかにもどんなことに電磁石が使われるのか、調べてみたいです」と記述している(図7)。単元の内容がすべて終わったにもかかわらず、新たな「学習目標」を形成し、学習意欲を高めている様子が見られた。

授業を通して児童が「学習目標」を自ら解決し、学習前はピンとこなかった電磁石について、「学習したら身近なところでも電磁石が使われていることが知れてよかった」というように、電磁石を「学ぶ意味・必然性」を見いだしている姿を見てうれしく思った。このような児童の変容を見取れたのは、OPPシートによる。

【学習をふり返って】

学習全体をふり返ったり、学習前と学習後の自分の考えを比べたりして、

最初は電気がないと使えな
強さを調せつできたり、つけ
り電気の流れを変える
ることが分かった。

思ったり、考えたりしたことを書きましょう。

い不便なものだと思っていたけど、
たりはなしたりすることができた
ことができたり良いこともあ

図6 児童Bの自己評価

【学習をふり返って】

学習全体をふり返ったり、学習前と学習後の自分の考えを比べたりして、

電磁石は、いままで見たこと
で、ごみしょ理場などにも
ました。ほかにもどんなこと
調べてみたいです。

思ったり、考えたりしたことを書きましょう。

なかったけど、磁石よりも便利
使われるなんて、初めて知り
に電磁石が使われるのか、

図7 児童Cの自己評価

本実践へのコメント

学習者の「自己評価」が取り入れられるときには、「学習目標」と「指導目標」を明確に分けて考える必要があります。「自己評価」の「自己」は「学習者」だからです。しかし、児童にとって未知の内容に対して「学習目標」をもたせることは容易ではありません。平田先生の実践は、その困難をいかにして乗り越えるかを示した優れた実践例と言えます。適切な「学習目標」を設定するために、「自由試行」を取り入れています。つまり、磁石を自由にいじくりまわすことによって素朴な中にも科学の芽を見いださせようとしているのです。このような経験を通して、児童が電磁石について一番知りたいことを短冊に書き、話し合いによって学習計画を作成していきました。さらに、OPPシートの学習履歴を通して「学習目標」が深められていきます。このように「学習目標」の明確化によって、自己評価の内容も教師の期待に応えるものになるのです。(堀 哲夫)

教材研究

中学1年
理科

4 「楽しい授業」は誰のため?

OPPAによる「主体的・対話的で深い学び」

以前は「おもしろ教材」を探しては、授業で試していた。ところが、OPPシートには教師の期待に反する記述だらけであった。「おもしろ教材」は、「教師」がおもしろいと思い込んでいるものであるということに気付かされた。

OPPAで教師が変わった

Before

❶「おもしろ教材」や「驚き実験」を調べるために専門書やインターネットを手当たり次第に探り漁っていた。

❷平日の夜に加え休日を返上で教材を準備し、授業に臨んだ。結果、毎日疲れ切っていた。

❸直近の授業にだけに注力し、「自転車操業」になっていた。

→

After

❶単元の最初には，生徒が自ら実験を計画し、実施する授業を行うようになった。

❷OPPシートの記述を確認し、それらを踏まえて次の授業で扱う教材を計画したり、生徒が考えた実験を教材として授業に活用したりするようになった。

❸授業準備は材料の購入程度で済むので時間的な余裕ができた。

OPPシートの構成

OPPシートエネルギー領域

2021年9月6日　14:52

本質的な問い（学習前）

?　【学習前】波とは何ですか？

海にある波、音の波。　海だと危険。　音だと”もわもわ”ってイメージがある。　グラスハープ

学習履歴

授業日	授業タイトル	この授業で一番大切だと思ったことは何ですか	感想・疑問・質問など
1月12日	音って？	音が何か知らなくてもしっていることから音は何か導き出す。	
1月13日	音を証明する実験	やってみる（叩いたり、叫んだりなど）	水の中に入れて叩こうとしたが、先にたたいて入れたほうが水しぶきがよりとんだ。金属の振動は数秒維持できるのだと知った。（ちなみに音叉は鋼でできているそうです）そうなんだね！　振動のしやすさは物質によって違うのかな
1月19日	音の実験をまとめる	結果から考えたこと（考察）を大事にする	発表するときに使うデータが少ないかも・・・多分健全な発表になると思う・・・・？健全とは・・・？
1月25日	音はつまり・・・！	結果をまとめてことば化する	振動イコール音と認識しそうになりそうになったが、地震って音が鳴らないから結局音って何だろう？地震と音は振動仲間，と言いたかったんだろうね

本質的な問い（学習後）

?　【学習後】波とは何ですか？

自己評価

?　【学習を振り返って】学習前・中・後を振り返って、何がわかりましたか？あなたの考えはどのように変わりましたか？また，自分が変わったことについてどのように思いますか？感想でも構いませんので、自由に書いてください。

本実践の全体像

1「楽しい」「おもしろい」と思っていたのは教師だけだった！（p.147）

- 「おもしろ教材」の問題点
- 時間がかかる教材研究
- 実際は「活動あって学びなし」

2 自分で考えた実験で「音とは何か？」を追究！（p.147）

- 「本質的な問い」を課題として活用する
- 生徒の多様な考えが明らかに
- 教師の想定を超える実験・教材が出てくる

3 音だけでなく失敗への向き合い方を学ぶ生徒（p.148）

- 生徒の「学習目標」が明らかに
- OPPシートのコメントを通して、教師が個別に働きかけ
- 音だけでなく「学び方」を学ぶ生徒

「音の性質」

指導目標

- 音についての観察・実験を通して、音はものが振動することによって生じ空気中などを伝わること、および音の高さや大きさは発音体の振動の仕方に関係することを理解するとともに、それらの観察、実験などに関する技能を身に付けるようにする。
- 音について問題を見いだし見通しをもって観察、実験などを行い、音の性質の規則性や関係性を見いだして表現することができるようにする。
- 音に関する事物・現象に進んで関わり、科学的に探究しようとする態度を養うとともに、自然を総合的に見ることができるようにする。

学習の流れ

Before

時数	学習内容
1	**音の伝わり方** ● 発音体の振動の観察
2	**音の伝わり方** ● 空気中の音の伝わり方を調べる実験
3	**音の性質（音の高低・大小）** ● モノコードの弦の振動の観察
4	**音の性質（音波）** ● 簡易オシロスコープを用いた音の波形の観察

OPPシートへの生徒の記述をもとに その都度、指導計画を変更していく

After

時数	学習内容
1	**音とは何か①** ●「音とは何か」に回答
2	**「音とは何か」を説明しよう①** ● 説明の根拠となる現象を再現する実験を自分で計画・実施
3	**「音とは何か」を説明しよう②** ● 説明の根拠となる現象を再現する実験を自分で計画・実施
4	**音とは何か②** ● グループの研究成果を発表・学級での共有 ●「音とは何か」に再度回答

1 「楽しい」「おもしろい」と思っていたのは教師だけだった！

OPPシートに出会うまで、私はいつも「おもしろ教材」を探し、夜遅くまで準備を行い、日々「自転車操業」の授業を行っていた。

いざ授業をしてみると、授業の導入では教室が活気付くものの、次第に空気が冷めていく。やがて「難しい」「わからない」「結局何なの？」といった生徒の本音がポロポロと聞こえてくる。私は「まずい…」と思い、とりあえず考察のポイントを細かく指示し、最後には丁寧に「まとめ」を板書し、事なきを得ようとした。

このような状況を克服したいと思い、まずはOPPシートを使って生徒の記述をもとに自分の授業を分析した。例えば、図1は物質領域の「水素と酸素の化合」の授業を行ったときのOPPシートであるが、この記述に見られるように、生徒は「楽しい」と感じていても、「一番大切だと思ったこと」に「(?)」がついてしまっていた。つまり、「活動あって学びなし」の状態のままに授業が終わってしまっていたのである。このような生徒の実態から、授業で一斉に扱われる教材や、それに基づく授業展開が、生徒一人一人の学びに結び付かない場合があることを痛感した。

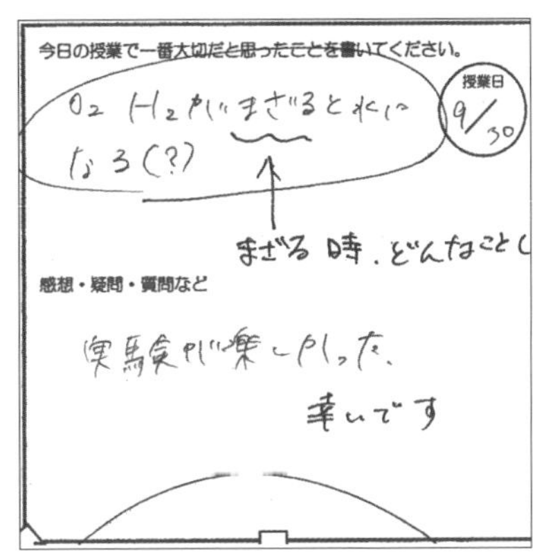

図1「水素と酸素の化合」の授業におけるある生徒の学習履歴欄の記述

2 自分で考えた実験で「音とは何か？」を追究！

そこで私は、生徒が問いの解決に向けて、自ら教材を選ぶ活動を取り入れた授業を実施するようになった。教師がOPPシートを活用し、生徒の学びの実相を把握し続けることを同時に行ったことが授業改善に大きく役立った。

「音の世界」の単元では、生徒が考えた実験は多様であった（図2）。それらは、音と振動との関わりを扱ったものがほとんどであり、教師が指導目標としていたことが含まれていた。さらには、高等学校の学習範囲である「媒質による音の伝わり方の違い」に触れているものもあり、教師の想定を超えていた。

本単元の最初は、「音とは何か？」という「本質的な問い」に回答する時間を設け、学習前の考えを明らかにできるようにした。

「本質的な問い」として「音とは何か？」を設定した理由は、次の2つである。一つ目は、生徒にとってなじみ深い「音」という言葉を聞く「問い」にすることで、生徒は元々もっている概念や考え方に基づいて「問い」に回答しやすくなると考えたことである。二つ目は、「音」が本単元の学習事項全てに関わる言葉であることから、生徒は元々もっている概念や考え方と、理科の授業における学びとのつながりを意識しやすくなると考えたことである。

「本質的な問い」の回答の内容は、学級全体で共有した。ここでは、表1左に示すように発言者によって回答が様々であった。もちろん、発言していない生徒もいるため、共有された回答以上に多様な考えがあるものと思われる。

その後、自分の考えを説明する根拠になる現象を再現する活動を行った。ここでは、生徒が書籍やインターネットを用いて情報を調べ、試行錯誤しながら実験に取り組む様子が見られた。この活動で生徒たちが行った実験が図2である。教師は、その活動の支援に徹し、材料の提供や実験の助言を行った。

音とは空気のふるえだと思うから，大きい音を出してろうそくの火が揺れるかどうかを確かめたい！

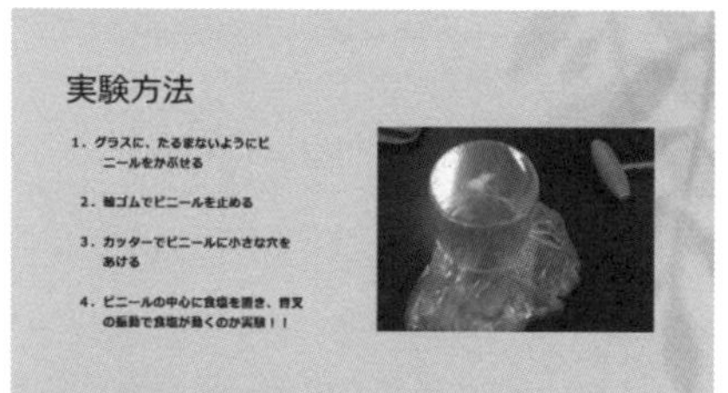

塩とラップでグラドニ図形

大声でダンシング・スネーク

ギターの音でろうそくの火を揺らす

量の異なる水で「水琴」

図2 生徒が行った実験の様子とそれを用いた発表資料（生徒が作成）

表1 授業を実施した学級で共有された「音とは何か?」の回答

第1時	第5時
● 空気などを伝わって聞こえてくるもの ● きこえてくるもの ● ダンスがうまれる ● 超音波 ● 曲が生まれる ● 空気の振動の波 ● ある一点から起こって周りに伝播していく ● 耳石が振動してきこえる ● 音を発するものがある ● 物と物のぶつかり合い、こすれあい ● 秒速だいたい340mでとぶ ● 音の高低差	● 空波となって、ものや空気中を伝わるもの ● 音は、反射する ● 音は振動をしている ● 高い音程、伝わりやすい ● 人間の耳に伝わってくる音は、空気中を伝わってくる ● 気体や物体には音のつたわり方に差がある ● 音の速さは全部一緒にはねかえりなどによって自分の耳に届く ● 空気中を次々に揺らしていく（振動）

3 音の概念だけでなく失敗への向き合い方を学ぶ生徒

図3は、第**2**～**4**時の生徒のOPPシートの記述である。生徒A～Cに共通して、第**2**時では「知りたい」や「実際どうなんだろ」といった言葉で含む「学習目標」の記述が見られた。教

師はこのような記述に対し、下線と「グッドマーク」をつけた。すると、第**3**・**4**時の学習履歴欄では前時の「学習目標」を解決するために効果的な考え方についての記述が見られた。特に、生徒Cは、第**2**時において「どのような実験をしていいのかよくわからない」や、第**3**時において「失敗してしまった」との記述が見られたが、第**4**時では「失敗したときは周りの環境、実験の条件がどのようなものだったのか振り返ることが大切」とあり、「失敗」への向き合い方を自ら考えていることがうかがえた。これは、生徒が自ら「学び方」を学んでいることに他ならないと考える。

生徒一人一人が自分に合った教材や学び方で学ぶ授業は、「理想論」にとどまらないことを知った。なぜならば、OPPシートによって生徒一人一人の学びの実相が把握でき、それに対する働きかけが可能になるからである。

生徒A			
	音とは何か	今回何個か音を出してみたのですが、声を出すのも、ビー玉を転がすのも、絃を揺らすのもどれに関しても振動が来ていました。まだ実験など思いついていないので、振動という視点を加えて考えてみようと思いました。	振動はどのタイミングで起きているのか知りたいと思いました。実際に行って調べてみよう
	音の実験	今回モーターを動かすやつ？（ウーって音が鳴る）で音を出して塩を動かしたのですが、音の出ているほうに塩が寄って行っていました。振動って外側に出るはずだけど、塩が寄って行っていたので不思議だなと思います。振動の伝わり方を知りたいです 面をしっかり平らにする必要があるね	波とは何ですかの問いの答え見えていますか？たまにバグで表示されなくて。見えているよ
	音の実験	モーターの実験では、音ではなく振動だけで動いたという可能性があるので、実験２を行いました。実験２を通して音から振動が伝わったといえました。実験２は真ん中から周りにかけて振動が来ていました。 根拠→考察が	

生徒B			
	音とはpart2	今回は音がどこで伝わるかについて考えてみた 金属と非金属で音のつたわり方に違いがあるかを確かめた ひもの長さとかをそろえて条件を一緒にして調べるってことが大切だとおもった	なんとなく金属の方が音がしっかり聞こえた気がしたけど実際どうなんだろこれを確かにする方法はあるかな？
	音とはpart3	今回は、前回の反省をいかしつつ？3種類のひもを使って、糸電話で実験をしたナイスな条件の制御でした インターネットで調べてみたりすると、物質の硬さによる違いなどもあるらしくて、他にも条件を変えていろいろみてみたいなーと思った それが探究だよ！	空気や物があると音を通すことができるから、宇宙に言ったら音は聞こえないのか
	音とはpart4	今回も、実験をした。音は振動していて、気体や物質を伝わてってきこえる だが音は真空では聞こえない、ということが分かった	音は一秒に３４０ｍ進むということは、 つたわるまでに３４０ｍ離れた人同士だと1秒も差がうまれるのか

生徒C			
	音とは	音は物と物がぶつかり合ってなることもあってものによってもなる音が変わってくるから実験をするときには音のもとになっているものの特徴もつかんでおくことが大切だと思った。	音の振動を実際に実感したいけれどどのような実験をしていいのかよくわからない
	レッツ実験	今日は音の反射についての実験をしたけど失敗してしまった。失敗したときは周りの環境、実験の条件がどのようなものだったのか振り返ることが大切だと思った。	音の反射は跳ね返すものによってすきとおる、跳ね返るができてくるのか音は何かをすりぬけられる？
	実験（リベンジ）	今日は前回失敗してしまった音の反射の実験をした。先生にも手伝ってもらったけれど、実験をするときは、何があるからその実験が成立するのか考えることが大切だとおもった。	音の販社は波に似ている気がする

図3 生徒A、生徒B、生徒Cの第**2**～**4**時の学習履歴

本実践へのコメント

伊藤先生は、生徒自らが実験を計画、実施する方法を取り入れていきました。OPPシートの学習履歴に学びながら指導計画を練り直し、生徒の支援に徹したのです。OPPシートには、いかに失敗から学んだかという生徒の姿も見られるので、生徒の主体性を生かす方法を学ぶのに適した実践例と言えるでしょう。（堀 哲夫）

パフォーマンス課題
中学2年
理科

5 タマネギはどんな生物だろうか

OPPシートを使うとタマネギ一つでここまでできる!

「タマネギの細胞を観察して、植物細胞の特徴を見つけよう」という課題から、「タマネギはどんな生物だろうか?」という課題に変えた。教師の「問い」の質や内容によって、生徒の変容のしかたが変わることがわかった。

OPPAを通した教師の変容

Before

これまでの授業では、事前の教材研究で、主に使用する教材の検討と板書計画を行い、授業の課題を設定する際には、教科書に記載がある指導のポイントだけを確認していた。授業では、生徒が自力で課題を解決できるように、「考察のヒント」を具体的に示し、最後に、教師による「まとめ」を丁寧に行うという授業スタイルだった。

After

生徒が元々もっている概念や考え方の実態を把握するために、「パフォーマンス課題」を活用した授業を行うようになった。そこで把握した生徒一人一人の実態を踏まえて、単元の途中であっても授業を修正するようになった。生徒が自分自身で課題を見いだし、解決する活動を重視した結果、授業の「問い」の質が変わった。

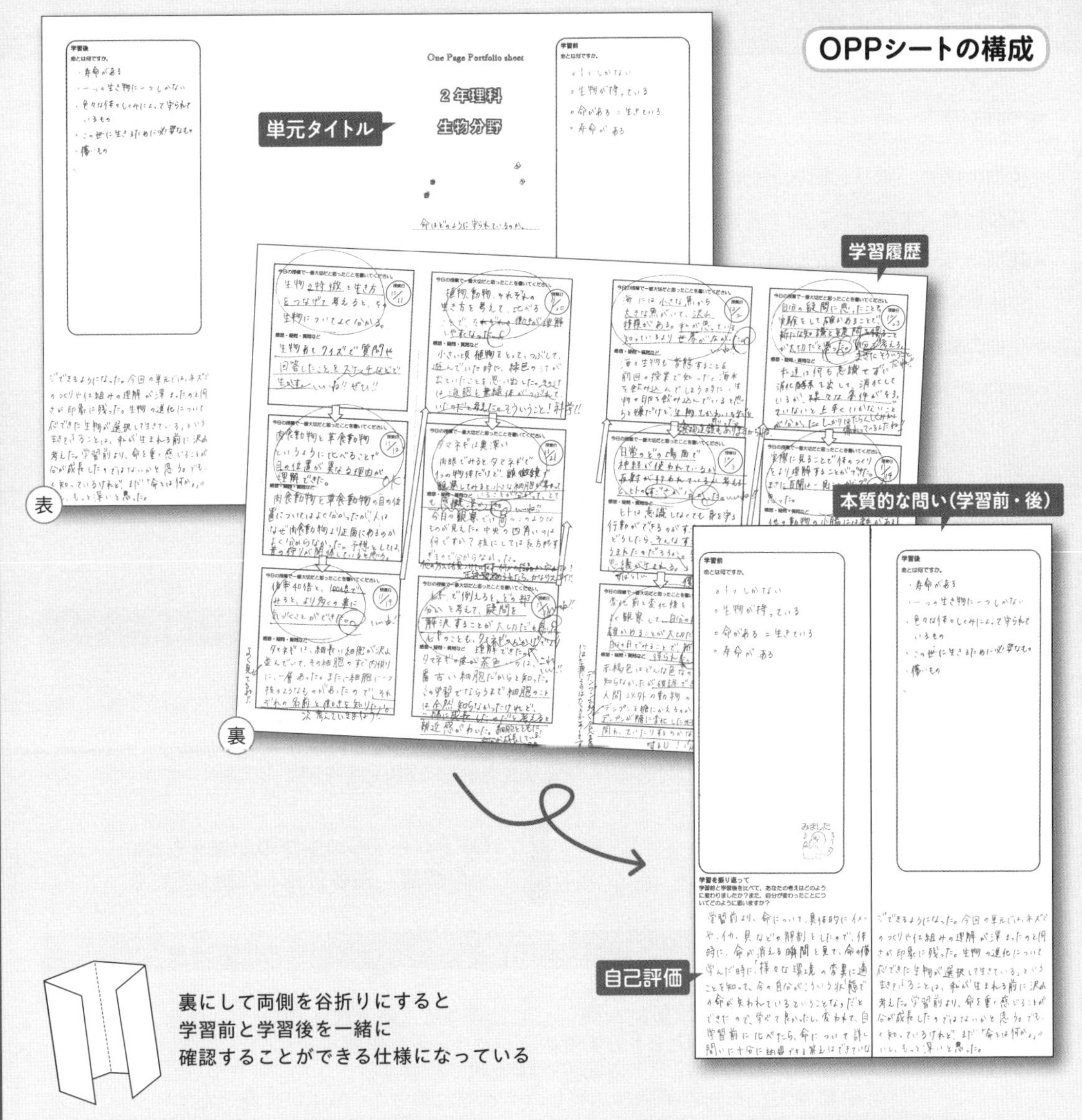

本実践の全体像

1 生徒の「頭の中」を可能な限り見てみたい！(p.153)

- 「パフォーマンス課題」の活用
- OPPシートで生徒がもっている概念や考え方を可視化

(1)「タマネギの観察」で教師の想定を超えた「タマネギ解体新書」ができた！

- 「タマネギはどんな生物だろうか？」という「パフォーマンス課題」を設定
- 生徒が自由にタマネギを観察
- 教師の想定を超える生徒の豊かな学び

(2) OPPシートで「頭の中」だけでなく自分の「成長」も可視化！

- 生徒の学習目標を授業の「問い」として活用
- 自分の成長を自覚する生徒

2「本質的な問い」で生徒も教師も自分の変容を自覚 (p.156)

(1)「本質的な問い」の設定

- 「命とは何ですか？」
- 生徒がもっている概念や考え方の可視化

(2) 授業によって生命観の変容を自覚する生徒

- 元々もっている概念や考え方の変容を自覚する生徒
- 自分の生活や生き方を見つめ直す生徒

「生物と細胞」

指導目標

- 生物の体のつくりと働きとの関係に着目しながら細胞のつくりや働きを理解するとともに、それらの観察、実験などに関する技能を身に付けるようにする。
- 細胞のつくりや働きについて見通しをもって解決する方法を立案して観察、実験などを行い、その結果を分析して解釈し、生物の個体の成り立ちを見いだして表現することができるようにする。
- 生物の体のつくりや働きを総合的に理解することを通して、生命を尊重する態度を育成する。

＊実際は平成20年告示学習指導要領中学校第２学年　理科「動物の生活と生物の変遷」に基づき実施した。

学習の流れ

Before

時数	学習内容
1	**植物細胞と動物細胞の観察** ●タマネギの細胞とヒトの細胞のプレパラートを作製する。 ●タマネギの細胞とヒトの細胞を顕微鏡で観察する。 ●植物細胞と動物細胞を比較し、それぞれのつくりの違いを見いだす。 ●多細胞生物における個体の成り立ちについて説明を聞く。

OPPシートへの生徒の記述をもとに
その都度、指導計画を変更していく

After

時数	学習内容
1	**植物細胞と動物細胞の観察** ●OPPシートの「本質的な問い」に回答する　➡ **2**(1) (2) ●タマネギの細胞とヒトの細胞のプレパラートを作製する ●タマネギの細胞とヒトの細胞を顕微鏡で観察する ●植物細胞と動物細胞を比較し、それぞれのつくりの違いを見いだす
2	**タマネギの観察（1時間目）** ●個人で「タマネギはどんな生物だろうか？」について考え、タマネギの鱗葉を自由に観察する
3	**タマネギの観察（2時間目）** ●1時間目に行った観察で発見したことをグループごとにまとめる　➡ **1** (1) ●発見したことを学級で共有する ●生物の個体の成り立ちについて考える ●OPPシートの「本質的な問い」「自己評価欄」を記入する　➡ **2** (2)

1 生徒の「頭の中」を可能な限り見てみたい！

「『よい授業』とは、適切な課題を設定し、明確な結果が得られる実験・観察を行い、教師の『まとめ』につながる考察ができるもの」とよく耳にする。

しかし、「生徒が『どんなことを学びたいか』がわからないままに、教師のねらいに迫らせる授業が果たして『よい授業』と言えるのだろうか？」これがずっと疑問だった。さらに、生徒にとって「よい授業」だったかどうかを検証する方法がずっとわからなかった。その結果、私は自分の経験と勘を頼りにした「私なりのよい授業」を行っていた。

このような問題意識をもっていたときに参加した研修でOPPシートに出会った。「これを使えば、生徒の本音を知ることができるのではないか？」と思い、OPPシートを授業で用いるようになった。すると、OPPシートにはこれまで見えてこなかった生徒の「頭の中」の様子が次々と記録された。同じ授業を受けていても、「一番大切だと思ったこと」の記述は生徒によって様々だった。私はこの事実に驚いた。

そこで、私は一連の授業の冒頭において生徒の「頭の中」を可能な限り明らかにして、それをもとに授業を計画したいと考えた。そのイメージを示しているのが図1である。

生徒がもっている概念や考え方は人それぞれである（A～F)。これらは生徒の「頭の中」にあるため、教師が把握するのは困難であろう。そこで、生徒がもっている概念や考え方をよりよく働かせるために「パフォーマンス課題」を活用した授業を行い、OPPシートを使って生徒の「頭の中」を可視化すれば、教師は生徒がもっている概念や考え方を把握できる。それにより教師は、生徒がもっている概念や考え方と教師が設定した「指導目標」（ア～ウ）の関連を重視して指導計画を作成できる。例えば、生徒がもっている概念や考え方と最も関わりがある「指導目標」を扱う授業は、小単元の当初に「導入」として位置付けたり、生徒がじっくり考えを深める時間として重点的に扱ったりできるだろう。

以上のような考え方に基づき、私は「タマネギの観察」の授業を行った。その事例を紹介する。

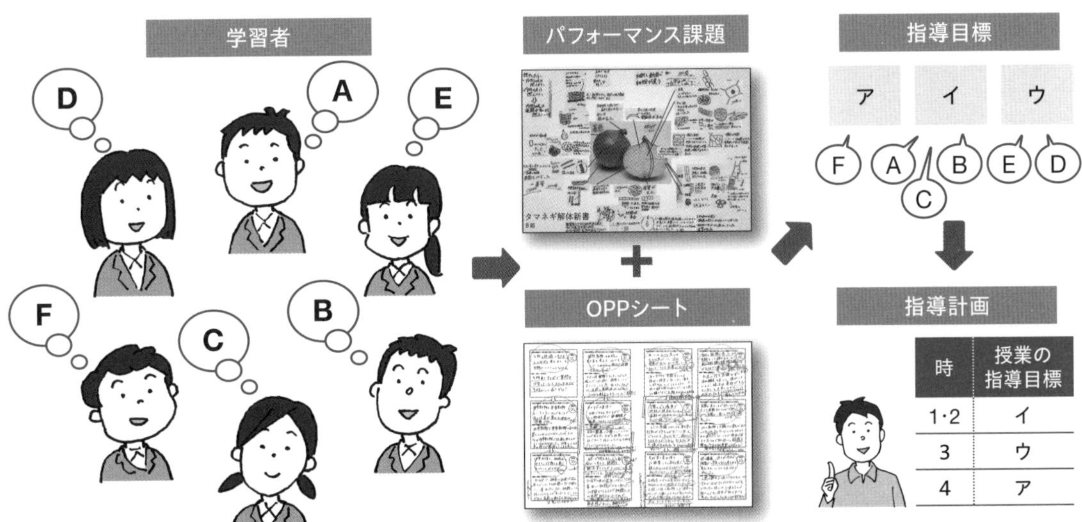

図1 パフォーマンス課題とOPPシートを活用した指導計画作成のイメージ

(1)「タマネギの観察」で教師の想定を超えた「タマネギ解体新書」ができた！

「単細胞生物と多細胞生物」の授業では、教師が示した方法に従って観察を行い、最後に教師が要点をまとめて説明することが一般的である。しかし、「教師の指示のもと行われる観察では、生徒が元々もっている概念や考え方を働かせることはほとんどないのではなかろうか」といつも考えていた。

そこで、教師の指示に縛られずに生徒が元々もっている概念や考え方を自由に生かすことができるように「パフォーマンス課題」を活用した「タマネギの観察」の授業を行った。

この授業での「パフォーマンス課題」は、「タマネギはどんな生物だろうか？」とした。その理由は次のとおりである。一つ目は、生徒にとって馴染み深い生物を扱うことによって、生徒は元々もっている生物の見方や生物についての考え方を働かせながら観察するだろうと考えたからである。二つ目は、一般的に行われる「単細胞生物と多細胞生物」の授業では、教師の指導目標に関わりが深い「細胞」の観察が重視されているが、「生物」そのものである「個体」を観察する機会がほとんどないと考えたからである。

タマネギは生徒にとって身近な「生物」であり、入手が容易である。さらに中学校3年「細胞の成長」でも事例として登場するように、複数の中学校の学習事項と関連する「生物」である。教師はこのタマネギを丸ごと1個ずつ生徒グループに配り、「パフォーマンス課題」の提示以外の発問をせずに生徒が自由に観察できるようにした。生徒がじっくりと「生物」に向き合うために、観察の時間を1時間と、観察によって得られた発見を学級で共有する時間を1時間設けた。

「タマネギの観察」の授業における各グループでの発見を、教師がスライドにまとめたものを「タマネギ解体新書」と名付けた。これが図2である。驚くことに、特に教師の指示がなくても、生徒はタマネギから単元のほぼ全ての学習事項につながる発見をしていたのである。

このような生徒の豊かな学びがなされるためには、OPPシートが欠かせなかったと考えている。次項では、「タマネギの観察」の授業での教師によるOPPシートの活用の一例を紹介する。

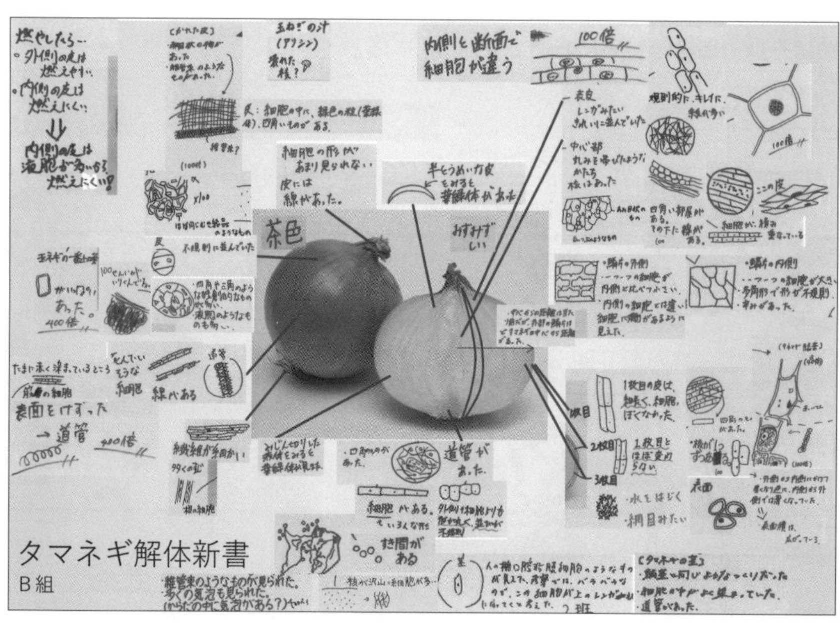

図2 生徒が発見した「タマネギ解体新書」

(2) OPPシートで「頭の中」だけでなく自分の「成長」も可視化！

図3～5は、「植物細胞と動物細胞の観察」と「タマネギの観察」の授業での生徒AのOPPシートの学習履歴欄の記述である。

図3は、「動物細胞と植物細胞の観察」の授業の記述である。これより、生徒Aは観察において細胞と生物の生き方の関連や、細胞や細胞小器官の働きについて注目していることがうかがえた。このような見方は生物の観察において大変重要なこととされている。そこで、教師が該当部分の記述に下線を書き加えるとともに、「◎」といった肯定的なコメントを書いた。

すると、「タマネギの観察」の1時間目（図4）では、「小さな細胞の集まりが（中略）感慨深い」といった記述に加え、「（外側の鱗葉の細胞の）中央の四角いのは何ですか？」といった疑問（学習目標）が見られた。

この疑問は、生徒Aが前時（図3）で記述していた見方が働いたことによって生まれたものであると考えられた。そのため、教師は前時と同様に下線を書き加えるとともに、「結晶か穴かな？ 正体を突き止められたら、かなりスゴイ！」とコメントを書き、生徒Aが自ら疑問を解決するよう促した。

生徒Aと同様に、OPPシートに「（タマネギの最も外側の皮の細胞の）中央の四角いもの」の正体についての疑問を記述していた生徒が多くいたため、教師はこの疑問を次時の冒頭で学級全体に紹介し、授業の「問い」として活用した。そこでは、生徒から「細胞に結晶があることで皮（外側の鱗葉）を固くし、内側を守っているのではないか？」などといった意見が生まれた。

教師はこのような生徒の関心を踏まえ、タマネギからヒトに話題を変え、「ヒトの体はどう作られているんだろう？」といった「問い」を投げかけた。ここでは、答えを明言せず、生徒が自ら解決するように促した。そして、「タマネギの観察」の2時間目（図5）では、タマネギでの学びが自ら抱いた疑問の解決に役立ったことや、細胞とともに自分が「一緒に成長した」といった記述が見られた。生徒Aが「タマネギ

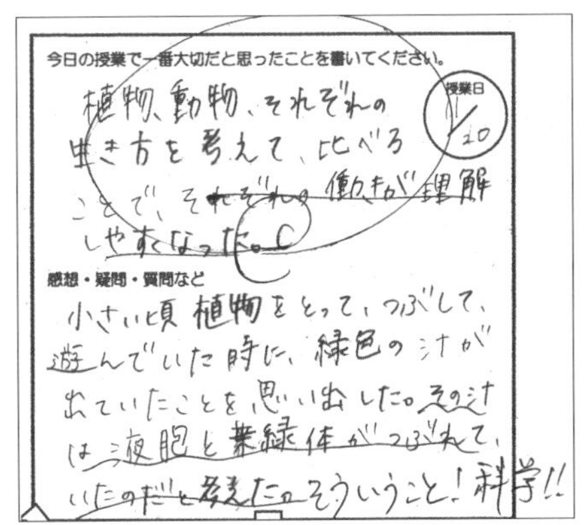
今日の授業で一番大切だと思ったことを書いてください。
授業日 11/20
植物、動物、それぞれの生き方を考えて、比べることで、それぞれの働きが理解しやすくなった。◎
感想・疑問・質問など
小さい頃植物をとって、つぶして、遊んでいた時に、緑色の汁が出ていたことを思い出した。その汁は液胞と葉緑体がつぶれて、いたのだと考えた。そういうこと！科学!!

図3 生徒Aの「植物細胞と動物細胞の観察」の学習履歴

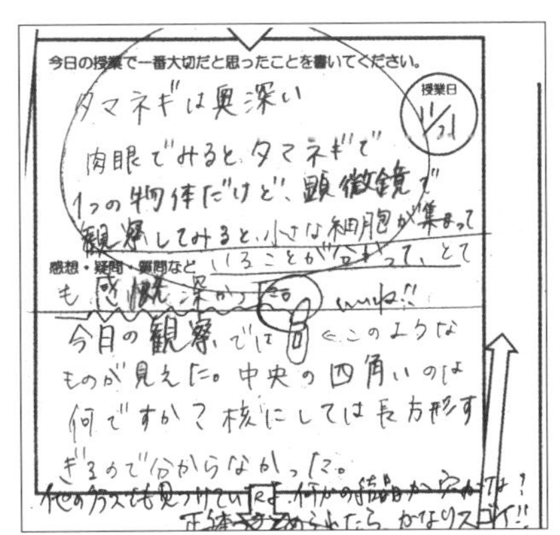
今日の授業で一番大切だと思ったことを書いてください。
授業日 11/21
タマネギは奥深い
肉眼でみると、タマネギで1つの物体だけど、顕微鏡で観察してみると、小さな細胞が集まっていることが分かって、とても感慨深かった。◎ いいね!!
感想・疑問・質問など
今日の観察では ←このようなものが見えた。中央の四角いのは何ですか？核にしては長方形すぎるので分からなかった。
他の方々も見つけていたよ。何かの結晶か穴かな？正体を突き止められたらかなりスゴイ!!

図4 生徒Aの「タマネギの観察」（1時間目）の学習履歴

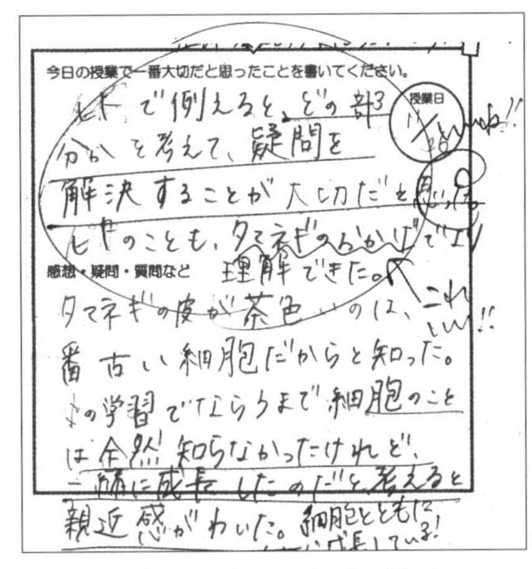
今日の授業で一番大切だと思ったことを書いてください。
授業日 11/
ヒトで例えると、どの部分かを考えて、疑問を解決することが大切だと思った。ヒトのことも、タマネギのおかげで理解できた。◎ いいね!!
感想・疑問・質問など
タマネギの皮が茶色いのは、一番古い細胞だからと知った。今の学習で今まで細胞のことは全然知らなかったけれど、一緒に成長したのだと考えると親近感がわいた。 これいい!!
細胞とともに成長している！

図5 生徒Aの「タマネギの観察」（2時間目）の学習履歴

の観察」での学びを通して、生物と細胞についての関わりや、タマネギとヒトの共通点とともに、自分自身の変容についても気付いていることがうかがえた（自覚化）。

2 「本質的な問い」で生徒も教師も自分の変容を自覚

このような授業づくりには、「本質的な問い」の活用が効果的だった。

(1)「本質的な問い」の設定

本単元のOPPシートを作成するにあたって、単元の「本質的な問い」を「命とは何ですか？」と設定した。

この問いについて、周囲の同僚からは、「『生命とは何ですか？』のほうがいいのでは？」や「答えの幅が広すぎるのではないか？」「何が答えなのか？」といった質問を多く受けた。これらの質問に答えつつ、「命とは何ですか？」の設定理由を説明したい。

①「命」は生徒にとって「生命」よりも馴染み深い言葉であり、その意味は「大切」や「一つしかない」といったように解釈の多様さがあるため、生徒は元々もっている概念や考え方をもとに回答しやすくなると考えたこと。

②「命」は、本単元の学習事項すべてに関わり、「生命を尊重する態度」の育成に直結する概念であると考えたことから、生徒が元々もっている概念や考えと、新たに理科の授業で学んだこととの結び付きを促す（意識化）と考えたこと。

③　①と②により、理科の学びによる「科学的な根拠に基づく生命観」への変容を生徒自身

本質的な問い　「命とは何ですか？」

学習前

生きるために必要不可欠なもの。命が無ければ喜びも悲しみも怒りも何も生まれない。世界は命でできている・・・笑

学習後

命は生きるために必要で、生きるためには臓器や環境への適応力が必要だ。臓器は例えば消化するために化学を使っていて、環境への適応は気温だったり足が速い、遅いなどの進化が関わってくる。だから、頑張るから生き残れるとかそういう問題じゃない。命は化学だ。医療が進歩して長く生きられるようになったら、命よりも生活が大事になる。哲学。

自己評価

「命は生きるために必要」というところに変わりはありませんでしたが、学習後には「生きるためには・・・・」とその先まで知識、視野を広げることができたと思います。このことによって、命は哲学的なイメージから化学的なイメージに変わりました。きっと哲学は生きるのは普通で、どのように生活するのかという1歩先のことなんだと思います。だからこそ、生きることに関して哲学的なイメージをもっている私は平和に生活しているんだと気づきました。この単元を終え、自分の考えが変わって、知識を得たり、考えたりすることは自分を見つめなおすきっかけになりました。

図6 生徒Bの自己評価

が気付きやすくなる（自覚化）と考えたこと。

(2) 授業によって生命観の変容を自覚する生徒

「本質的な問い」である「命とは何ですか？」に対する回答の学習前・後の変容例を紹介する。図6の生徒Bの学習後の回答は、学習前に比べ、命が「必要不可欠」である理由に科学的な根拠が加わっている。さらに、自己評価欄では、回答の記述に見られる自分自身の変容を自覚することにより、自分の生命観を捉え直したことについて書いている。

この記述からは、本単元の授業での学びによって、生徒が元々もっていた「命は大切」や「命は生きるために必要」といった生徒の生命観に科学的な根拠による裏付けがなされ、より質の高い生命観に変容したことが分かる。それらが自分の生活や生き方を見つめ直すきっかけになっていることがうかがえる。

回答の変容の紹介は紙面の関係上生徒Bの事例のみであるが、このほかにも、授業によって「生物」や「命」についての概念や考え方の変容を自覚している生徒が学級の大多数を占めた。

以上のような学びは、「パフォーマンス課題」とOPPシートを活用しながら、生徒がもっている概念や考え方の変容過程を把握し、それに基づく授業改善を絶えず行ってきたことによってなされたと考えている。

OPPシートに出会う前の私は、授業は教師の想定内で完結するものだと思っていた。だから、私は教師が考える指導目標に「最短ルート」で到達できるような課題だけを提示し続けていた。

しかし、OPPシートに出会って、生徒がもつ可能性を信じて授業を行うことの重要性に気付かされた。それ以降、私が授業で生徒に示す課題は、生徒がもつ可能性を引き出す「問い」に変容した。「タマネギの観察」は、「教師が生徒とともに一緒に成長していく」ことを私自身が身をもって実感した授業であった。

本実践へのコメント

伊藤先生は、「命とは何ですか？」という「本質的な問い」を設定し、教材として「タマネギ」を用い、「タマネギはどんな生物だろうか」と生徒に投げかけています。この「問い」は「パフォーマンス課題」でもあります。この課題により出来上がったのが「タマネギの解体新書」です。また、教材として「タマネギ」から「ヒト」にも展開、それを生徒自身に追究させていったところも、本実践の肝になっています。さらに、教師自身が、学習者と教師の成長を明確に意識し、OPPシートを用いて学習者の思考や成長過程を可視化していったことも重要な視点と言えるでしょう。そうでなければ、成長を引き出すことも気付くこともできないからです。こうした手続きを経るからこそ、単に一教科としての理科を超え、生きるために重要な役割を果たしている「命の大切さ」への理解を深めていくことが可能になっています。（堀 哲夫）

学級経営

小学校

6 よいクラスって何だろう？

新米教師のOPPA

OPPAは学級経営でも使える。学級経営で使用するからこそ、授業の枠を超えた様々な記述があり、そこから気付かされることがたくさんあった。OPPシートは、児童の本音の宝庫なのだ。

○○が廊下を
走っていた

①

先生まかせだな

このままでは
よくない

②

③

どうしたら減る?
何ができる? 何が大切?
みんなのいいところを
見つけてみて!

自分は何ができるかな?
何が大切かな?
いい行動してた人いるかな?

④

危ないから
自分はやらない

やさしく注意する

○○ちゃんの「きを
つけ」が上手だった!

OPPAを通した教師の変容

Before

教師になったばかりの頃は、周りから「新任で基本もできていないのに、何か新しいことをやっている」などと思われるのが嫌で、OPPシートを使えずにいた。一方で、クラスのことをどう思っているのか、また、自分の指導方法は本当にこれでよかったのかなど、子どもたちの本音がわからず不安に思うことが多くなっていった。

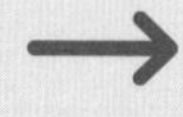

After

毎週金曜日に1週間のまとめとして使用してみると、授業の枠を超えた様々な記述があり、そこから気付かされることがたくさんあった。OPPシートは、クラス全員と1対1での対話が可能になるので、一人一人についてより詳しく知ることができ、自分の指導改善にも生かすことができる。もっと早く使い始めればよかったと後悔した。

本実践の全体像

1「よいクラスとは何ですか」(p.160)

- 「本質的な問い」の設定理由
- 児童の記述の変容

2 OPPシートから聞こえる児童の声(p.160)

❶「たすけてください」
❷「もうやらない」
❸「なるほど！ それも大事だね！」

3 教師の言葉の影響力の大きさ(p.161)

❶「先生任せ」から「自分たちで解決」へ
❷記述で気付いた私の口癖

4 意外だったこと(p.162)

❶授業についての記述が少ないなんて…
❷交換日記みたい！
❸こうやって児童も活用しているのか！

1 「よいクラスとは何ですか？」

これは、今回のOPPシートの「本質的な問い」である。「クラスの現状に合わせて、常によいクラスとはどんなクラスかを考え続けてほしい」「みんながどんなクラスをよいクラスと思っているのかをクラスで共有し、学級経営に生かしたい」という担任である私の思いから、1年間、この問いを変えずに使用した。

図1の児童Aの記述を見ていただきたい。学習前は抽象的な記述だったが、学習後には具体的な記述へと変容している。このような変容が見られた児童は何人もいた。これは、OPPシートの使用を通して、漠然と思い描いていたよいクラス像が、自分のクラスをよいクラスにするには、実際にどうしたらよいのか具体的に考え始めたからだと考えられる。

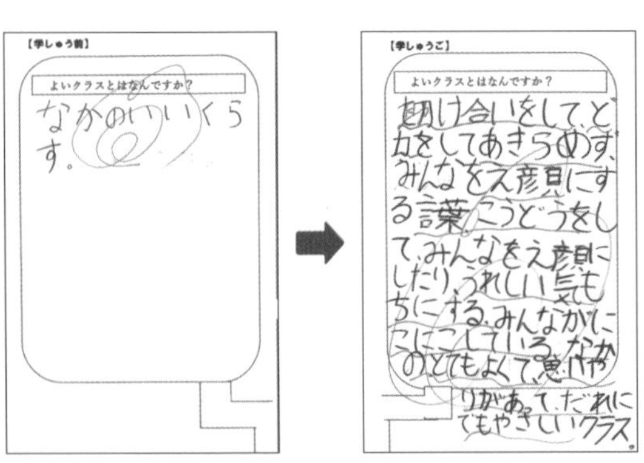

図1 児童Aの学習前・後の「本質的な問い」に対する回答

中には、図2のように、6週間の間で、よいクラスの共通点に気付き、自分の中で言葉をまとめていた児童もいた。また、自分がよいと思うクラスから、みんなにとってよいクラスとは何かに変容していった児童が多くいたため、みんなでよいクラスにしていこうという気持ちが高まっていったと言えるだろう。実際に、思いやりをもって友達に優しく接し、みんなで助け合おうとする児童が増えていった。

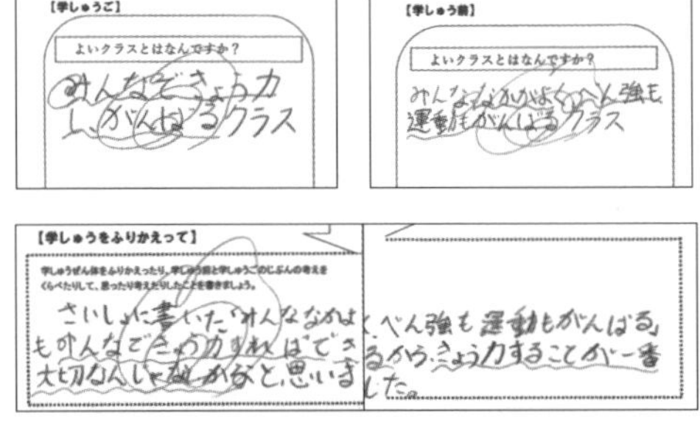

図2 児童Bの「本質的な問い」への回答と自己評価

2 OPPシートから聞こえる児童の声

(1)「たすけてください」

これは、児童Cの感想や疑問の欄に書かれていた言葉である（図3）。この児童が、算数に対して苦手意識をもっていることは知っていたが、算数の宿題では直しまでしっかり行って提出していたため、今のところは授業と宿題で理解できているのだと思っていた。しかし、OPPシートにこの言葉を見つけて驚いた。実は、家の人に聞いたり、教科書を見たりして必死に宿題をやってきていたのだった。すぐに、休み時間に解き方を一緒に確認したり、授業中の机間指導の際に積極的に行くようにしたりした。すると、「ちょっとわかるようになってきた。ありがとう」と言われた。元々自分からわからないと言いに来るような児童ではなかったため、これがなければ、気付くことができなかったかもしれない。

(2)「もうやらない」

これは、児童Dの記述である（図4）。私はこの言葉に成長を感じた。なぜなら、この児童は、OPPシートを始めた当初、何も書けなかったからである。それが、大事なことを書けるようになっただけでなく、自分がやってしまった悪いことを金曜日まで覚えていて、「すこしやってしまったからもうやらない」と、やってしまった自分を振り返り、同じことを繰り返さないように努力する姿が見られたのである。児童に注意や指導をしたあと、その子が本当にわかってくれたのか、心に響いたのか確かめることは難しい。しかし、OPPシートに外化することで、教師は、児童がきちんとわかってくれ

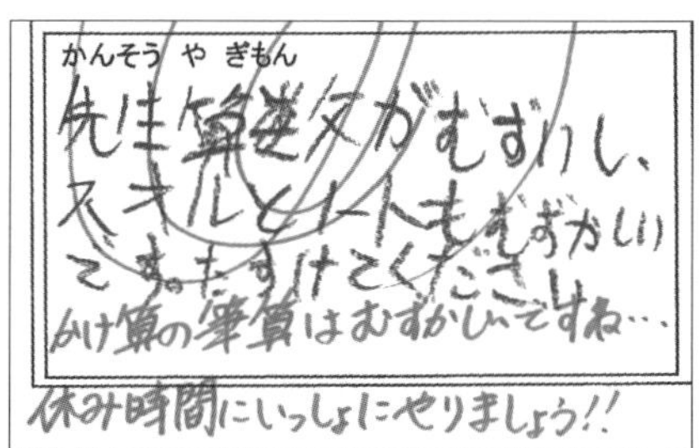

図3 児童Cの感想や疑問

たのかも把握することができ、児童は、やってはいけないことを思い出す（メタ認知する）ことができるのだと感じた。

(3)「なるほど！ それも大事だね！」

これは、帰りの会等で、児童の記述内容を紹介したときの、児童の反応である。「自分も大事だと思ったら、うなずきながら聞いてね」と言うと、ほとんどの児童がうなずきながら聞いていた。中には「それ俺が書いたー！」と誇らしげな児童もいた。誰が書いたかは言わずに紹介したが、「なるほど！ それも大事だね！」と反応した児童がいたとき、書いた児童はうれしそうな表情をしていた。また、この紹介で自分では気付けなかった大切なことに気付いた児童もおり、それを次の週に書いている児童もいた。

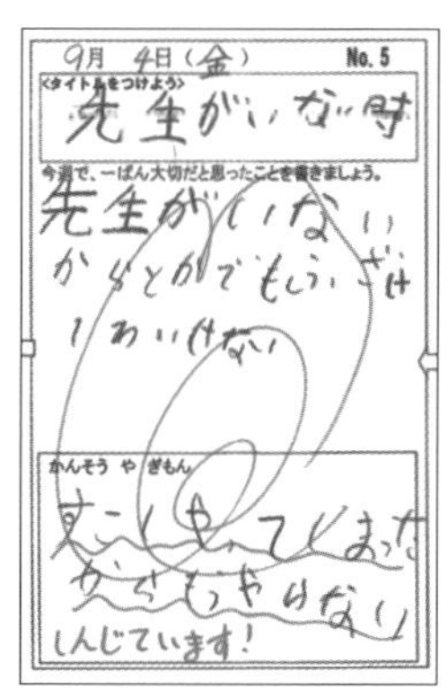

図4 児童Dの学習履歴

これを繰り返すことで、みんなは何を大事だと思っているのかを知り、みんなが過ごしやすいよいクラスにするにはどうしたらよいかを考えるようになり、相手を思いやりながら過ごす児童が多くなったように感じた。

3 教師の言葉の影響力の大きさ

OPPシートを通して、良くも悪くも教師の言葉の影響力は大きいのだと痛感した。

(1)「先生任せ」から「自分たちで解決」へ

図5を見ていただきたい。よくないことをしている人を見て、ちゃんとやることが大切だと思ったという内容と、感想欄には、よかった子の名前が書かれている。しかし、当初はこのような書き方ではなかった。「一番大切なこと」を書く欄なのに、「〇〇が廊下を走っていた」など、友達の行動を報告し、教師になんとかし

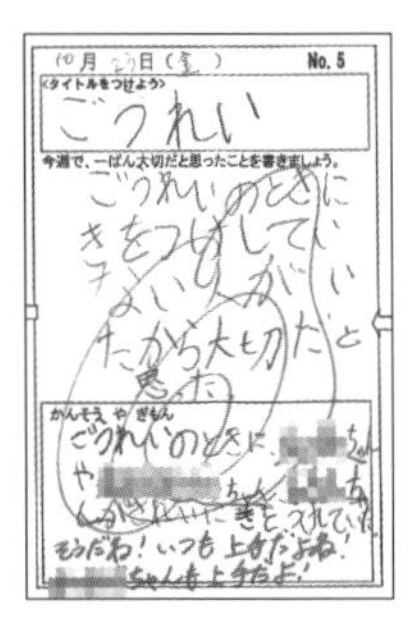

図5 児童Eの学習履歴

てほしいと訴えるような記述が多かったのである。

このままではよくないと思い、どうしたらそれが減るのか、自分は何ができるか、そのことからどんなことが大切だと思ったのかを、OPPシートのコメントや口頭で質問し続けた。すると、「危ないと思ったから、自分はやらないようにする」や、「その人も周りの人も危ないから注意する」というような書き方に変わっていった。

困っているからなんとかしてほしいという報告だけで、その後は教師に任せっきりという態度だったのが、その出来事から何が大切なのかを学び、自分は何ができるのかを考えることができるまでに、思考が変容していったことが読み取れる。もちろん、早急に教師が対応しなければならない出来事については対応するが、自分たちで何とかしようとする、生活面での対応力も育成することができたのではないかと思う。

さらに、よくないことばかりに目を向けるのではなく、みんなのよいところを見つけるよう声かけを続けたところ、図5の児童Eの記述のように、よかった人の名前があがるようになった。すると、クラスの雰囲気もよりあたたかくなっていった。

(2) 記述で気付いた私の口癖

次は、自分の口癖に気付かされ反省した失敗談である。「今週で一番大切だと思ったこと」の欄に、教師がよく言っていたことを書く児童は少なくなかった。例えば、「メリハリをつける」や「時計を見て行動する」などである。これらは意識してほしい言葉だったので、児童に伝わっていることが確認できてよかったのだが、「よけいなことをしない」と書いている児童が数名いて、無意識に「よけいなことをしないで」と言ってしまっていたのだと反省した。言われた児童からしたら、何が「よけいなこと」なのかが不明確で、とてもわかりづらい。今、何をしてはいけないのか、何をすればよいのかを具体的に指示するようになり、指導改善に生かすことができた。

4 意外だったこと

ここでは、1年間使用し続けてみて、意外だったことや驚いたことを三つ紹介する。

(1) 授業についての記述が少ないなんて…

学校にいる時間の中で一番長い時間行っているのは授業なので、授業についての記述が多いだろうと思っていたが、実際に書いた児童は少なかった。また、書いていた児童も、授業の感想のようになっており、授業の中で大切だと思ったことを記述している児童はほとんどいなかった。授業改善に生かすには、この学級経営のOPPシートと、教科のOPPシートを併用して使用するのがより効果的だと考える。

(2) 交換日記みたい！

図6のように、感想や疑問の欄に、学校での感想ではなく、プライベートなことを書いてくる子もいた。それに対して教師がコメントしたり質問したりすると、また、そのことについて返事をくれる子もいて、「交換日記」みたいで

おもしろいと思った。児童が書いたことに対してコメントするだけでも対話している感じがするが、さらに返事が返ってくるとより深く関わることができ、より児童理解が深まる。これを児童一人一人と行うことが可能なのだ。年度当初は、自分から話しかけに来なかった子も、OPPシートを使用してから直接話しかけにきてくれることが多くなった。

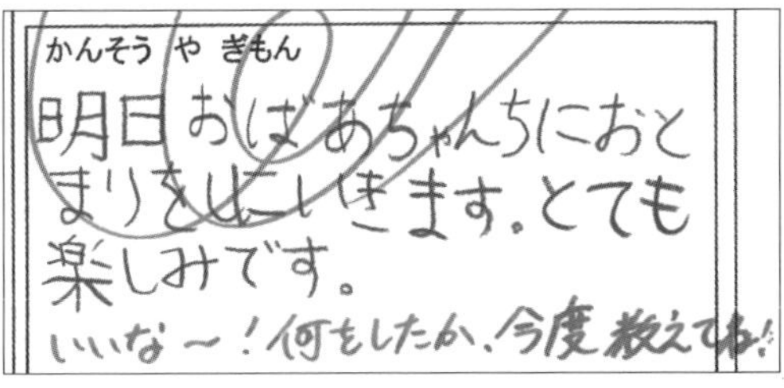

図6 児童Aの学習履歴

(3) こうやって児童も活用しているのか！

図7の児童Fの記述を見ていただきたい。教師がそうやって使ってねと言ったわけではなく、OPPシートの使用を通して、児童が自分で考えて書いたものである。このように書いた児童は一人ではなかった。OPPシートは、毎回書くときに前の記述を振り返ることができるので、教師の指導改善だけでなく、3年生でも児童自身の改善に活用できるのだと確信した。

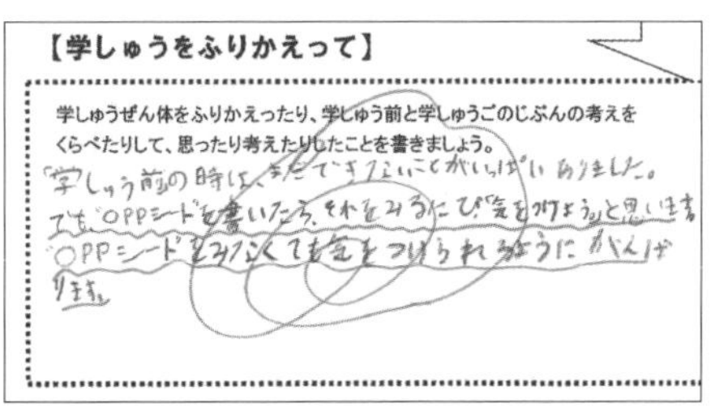

図7 児童Fの自己評価

本実践へのコメント

学生時代からOPPA論に魅力を覚え、学部3年生で行った教育実習でOPPシートを導入し、さらに、OPPAを卒業論文のテーマにした谷部先生。教師の力量形成については、その方法として校内の授業研究や教育センターなどで行われる研修会があげられますが、これまでの多くの報告からOPPAの活用が効果的であることが明らかになっています。本事例の「よいクラスとは何ですか」という「本質的な問い」が、主体的な児童の学びとともに、教師自身の省察を促していることがわかります。これらは、OPPシートに設定された「問い」の効果と言えるでしょう。児童に学習や授業を任せ、教師は寄り添って支えていくことに徹しても、適切な効果を生み出せることを実証した素晴らしい実践と言えます。(中島雅子)

ICTの活用
高校
物理

7 Google Classroom でOPPA

デジタル版OPPシートの活用

ペーパーレスが叫ばれる中、7回の授業ごとに新しいプリントを印刷する日々。校務とのバランスや多忙化に悩む私を、Google Classroom を用いたOPPAが救ってくれた。コメント機能もあるため、OPPシートの有用性に変わりはない。

OPPAを通した教師の変容

Before

生徒数分のOPPシートを印刷し、1枚1枚めくり、コメントを読み、また1枚1枚閉じるという作業が、分掌業務や部活動等、校務全般業務への圧迫と負担感があった。一方、OPPシートの有用性は身にしみて感じている部分もあり、「時間的負担を増やす」という選択になっていた。

After

Google Classroom の課題配信を用いることで印刷業務がなくなった。生徒一人一人の秘匿性は担保され、コメント機能もあることから紙と遜色なく活用することができる。また、デジタルデータにより半永久的にデータが保存され、生徒や教師が学習履歴をさかのぼる際は紙ベースのOPPシートより利便性が向上した。

OPPシートの構成

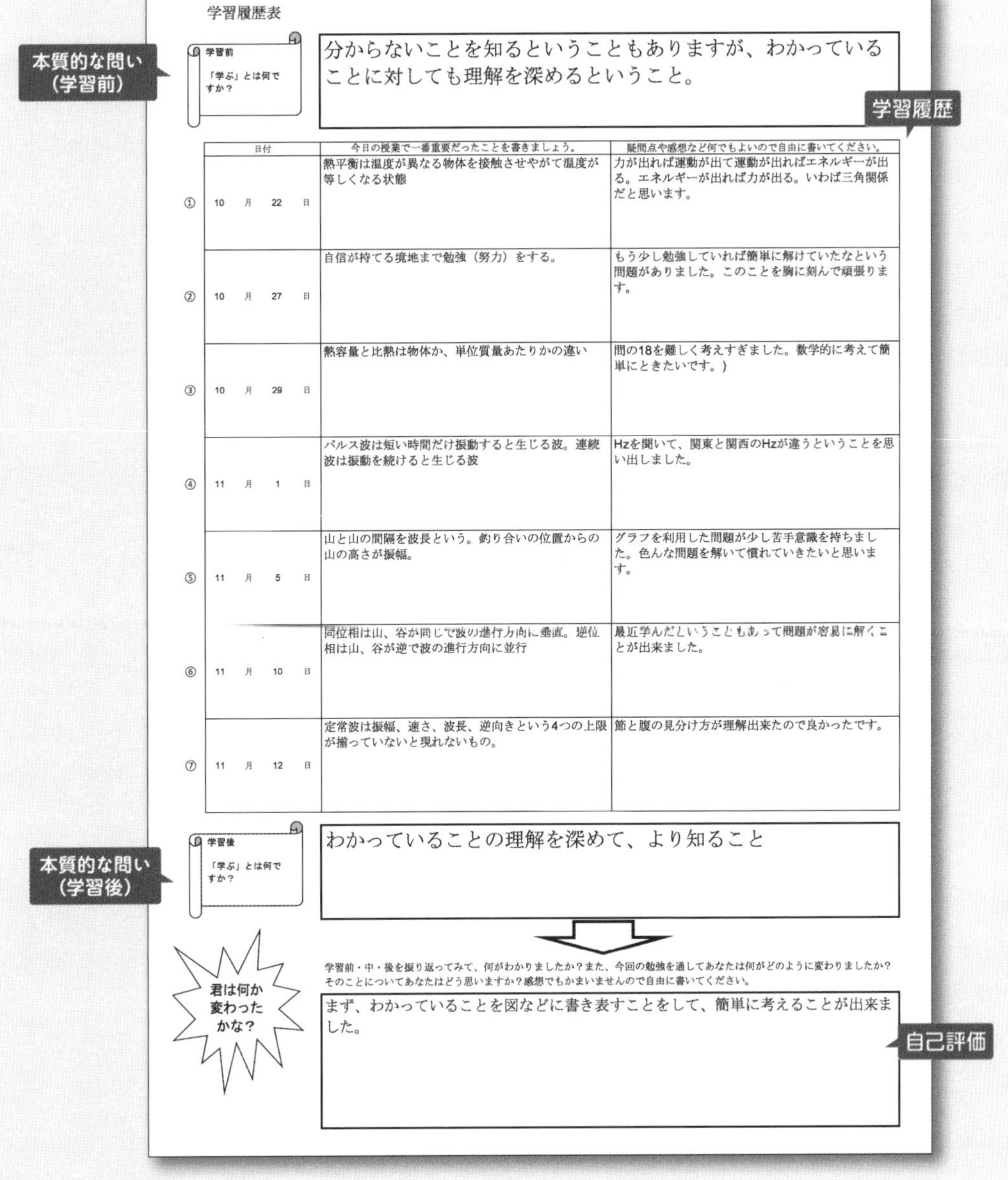

学習履歴表

学習前
「学ぶ」とは何ですか？

分からないことを知るということもありますが、わかっていることに対しても理解を深めるということ。

	日付	今日の授業で一番重要だったことを書きましょう。	疑問点や感想など何でもよいので自由に書いてください。
①	10 月 22 日	熱平衡は温度が異なる物体を接触させやがて温度が等しくなる状態	力が出れば運動が出て運動が出ればエネルギーが出る。エネルギーが出れば力が出る。いわば三角関係だと思います。
②	10 月 27 日	自信が持てる境地まで勉強（努力）をする。	もう少し勉強していれば簡単に解けていたなという問題がありました。このことを胸に刻んで頑張ります。
③	10 月 29 日	熱容量と比熱は物体か、単位質量あたりかの違い	問の18を難しく考えすぎました。数学的に考えて簡単にときたいです。)
④	11 月 1 日	パルス波は短い時間だけ振動すると生じる波。連続波は振動を続けると生じる波	Hzを聞いて、関東と関西のHzが違うということを思い出しました。
⑤	11 月 5 日	山と山の間隔を波長という。釣り合いの位置からの山の高さが振幅。	グラフを利用した問題が少し苦手意識を持ちました。色んな問題を解いて慣れていきたいと思います。
⑥	11 月 10 日	同位相は山、谷が同じで波の進行方向に垂直。逆位相は山、谷が逆で波の進行方向に並行	最近学んだということもあって問題が容易に解くことが出来ました。
⑦	11 月 12 日	定常波は振幅、速さ、波長、逆向きという4つの上限が揃っていないと現れないもの。	節と腹の見分け方が理解出来たので良かったです。

学習後
「学ぶ」とは何ですか？

わかっていることの理解を深めて、より知ること

学習前・中・後を振り返ってみて、何がわかりましたか？また、今回の勉強を通してあなたは何がどのように変わりましたか？そのことについてあなたはどう思いますか？感想でもかまいませんので自由に書いてください。

まず、わかっていることを図などに書き表すことをして、簡単に考えることが出来ました。

本実践の全体像

1 Google Classroom の機能を用いたOPPシートの配付・回収 （p.166）

- 印刷業務からの解放
- 提出者・未提出者の把握からの解放

2 Google Classroom の機能を用いたOPPシートの確認 （p.166）

- 画面一つで全員分を確認
- 学習履歴が増すごとにかさばることなくポートフォリオ可能

1 Google Classroom の機能を用いたOPPシートの配付・回収

本実践前までは、OPPシート1枚が授業7回分の仕様になっていたため、その都度本質的な問いを考え、人数分を印刷するという作業をこなしていた。「物理」ともなると単位数も4単位、5単位となり、OPPシートの枚数自体も多くなるため、「学習履歴」を振り返るツールとしては少し煩雑さも感じていた。また、単位数が異なる授業やクラスごと、何より同じクラス内でも欠席等があるとOPPシートの終わるタイミングも人それぞれで異なり、しばしば校務に追われ印刷を忘れてしまったり、目を通さずに次の授業を迎えたりすることがあった。OPPシート本来の活用ができないことに反省する日々であった。そんな折、埼玉県では生徒・教員に対してGoogle アカウントの発行、BYODの導入、1人1台端末の導入といった国の方針に追随し、様々なICT活用が求められるようになった。そこで、早速OPPシートのICT化に着手した。それまでに使っていたデータをGoogle スプレッドシートに変換し、データ化を行った（図1）。

印刷して配るという方法から、Google Classroom の機能を用いて、生徒一人一人に元のデータをコピーして配付するという方法に変更したことによって、大幅な業務削減が実現された（図2）。また、各データは教師と対象の生徒間でのみ共有され、秘匿性も担保されているため、紙ベースと同様の運用が可能である（図3）。

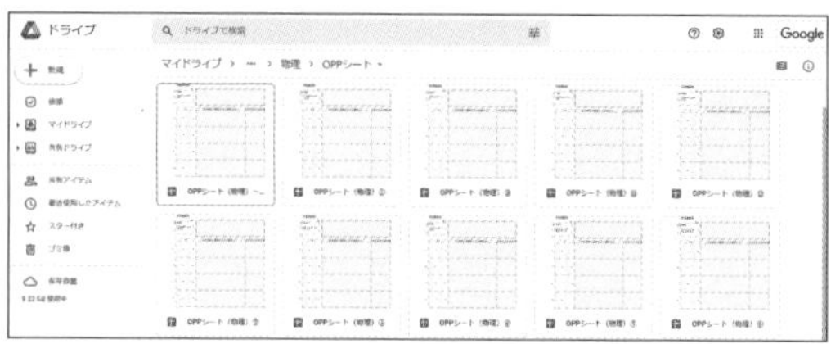

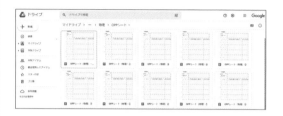

図1 データ化されたOPPシート

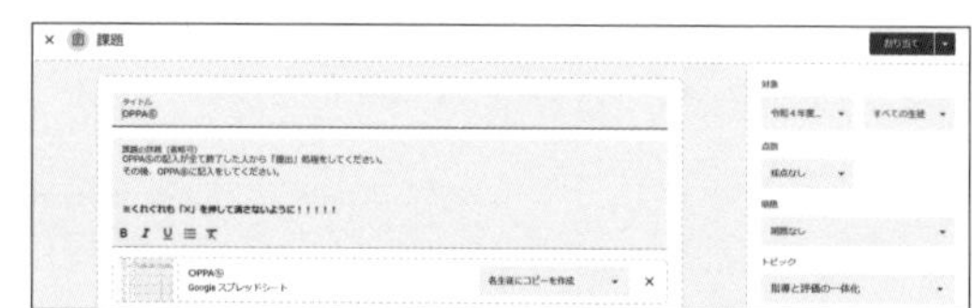

図2 OPPシートの配付方法

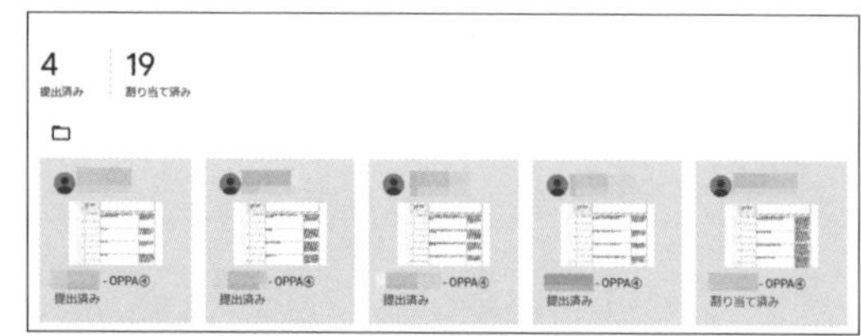

図3 生徒一人一人への配付状況

2 Google Classroom の機能を用いたOPPシートの確認

本実践前までは、授業が終わると出席番号順に回収し、授業の合間や放課後に確認するという作業を行っていた。授業中に書ききれず、休み時間になってしまう生徒もいたため、回収を待たせてしまっているという思いからか十分に記述できていない様子も見受けられた。自身の端末で入力するようになったことで、そのような状況も少なくなった。

生徒一人一人のOPPシートをめくり、記述を読み、コメントを書き入れてから、また折りたたむという作業はそれなりに時間もかかる。以前はOPPシートの確認が空きコマだけでは足りず、部活動の後に行うこともあった。

Google Classroomの機能を使うことで、生徒同士は秘匿されつつ、教師は一括管理できる。1画面上で全生徒分のOPPシートを閲覧でき、コメントもPC上で打ち込めるようになったことで、授業の空きコマだけで確認しきれるほど、大幅な時間短縮へとつながった。

また、思いがけない出来事も起きた。以前は教師が返却するまで、生徒がOPPシートを見ることはなかったが、生徒がいつでもOPPシートにアクセスできるようになったので、教師が「本当に？」「調べてみては？」「具体的には？」などの投げかけをするとすぐに行動に移す生徒もいて、次の授業を待たずにさらなる振り返りを促すことが可能となった（図4）。

近年、働き方改革が叫ばれているが、ICT化が寄与する部分は大きいと感じている。OPPシートから得られる学び（生徒も教師も）は非常に多く、授業になくてはならない存在である。一方、先述したように準備や確認の部分で負担感を感じていたのもまた事実である。ICT化によって短縮された時間は校務や教材研究へと割り振ることができるようになり、余裕をもって授業に臨めるようになった。

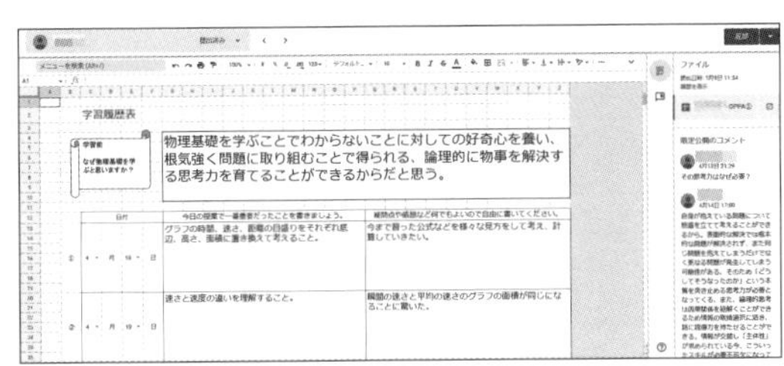

図4 OPPシートの実際の確認画面

一方、OPPシートが「紙」から「デジタル」に変わったことで、デメリットとも感じ取れる点もある。それは、生徒の学習履歴へのアクセス性である。これまでは1枚の紙を開けば7回分の履歴にすぐ目を通せて、2枚重ねておけば14回分の履歴を瞬時に把握できた。しかし、デジタル化による画面範囲の限定（スマートフォンやタブレットの画面に読み取れる文字の大きさで映せる限界）が同じシート内の学習履歴データ、1枚前のシートの学習履歴データへの瞬時のアクセスを煩雑化させている。このことは本来のOPPシートがもつ内化・内省・外化を阻み、生徒自身の変容や学習前、中、後の考え方の変容を捉えにくくさせていると考えられる。つまり、OPPAの求める自己評価と必ずしも一致しない状況があると考えられる。

また、デジタルは手軽に修正することが可能であり、一見きれいなシートに見えるが、紙のOPPシートには書き損じや何気ないメモ、コメントがそのまま残されており、そのような記述にこそ本質に迫った内容が書かれていることがある。そのような点を鑑みると現在のデジタル化は真の認知構造の外化に至っていないことも考えられる。そこで、端末画面に直接書き込む機能の充実や、「一枚」ポートフォリオ評価と呼ぶにふさわしい仕様など、紙と遜色ないデジタルのOPPシートになるようにアップデートすることが今後の検討課題である。

本実践へのコメント

コロナ禍をきっかけに、デジタル版のOPPシートも増える中、デジタルネイティブの中谷先生による積極的な取り組みは参考になるでしょう。紙とデジタル版それぞれの利点を生かすことによって、より大きな効果が期待できます。（中島雅子）

教師の
教育観
小学6年
理科

8 教師も児童も成長を実感！

教師用OPPシートを使ってみませんか？

忙しい学校現場で毎日を乗り切るだけで精一杯。毎日の授業を振り返る時間もないし、教師としての自分は成長しているのか、大いに疑問だった。そんなときにすすめられた教師用OPPシート。教師としての成長を実感した。

OPPAを通した教師の変容

Before

毎日の授業を振り返る時間もないほど忙しく、教師としての自分は成長しているのかな？と大いに疑問だった。OPPシートは、児童の「学びの記録（学習履歴）」だが、教師の「指導の記録（指導履歴）」はなかった。そのため、自分の授業を振り返っても、根拠のない自己満足に陥っていた。

After

児童が書いたOPPシートをもとに、自分の授業を振り返って教師用OPPシートに記入した。「児童の自己評価」という根拠に基づいて、「教師の自己評価」と授業改善ができるようになった。OPPシートで児童の成長を見取りながら、教師用OPPシートで教師自身の成長も実感できた。

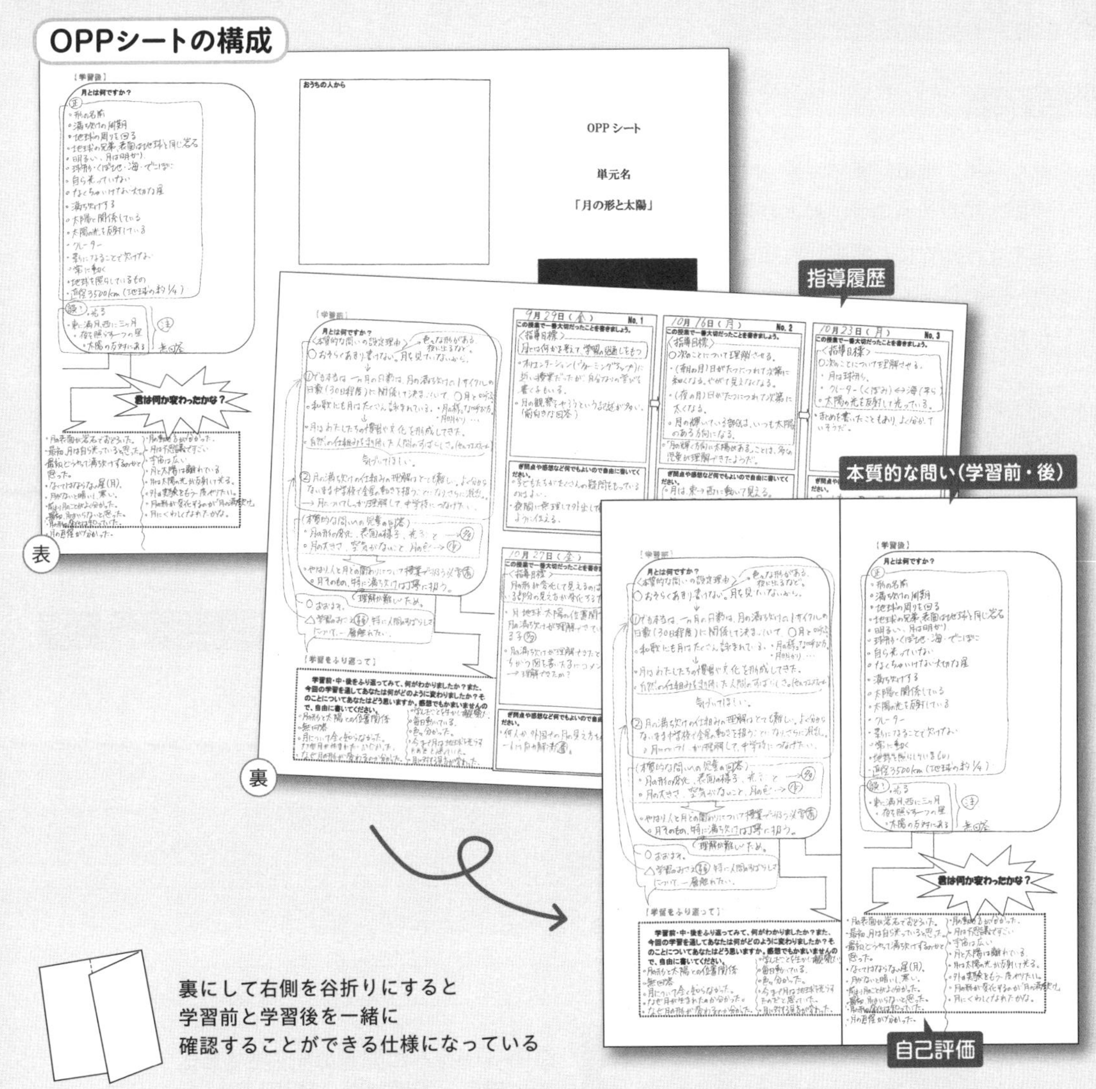

本実践の全体像

1「月とは何ですか？」と聞かれたら、どう答える？（p.171）

- 「本質的な問い」は「月とは何ですか？」
- この「問い」にした理由

2「児童が知りたいこと」で作った「学習目標」で、授業を進めよう（p.172）

- 「月」について「児童が知りたいこと」
- 教師は「指導目標」をココロにしまって

3 児童に合わない授業はすぐにわかる（p.172）

- 児童の「難しい」「とくにない」という感想
- 児童に合わない授業は、修正しよう

4 児童の質問にどう答える？（p.173）

- 「外国と日本では月の見え方がちがうのか」という児童からの質問
- 教師のコメントが「学びに向かう力」を育成

5 授業が終わって、結局児童に何が残ったのだろう？（p.174）

- 学習前後で同じ「本質的な問い」に答えるからわかること
- 学習全体を振り返るからわかること

6 それでも、ナゾは残る……（p.175）

- 残された課題：あぶりだされた児童の強固な素朴概念

「月と太陽」

指導目標

- 月と太陽の位置に着目して、それらの位置関係を多面的に調べる活動を通して、月の輝いている側に太陽があること、および月の形の見え方は、太陽と月との位置関係によって変わることを理解するとともに、観察、実験などに関する技能を身に付けるようにする。
- 月の形の見え方について追究する中で、月の位置や形と太陽の位置との関係について、より妥当な考えをつくりだし、表現することができるようにする。

学習の流れ

Before

時数	学習内容
1	月の形の変化のしかたと，太陽との関係を調べる。
2	
3	
4	
5	月の形や表面の様子を調べる。
6	
7	月の形が変わって見える理由を調べる。
8	
9	学習内容の理解を確認する。

OPPシートへの児童の記述をもとに その都度、指導計画を変更していく

After

時数	学習内容
1	月の観察方法を知り、「学習目標」 をもつ。 ➡ 1 2
2	月の観察結果をまとめる。 ➡ 3
3	月の形や表面の様子について調べる。
4	ボールや発泡スチロール球に光を当てた時の見え方を調べる。
5	
6	月の形が変化して見える仕組みを理解する。 ➡ 4
7	
8	
9	学習内容の理解を確認する。 ➡ 5 6

1 「月とは何ですか？」と聞かれたら、どう答える？

「本質的な問い」は、授業全体を貫く重要な「屋台骨」である。この授業の「本質的な問い」を「月とは何ですか？」にした。児童は戸惑いながらも、一生懸命考えて書いてくれた（図1）。

いきなり、「月とは何ですか？」と聞かれたら、大人でも「いきなりそんなこと聞かれても……」と戸惑うのではないだろうか。それでも今回はこの「問い」を児童に投げかけることにした。それには理由がある。

はじめに、何といっても、この授業のメインテーマが「月」だからである。この授業では、月の形の変化のしかたと太陽との関係、月の形や表面の様子、月の形が変わって見える理由などについて調べる。「月」はまさにこの授業を貫く最重要キーワードである。

次に、児童に「月」という存在について、改めて見つめ直してほしかったからである。「月」はただ単に地球の周りを回る惑星として存在するだけでなく、例えば、ひと月の日数が月の満ち欠けの周期である約30日に設定されていたり、過去には月を題材にした和歌が多数詠まれたりと、私たち人間の生活に取り入れられ、慣習や文化を形づくってきた存在である。そんな自然と人間との関係についても、児童に気付いてほしいと考えた。

図1は、児童のOPPシートである。月の形や満ち欠け、表面の特徴についての記述はあるが、人間と月との関わりについての記述は見当たらなかった。他の児童のOPPシートにも同様の傾向が見られた。そのため、月そのものについてだけでなく、私たち人間との関わりについても、授業で扱うことにした（図2）。

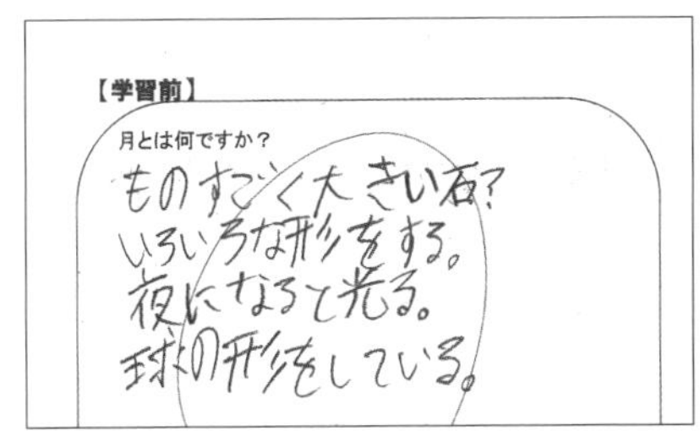

図1 児童のOPPシート
（学習前の「本質的な問い」への回答）

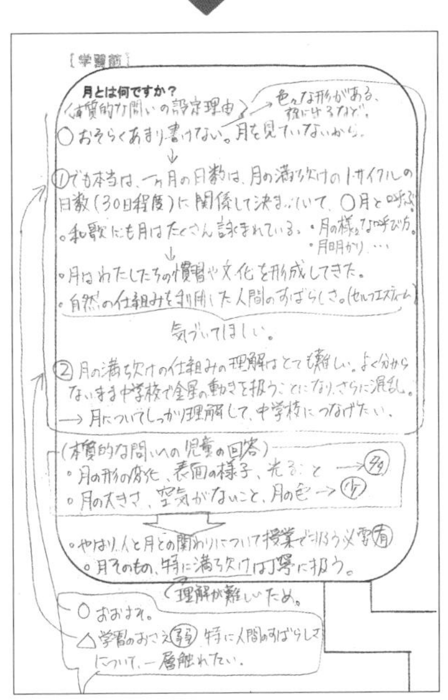

図2 学習前の「本質的な問い」への回答について、児童のOPPシートをもとに記録した教師用OPPシート

2 「児童が知りたいこと」で作った「学習目標」で、授業を進めよう

授業は誰の考えた目標で進めるだろうか？当然、教師の考えた「指導目標」である。しかし、それを前面に出しすぎると、児童にとってみれば、教師の「指導目標」は一方的に押しつけられた「目標」となるため、児童の「学びに向かう力」を十分に育てられないかもしれない。そうならないために、児童自身が設定する「学習目標」を大切にしたいと考えた。

そこで、授業の中心となる「月」について、一番知りたいことや調べたいことを9㎝×27㎝程度の画用紙（短冊）に一人一つずつ書かせ、これを教師が集めて分類し、教室に掲示した（図3）。この時のポイントは、教師の心の中に秘めた指導計画（指導目標、青色）に合わせて、児童が書いた短冊（学習目標）を分類して、児童の学習計画（学習目標、オレンジ色）を作ったことである。毎時間の授業の冒頭で、この掲示物を使って、今日は誰の書いた一番知りたいことや調べたいことについて学習するのかについて触れるようにした。また、毎時間の授業の最後に、児童はOPPシートを記入し、教師はそれを見取り、授業を改善し続ける。

このように、教師は基本的に「指導目標」に沿って授業を進めるが、児童にとっては一番知りたいことや調べたいことを学ぶ、すなわち「学習目標」によって構成される授業にすることで、児童が「学ぶ必然性」を自覚することを重視した。

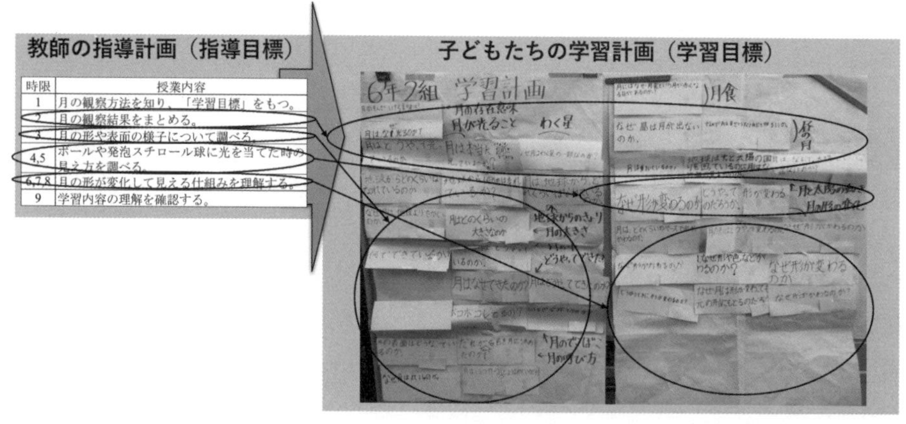

時限	授業内容
1	月の観察方法を知り、「学習目標」をもつ。
2	月の観察結果をまとめる。
3	月の形や表面の様子について調べる。
4,5	ボールや発泡スチロール球に光を当てた時の見え方を調べる。
6,7,8	月の形が変化して見える仕組みを理解する。
9	学習内容の理解を確認する。

図3 教師の指導計画（指導目標）を、児童の学習計画（学習目標）に変換・可視化

3 児童に合わない授業はすぐにわかる

「授業は生き物」と例えられるように、児童の実態は刻一刻と変化する。このため、授業を進める中で当初の授業計画と児童の実態がずれることも当然起きる。そこで必要になるのは、児童一人一人に個別指導を行うとともに、授業全体の軌道修正を行うことである。

例えば、図4のように、「(月は) 東に動く」と記述した児童が何人も見られた。これは、「毎日同じ時間に月を見ると、月は東へ少しずつ動いて見える」ことと、「月を眺め続けると月が東から西に少しずつ動いて見える」ことを混同して理解していると考えられる。そのため、教科書の図を使ってこの二つの違いを説明することを次の授業冒頭に予定した。

また、図5のように、OPPシートの感想や疑問を書く欄に「難しい」といった記述が多く見られたことがあった。これは、学習内容をたくさん詰め込んだ授業になってしまったことによるものと考えられた。そこで、これ以降の授業では、学習内容をより一層絞ることに努めた。その結果、その後の授業では「難しい」といった記述はなくなり、授業に対する前向きな感想や疑問が多く見られるようになった。このように、児童のOPPシートへの記述をもとに、個別指導と授業全体の軌道修正を行っていった（図6）。

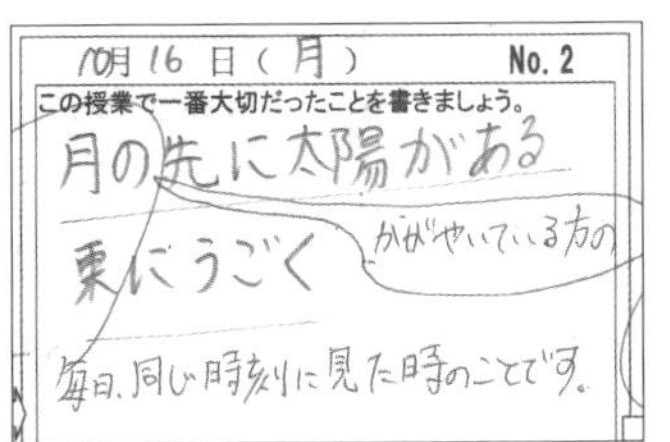
10月 16 日（月）　No. 2
この授業で一番大切だったことを書きましょう。
月の先に太陽がある
東にうごく　かがやいている方の
毎日、同じ時刻に見た時のことです。

図4「(月は) 東に動く」と記述した児童のOPPシート

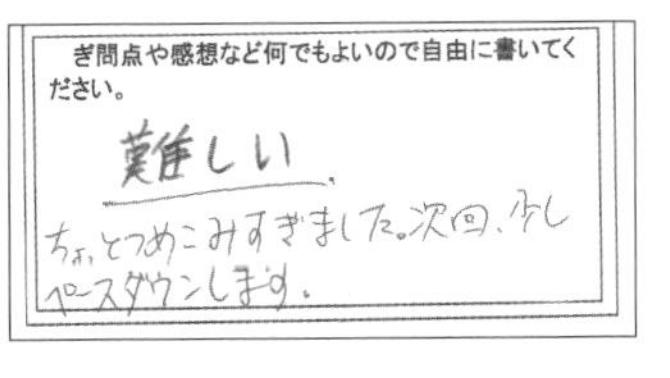
ぎ問点や感想など何でもよいので自由に書いてください。
難しい
ちょっとつめこみすぎました。次回、少しペースダウンします。

図5「難しい」と記述した児童のOPPシート

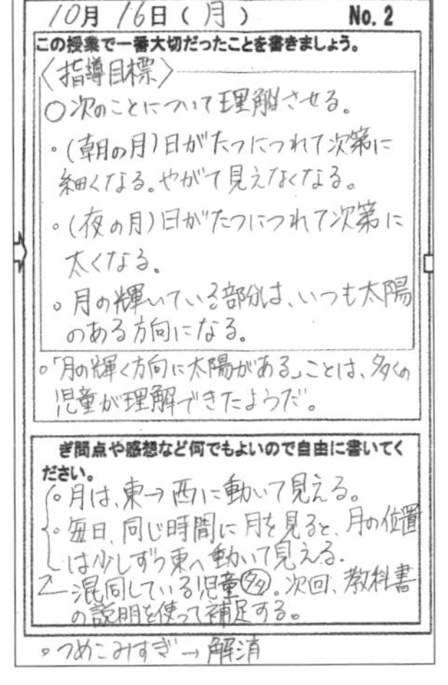
10月 16日（月）　No. 2
この授業で一番大切だったことを書きましょう。
〈指導目標〉
○次のことについて理解させる。
・（朝の月）日がたつにつれて次第に細くなる。やがて見えなくなる。
・（夜の月）日がたつにつれて次第に太くなる。
・月の輝いている部分は、いつも太陽のある方向になる。
・「月の輝く方向に太陽がある」ことは、多くの児童が理解できたようだ。
ぎ問点や感想など何でもよいので自由に書いてください。
・月は、東→西に動いて見える。
・毎日、同じ時間に月を見ると、月の位置は少しずつ東へ動いて見える。
→混同している児童[illegible]。次回、教科書の説明を使って補足する。
・つめこみすぎ→解消

図6 児童のOPPシートをもとに授業の改善点を記録した教師用OPPシート

4 児童の質問にどう答える？

児童の質問に対して、教師が答えを教えるのではなく児童の学びを促すことで、児童が自分の疑問に対する答えを自分なりに見いだすことがある。

図7の児童は、第**1**時の授業で「なぜ（月の）形がかわるのか」という疑問をもった。それに対して教師は答えを返すのではなく、「それをこれから学習します」とこれからの学習の見通しをコメントとして記入した。やがてこの児童は、第**6**時の授業後に、「この授業で一番大切だったこと」として「月の形が変化して見えるのは、太陽の光が月に当たって反射しているから。月が動いて位置が変わるから」と記述し、感想として「よくわかった」と書いている。

また、図8の児童は、ある授業後に「外国と日本では月の見え方が違うのか」という疑問をOPPシートに書いた。それに対して教師はすぐに答えず、「どう思いますか？ 授業を思い出して考えてみてください」とコメントを返した。その結果、児童はもう一度自分で考え、次の授業後に「外国と日本では月の見え方がちがうと思う」という考えに至っている。ちなみに授業中には、「外国と日本の月の見え方の違い」といったことは全く扱っていない。授業ではやらなくても、この児童は授業を通して自分の抱いた疑問への答えを探っていたのだろう。

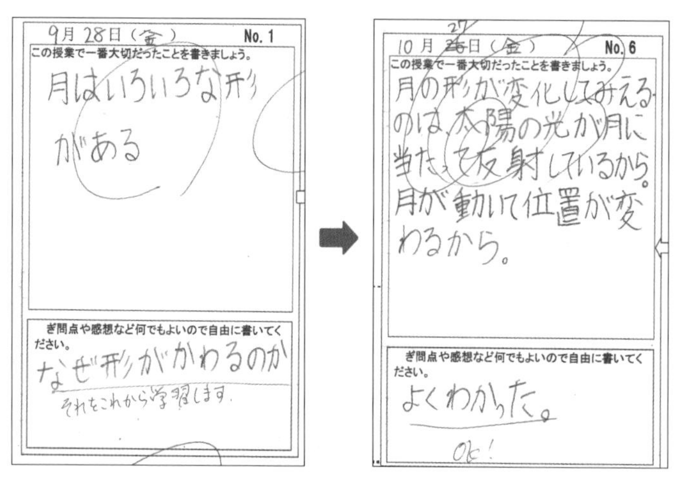
9月28日（金） No. 1
この授業で一番大切だったことを書きましょう。
月はいろいろな形がある
ぎ問点や感想など何でもよいので自由に書いてください。
なぜ形がかわるのか
それをこれから学習します。

10月27日（金） No. 6
この授業で一番大切だったことを書きましょう。
月の形が変化してみえるのは、太陽の光が月に当たって反射しているから。月が動いて位置が変わるから。
ぎ問点や感想など何でもよいので自由に書いてください。
よくわかった。
OK！

図7 月の形の変化についての疑問が書かれたOPPシート

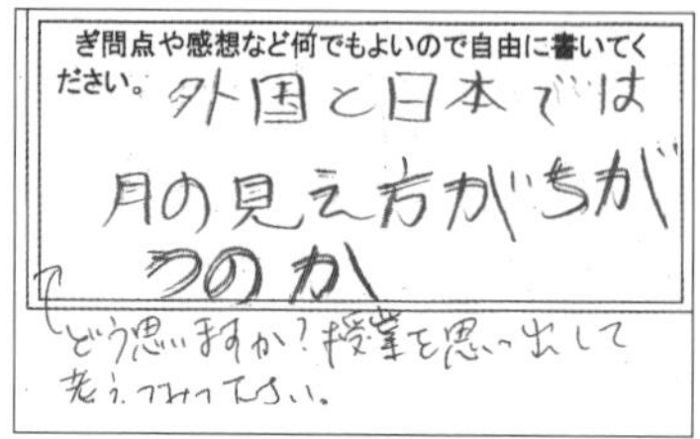
ぎ問点や感想など何でもよいので自由に書いてください。
外国と日本では月の見え方がちがうのか
どう思いますか？授業を思い出して考えてみてください。

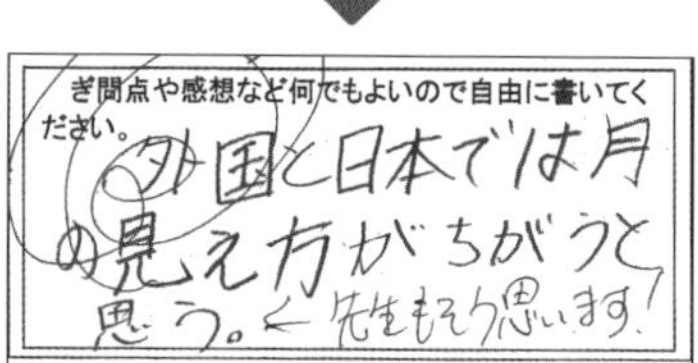
ぎ問点や感想など何でもよいので自由に書いてください。
外国と日本では月の見え方がちがうと思う。←先生もそう思います！

図8 外国と日本での月の見え方の違いについての疑問が書かれたOPPシート

このように、児童からの質問に教師が直接答えず、これからの授業の見通しを示したり、これまでの授業を振り返らせたりすることも、児童の学びを促すことに有効であることがうかがえた。

5 授業が終わって、結局児童に何が残ったのだろう？

児童の自己評価の記述を集約してみると、学習前後を比較して自分自身の変容を自覚したものが多く見られた（図9）。

例えば、最初月について全く知らなかったが、学習後には月のことがよくわかるようになったという記述である。この他にも、学習前には月はいらないと思っていたが、学習後にはなくてはならない星だと自覚したという記述や、学んだことを生かして月を観察してみたいという学習への意欲を表現した記述もあった（図10）。

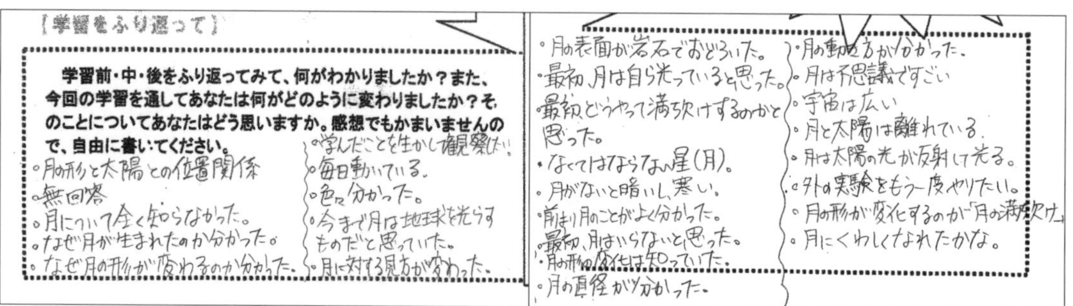
【学習をふり返って】
学習前・中・後をふり返ってみて、何がわかりましたか？また、今回の学習を通してあなたは何がどのように変わりましたか？そのことについてあなたはどう思いますか。感想でもかまいませんので、自由に書いてください。
・月の形と太陽との位置関係
・無回答
・月について全く知らなかった。
・なぜ月が生まれたのか分かった。
・なぜ月の形が変わるのか分かった。
・学んだことを生かし観察したい
・毎日動いている。
・色々分かった。
・今まで月は地球を光らすものだと思っていた。
・月に対する見方が変わった。
・月の表面が岩石でおどろいた。
・最初、月は自ら光っていると思った。
・最初どうやって満ち欠けするのかと思った。
・なくてはならない星（月）。
・月がないと暗いし、寒い。
・前より月のことがよく分かった。
・最初、月はいらないと思った。
・月の形の変化は知っていた。
・月の直径が分かった。
・月の動き方が分かった。
・月は不思議ですごい
・宇宙は広い
・月と太陽は離れている。
・月は太陽の光が反射して光る。
・外の実験をもう一度やりたい。
・月の形が変化するのが「月の満ち欠け」
・月にくわしくなれたかな。

図9 児童の自己評価を集約した教師用OPPシート

初めは月の事がぜんぜんわからなかったけど今は月の事がよくわかりました。よかった！とてもうれしいです！

最初月はいらないと思っていたけれど今日までやって大切なものと分かった。
本当だね 先生もそう思います。

月についてまったく知らなかったけれど、どうやって生まれたのか、なぜ形が変わるのかなどが分かりこれから光を利用して観察したいです。
ぜひやってみて下さい。先生は、夜、月が見える日ま、この授業後には、ちがった気もちで月をながめることができました。

図10 児童の自己評価

6 それでも、ナゾは残る……

児童が書いたOPPシートから、児童が授業の内容について誤った理解をしている可能性があることもわかった（図11）。

例えば、「月が東にあれば満月であり、西にあれば三日月」という記述である。これは授業で扱った学習内容だが、太陽が西にあるという大前提がある。これが抜け落ちた状態で、いつでも月は東にあれば満月、西にあれば三日月と理解したとすれば、修正が必要となる。

また、「月は太陽の反対にあるもの」という記述もあり、地球を挟んで月と太陽が反対側に存在するような考えを児童がもっている可能性もある。

このような児童に対しては、個別に説明したりOPPシートへコメントしたりするなどして、児童の正確な理解を促すような働きかけが必要である。そして、次回この授業を行う際に、こういった児童の思考の特徴に十分注意しながら、授業改善を図りたいと考えている。

【学習後】
月とは何ですか？
・形が変わる「月の満ち欠け」をする。
・月は東にあったら満月
・西にあったら、三日月。
太陽が西の空にある時（夕方）のことですね！
ちがう所に太陽があると、また月の形はちがってくるね！

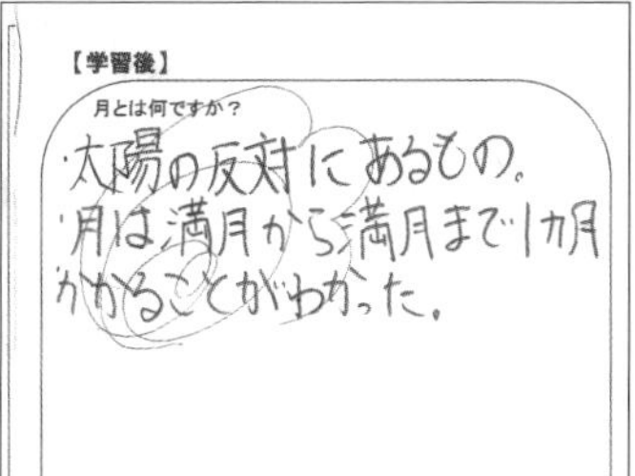

図11 児童の誤った理解が考えられる記述

本実践へのコメント

学習者用と教師用のOPPシートを活用することで、両者の間にズレが起こっているとすればどのようにしたらよいのかを考え、改善を図ることができます。それゆえ、自分の授業を改善したいと考えている教師にとって本実践から学ぶことは、きわめて大きいと言えるでしょう。（堀 哲夫）

教師の教育観

校内研修

9 教育とは何だろうか

教師が幸せになるためのOPPシート

毎年行われる校内研修（授業研究会）はマンネリ化しがち。校内研修は誰のため？授業者のため？ 授業者はもちろんだが、校内研修に参加した一人一人の成長が一番大切なはず。そのために、校内研修にOPPAを取り入れてみよう。

OPPAを通した教師の変容

Before

❶校内研修（授業研究会）で参観した授業について話し合う時、自分の主観に基づいて意見を発表していた。

❷参観した授業について意見を発表するものの、自分自身の授業や教育観について振り返ることはできなかった。

After

❶自分の主観ではなく、実際の児童の思考を根拠にして、授業についての話し合いができるようになった。

❷参観した授業についての意見や感想を言って終わりではなく、自分の授業や教育観を振り返ることができるようになった。

OPPシートの構成

本質的な問い（研修前）

学習前
教育とは何だと思いますか？

・人を伸ばすこと。
・学びたい人がいて、教えたい人がいて、両者が存在して成立するもの。

研修履歴

	日付	本日の研修で一番重要だったことは何ですか？	疑問点や感想など何でもよいので自由に書いてください。
①	4月26日	授業で子どもの実態が重要なように、研修では教師の実態（気持ちや考え）が大切。	とても分かりやすく面白いお話でした。 よかったです
②	6月19日 6年 植物の養分と水	研究授業をやる時、内容に偏りがちになる。ふかんして、資質・能力育成を中心に据えたい。例えば、生物分野なら、「命の大切さ」など。	シートの「一番大切なことを書きましょう」のらんに板書の「まとめ」をそのまま書くのは、絶対ダメなのか。→絶対ダメというわけではないと分かり安心しました。まとめを書くのは、それが一番重要だと思ったからですから。
③	6月28日 2年 わたしたちの[illegible]	人の発言の節々をとらえて批判するのではなく、本質を見極めて、自分で考えて、進むこと。	人のことを批判してばかりでは成長しないだろうなと思います。ですね自分も気をつけます。
④	9月27日 1年 わたしのあさがお	子どもの実態をよくとらえて、子どもの学ぶ環境をつくる。授業をつくることが大切だという当然といえば当然で大切な事実。そして生活科・理科は「気付き」のための時間が[illegible]	実践（授業）と理論（学術的知見や指導要領）がつながったお話が分かりやすかったです。今回の一授業の中の子どもと教師の小さなやりとりが、大きな理論的な部分につながっているなど、参考になりました。よかったです
⑤	10月18日 3年 明かりをつけよう	本質的な問いを中心に据えた授業が資質能力（メタ認知）価値付けを育成し、素朴概念を科学的概念に変える可能性を秘めている。（備えている）。	最近、本質的な問いを意識しすぎて、本質的な問いの答えを言いそうになったり（ほぼ言ってる!?）ヒントを出しすぎている気がするので、さじかげんに少し悩んでいます。
⑥	月 日		本質的な問いで活用した授業について、是非いろんな単元（理科以外でもOK）で論文にして下さい！ ↳がんばります！なかなか時間がとれず、あせり。アムステルダムに行きたいです。難しいですかね。
⑦	10月25日 4年 水の三つのすがた	教科書をうのみにせず、実験・観察の目的を明確にもって、その結果から考えること。教材研究・予備実験・観察を行うこと。	←とはいっても、現場で、いつも時間をたっぷりかけての教材研究は不可能なので、やっぱり教科書・指導書などをよいものにしてほしい。

本質的な問い（研修後）

学習後
教育とは何だと思いますか？

学びたい人がいて、教えたい人がいて、成立するものだが、その間には何らかの教育内容があるということ。教育内容を媒介して、学ぶ人と教える人が関わって成立するもの。そのため、内容もよくしたいし、いかに教えるか、つまりいかに指導技術を上げるか、単元構成を工夫するか等も大切。

君は何か変わったかな？

自己評価

研修前・中・後を振り返ってみて、何がわかりましたか？また、今回の研修を通してあなたは何がどのように変わりましたか？そのことについてあなたはどう思いますか？感想でもかまいませんので自由に書いてください。

基本的に変わってない。しかし、「学習後」に書いたように、教育内容を媒介して、学ぶ人と教える人が関わり、価値が生み出されるのが教育だと考えるようになった。今、本校は教育内容の中心に理科・生活科を据えているので、これを中心に、子どもたちをその全人的に伸ばせるように、仕事に励みたいと改めて思いました。今年をふり返ると、結構基本的なことが分かっていなかったんだなーと改めて思いました。

本実践の全体像

1 校内研修（授業研究会）への疑問（p.178）

- 児童の思考を根拠にせず、授業を見た自分の主観を根拠に発言してしまう。
- 授業者の授業の意図が、参観者に十分伝わらない。
- 授業者は授業を公開する、参観者は研究協議会で発言することが目的となってしまう。

2 児童の思考を根拠に発言しよう（p.179）

- 児童用OPPシートの活用

3 授業者の授業の意図を大切に発言しよう（p.179）

- 教師用OPPシートの活用

4 授業者も参観者も教師としての資質・能力を伸ばそう（p.180）

- 研修用OPPシートの活用

校内研修の流れ

Before

段階	校内研修の内容
授業公開	授業者が授業を公開する。参観者が授業を参観する。
研究協議会	授業終了後、授業者と参観者が授業について話し合う。 ➡❶

OPPシートへの記述をもとに
授業実践について討議する

After

段階	校内研修の内容
授業公開	授業者が児童用OPPシートと教師用OPPシートを使った授業を公開する。 参観者が授業を参観する。
研究協議会	授業終了後、授業者と参観者が児童用OPPシートと教師用OPPシートをもとに授業について話し合う。 ➡❷❸ 授業者と参観者は研修用OPPシートを記入する ➡❹。

❶ 校内研修（授業研究会）への疑問

校内研修（授業研究会）が好きかと問われ、「好き！」と即答の方、研究熱心でとても素晴らしい。しかし、その一方で「あまり…」という方の気持ちもよくわかる。

授業を公開する授業者になると、普段の授業以上に色々な準備をしなければならないし、当日の授業がうまくいくのかドキドキハラハラ。公開した授業について参観者が話し合う研究協議会では、何を言われるのか心配。こんな思いをするくらいなら、いっそ誰かやってもらえないだろうか……そんな気持ちにもなるだろう。

反対に、授業を見る参観者にとっても、すっきりしない気持ちがある。公開した授業について参観者が話し合う研究協議会では、何か言わなければならない場合がある。何を言おうかな。あんまり変なことも言えないし。授業者にとっても、自分以外の参観者にとっても、それほど当たり障りないことを言っておきたい……そんな気持ちになったこともあった。

このように、校内研修、特に公開された授業を参観者が見て、成果や課題を話し合う授業研究会について改めて振り返ってみると、次のような課題が考えられる。

①授業の参観者が授業について、「この授業のここがよかった」「この授業のここに課題があった」と発言するとき、児童の思考を根拠にせず、授業を見た自分の主観を根拠に発言してしまう。

②授業者の授業の意図が、参観者に十分伝わらないため、参観者が公開された授業の見えた部分だけを根拠に発言してしまう。

③授業者は授業を公開する、参観者は研究協議会で発言することが目的となってしまい、校内研修を通して、授業者も参観者も教師としての資質・能力を伸ばすという本来の目的が失われがちである。

2 児童の思考を根拠に発言しよう 児童用OPPシートの活用

児童用OPPシートには、児童の思考が凝縮されている（図1）。

図1の児童は、学習履歴欄No.1では、「（月の満ち欠けについて）いろいろな問題をやったけど、あまりわかんなかった」と記述していたが、学習履歴欄No.4では「白いボールを月にみたてても月の満ち欠けがわかった」、No.5では「月は見る向きによって形が変わることが分かった」、No.6では、「太陽の光が月に当たって反射して月が動いて位置が変わるから月の形が変わって見えた。」と記述しており、月の満ち欠けの仕組みについて、理解が進んでいることが見取れる。

このようなOPPシートの児童の記述をもとにして、参観者が授業についての意見を述べることで、授業を見た自分の主観を根拠にせず、児童の思考を根拠にした意見を述べることができる。

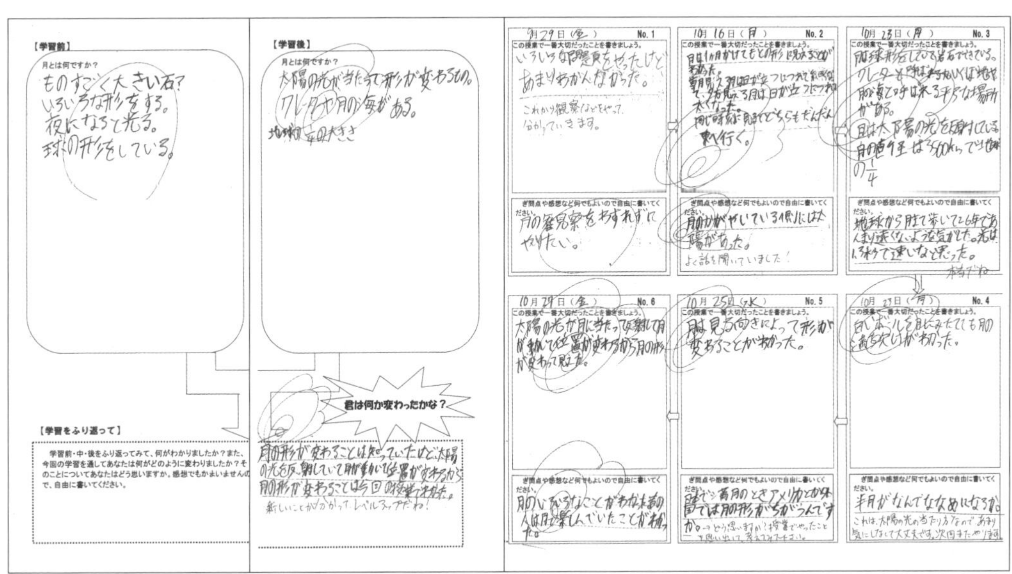

図1 児童の思考が凝縮された児童用OPPシート

3 授業者の授業の意図を大切に発言しよう 教師用OPPシートの活用

教師用OPPシートには、教師の思考が凝縮されている（図2）。

教師用OPPシートは、毎時間の授業終了後、児童用OPPシートへの児童の記述を見取って、それを集約したり、児童の記述をもとに自分の授業を振り返り、気付きなどを記録したりした「指導履歴」である。教師用OPPシートには、教師の授業の意図や、これに関係する児童の思考が凝縮されている。

図2の学習前の「本質的な問い」を見ると、

この授業者は、①人と月との関わり、②月の満ち欠けの仕組みの理解、について授業の中で重視していることがわかる。

このような教師用OPPシートの記述をもとにすると、参観者が授業者の授業の意図を大切にした意見を述べることができるだろう。

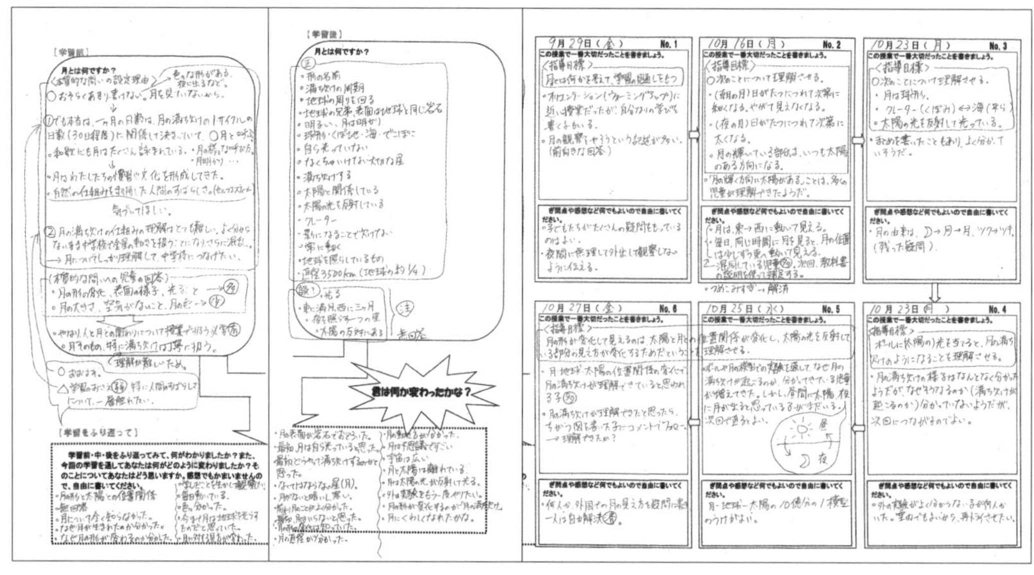

図2 授業についての教師の思考が凝縮された教師用OPPシート

4 授業者も参観者も教師としての資質能力を伸ばそう
研修用OPPシートの活用

研修用OPPシートは、毎回の校内研修（授業研究会）の最後に、教師一人一人がその日の研修を振り返って記入するものである（図3）。

「本質的な問い」は、「教育とは何だと思いますか？」となっている。これは教師として、自分の授業や教育観を見つめ直すことを意図して設定されたものであり、校内研修（授業研究会）を通して教師が自分自身に問い続ける「問い」である。

次に、研修履歴欄の「本日の研修で一番重要だったことは何ですか？」という「問い」に答える。児童と同様に、毎回の研修終了時に答えることによって、研修の最後に、自分にとって「一番」大切だったことを考え、研修内容を凝縮させる思考が働く。その思考に続いて「疑問点や感想など何でもよいので自由に書いてください」という「問い」に答える。

最後に、「研修前・中・後をふり返ってみて、何がわかりましたか？ また、今回の研修を通してあなたは何がどのように変わりましたか？ そのことについてあなたはどう思いますか。感想でもかまいませんので、自由に書いてください」という「問い」に答える。「本質的な問い」への研修前後での自分の回答の違いや、研修履歴欄に記入した自分の思考を改めて見返すことで、研修全体を振り返ることになる。

例えば、図3の教師は、最後の研修全体の振り返りでは、研修前後の自分自身の「本質的な問い」への回答を比較して、「教育内容を媒介して学ぶ人と教える人が関わり、価値が生み出されるのが教育だと考えるようになった」と記述しており、教育内容の重要性を改めて認識していることがうかがえる。

このように研修用OPPシートを活用することによって、校内研修を通して教師としての資質能力を伸ばすことが期待されるのである。

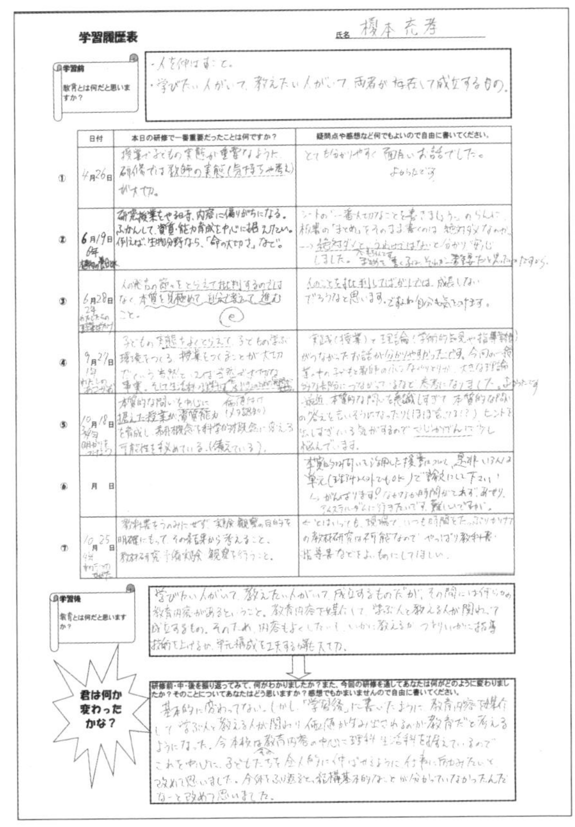

学習履歴表　氏名 榎本充孝

学習前　教育とは何だと思いますか？

・人を伸ばすこと。
・学びたい人がいて、教えたい人がいて、両者が存在して成立するもの。

	日付	本日の研修で一番重要だったことは何ですか？	疑問点や感想など何でもよいので自由に書いてください。
①	4月26日	授業で子どもの実態が重要なように、研修では教師の実態（気持ちや考え）が大切。	とても分かりやすく面白いお話でした。よかったです
②	6月19日 6年	研究授業をやる時、内容に偏りがちになる。ふかんして、資質・能力育成を中心に据えたい。例えば、生物分野なら、「命の大切さ」など。	シートの「一番大切なことを書きましょう」のらんに、板書の「まとめ」をそのまま書くのは絶対ダメなのか…→絶対ダメというわけではないと分かり安心しました。
③	6月28日 2年	人の発言の節々をとらえて批判するのではなく、本質を見極めて自分で考えて進むこと。	人のことを批判してばかりいては、成長しないだろうなと思います。ですね 自分も気をつけます。
④	9月27日 1年	子どもの実態をよくとらえて、子どもの学ぶ環境をつくる、授業をつくることが大切だという当然といえば当然ですが大切な事実。	実践（授業）と理論（学術的知見や指導要領）がつながったお話が分かりやすかったです。今回の一授業の中の子どもと教師のやりとりが、大きな理論的な部分につながっているなど、参考になりました。よかったです
⑤	10月18日 3年	本質的な問いを中心に据えた授業が、資質能力（メタ認知）を育成し、素朴概念を科学的概念に変える可能性を秘めている。（備えている）。	最近、本質的な問いを意識しすぎて、本質的な問いの答えを言いそうになったり（ほぼ言ってる!?）ヒントを出しすぎている気がするので、さじかげんに少し悩んでいます。
⑥	月　日		本質的な問いで活用した授業について、是非いろんな単元（理科以外でもOK）で議論にして下さい！ がんばります！ なかなか時間がとれず、あせり。アムステルダムに行きたいです。難しいですが。
⑦	10月25日 4年	教科書をうのみにせず、実験観察の目的を明確にもって、その結果から考えること。教材研究、予備実験、観察を行うこと。	←とはいっても、現場で、いつも時間をたっぷりかけての教材研究は不可能なので、やっぱり教科書・指導書などをよいものにしてほしい。

学習後　教育とは何だと思いますか？

学びたい人がいて、教えたい人がいて、成立するものだが、その間には何らかの教育内容があるということ。教育内容を媒介して、学ぶ人と教える人が関わって成立するもの。そのため、内容もよくしたいし、いかに教えるか、つまりいかに指導技術を上げるか、単元構成を工夫する事も大切。

君は何か変わったかな？

研修前・中・後を振り返ってみて、何がわかりましたか？また、今回の研修を通してあなたは何がどのように変わりましたか？そのことについてあなたはどう思いますか？感想でもかまいませんので自由に書いてください。

基本的に変わってない。しかし、「学習後」に書いたように、教育内容を媒介して学ぶ人と教える人が関わり価値が生み出されるのが教育だと考えるようになった。今本校は教育内容の中心に理科・生活科を据えているので、これを中心に、子どもたちを全人的に伸ばせるように、仕事に励みたいと改めて思いました。全体をふり返ると、結構基本的なことが分かっていなかったんだなーと改めて思いました。

図3 研修についての教師の思考が凝縮された研修用OPPシート

本実践へのコメント

これまでの校内研修は、学習や授業の改善を図り、学習者や教師の資質・能力を高めるというところまで、なかなか議論が深まりませんでした。榎本先生は、学習者用と教師用のOPPシートを活用して、学習者の実態に基づき、より深い意見交換を行い、校内研修に関わった人の資質能力を高めていこうとしています。このとき重要なのは、学習および指導履歴という具体的事実をもとにして議論することです。この点は、これまでの研究授業に欠けていたと思われます。教師用OPPシートを研究授業等で活用すれば、その効果は大きいでしょう。(堀 哲夫)

付録 OPPシートのテンプレート(2種)

使用にあたって

- 紙の場合は、A3用紙に印刷して使用してください。
- 学習者が記述するスペースを確保するために、学習履歴欄は六つか七つ程度に収めるとよいです。単元あるいは章単位で使用する際、学習履歴欄の数が足りない場合は、OPPシートを複数枚使用し、むやみに欄を増やさないようにしましょう。

OPPシート(タテ)について ➡p.184

- このOPPシートは、中学生以上での使用を推奨します。「本質的な問い」の欄が小さいため、図を用いた問いには不向きです。
- 学習履歴欄に「タイトルをつけよう」を加えてもよいでしょう。

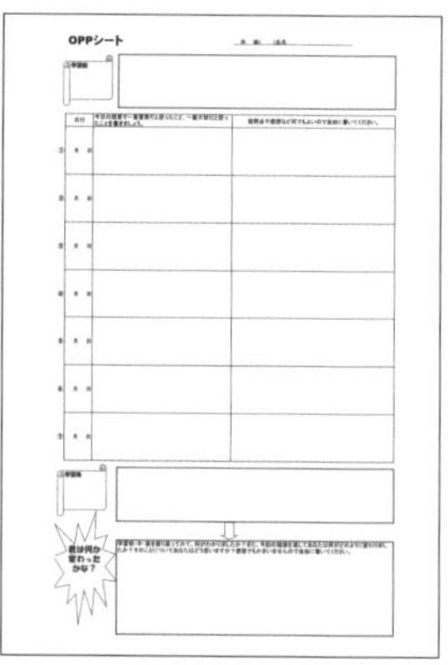

OPPシート(ヨコ)について ➡p.185

- 紙の場合は、表と裏を両面印刷して使用してください。
- 「保護者より一言」の欄は削除、あるいは学習者の状況に応じて別の用途に使用してもよいでしょう。

表

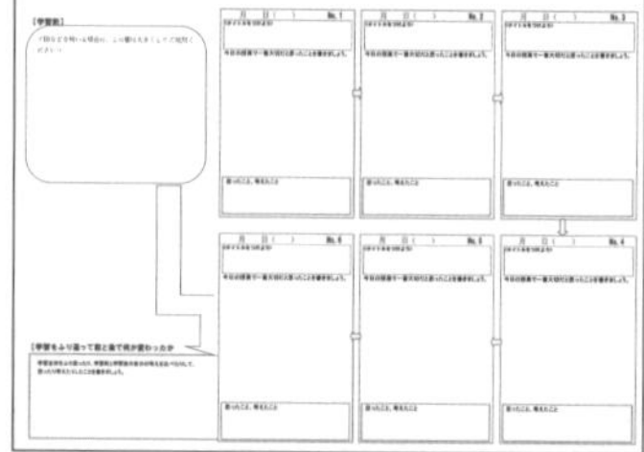

裏

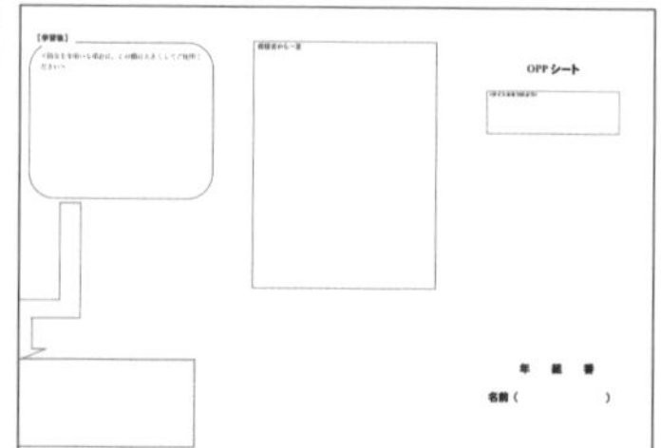

ダウンロードにあたって

付録のテンプレートは、東洋館ホームページ内にある「マイページ」からダウンロードすることができます。会員登録および下記のユーザー名とパスワードが必要になります。以下の手順でダウンロードしてください。

❶東洋館出版社オンラインへアクセス。
https://www.toyokan.co.jp

❷会員登録済みの方はログイン、
会員登録がまだの方はアカウント作成。

❸マイページにある「ダウンロードページ」をクリック。

❹対象の書籍をクリック。下のユーザー名、パスワードを入力。

ユーザー名	oppa	パスワード	vX3Bw5Vr

注意点および著作権について

- Microsoft Office ExcelおよびMicrosoft Office Wordで作成し、Excel 97-2003ワークシートおよびWord 97-2003 文書の形式で保存しています。お使いのOSやアプリケーションのバージョンによっては、レイアウトが崩れる可能性がありますので、あらかじめご了承ください。
- 著作権法での例外規定を除き、無断で複製することは法律で禁じられています。
- 収録されているファイルは、営利目的であるか否かにかかわらず、第三者への譲渡、貸与、販売、頒布、インターネット上での公開等を禁じます。
- ただし、購入者が学校で必要枚数を児童生徒に配付する場合は、この限りではありません。ご使用の際、クレジットの表示や個別の使用許諾申請等の必要はありません。

免責事項・お問い合わせについて

- ファイル使用で生じた損害、障害、被害、その他いかなる事態についても弊社は一切の責任を負いかねます。
- お問い合わせは、次のメールアドレスでのみ受け付けます。tyk@toyokan.co.jp
- パソコンやアプリケーションソフトの操作方法については、各製造元にお問い合わせください。

OPPシート(タテ)

OPPシート

年　組(　　)氏名

学習前

	日付	今日の授業で一番重要だと思ったこと、一番大切だと思ったことを書きましょう。	疑問点や感想など何でもよいので自由に書いてください。
①	月　日		
②	月　日		
③	月　日		
④	月　日		
⑤	月　日		
⑥	月　日		
⑦	月　日		

学習後

君は何か変わったかな？

学習前・中・後を振り返ってみて、何がわかりましたか？また、今回の勉強を通してあなたは何がどのように変わりましたか？そのことについてあなたはどう思いますか？感想でもかまいませんので自由に書いてください。

OPPシート（ヨコ）

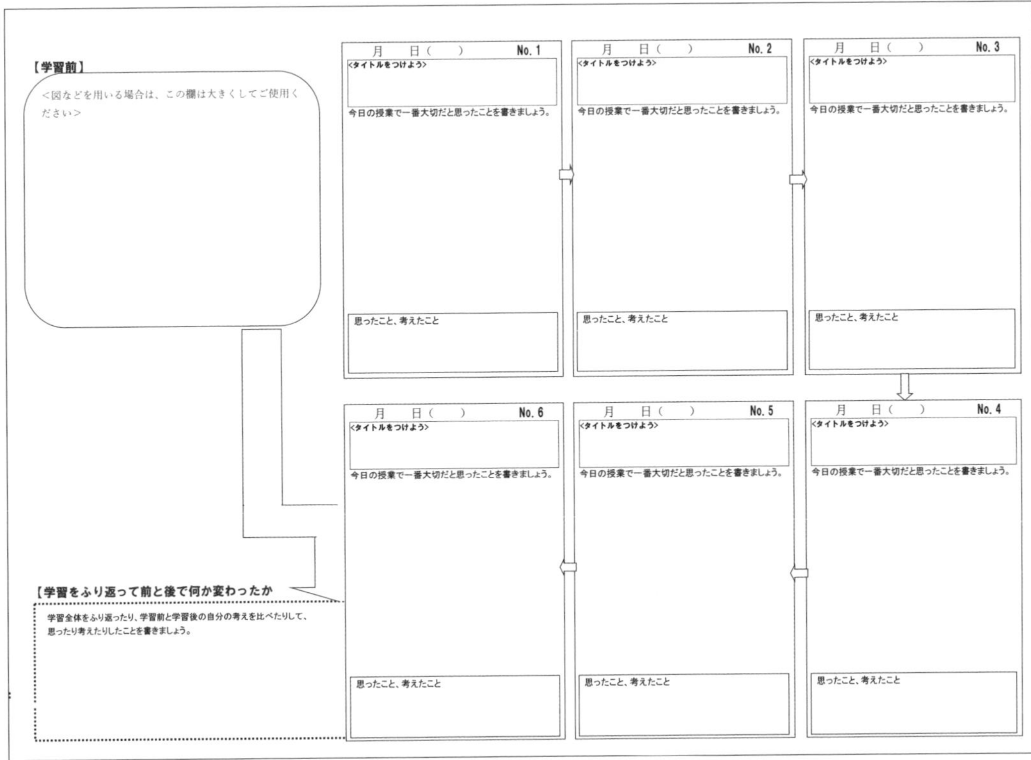

【学習前】

<図などを用いる場合は、この欄は大きくしてご使用ください>

月　日（　）No. 1

<タイトルをつけよう>

今日の授業で一番大切だと思ったことを書きましょう。

思ったこと、考えたこと

月　日（　）No. 2

<タイトルをつけよう>

今日の授業で一番大切だと思ったことを書きましょう。

思ったこと、考えたこと

月　日（　）No. 3

<タイトルをつけよう>

今日の授業で一番大切だと思ったことを書きましょう。

思ったこと、考えたこと

月　日（　）No. 4

<タイトルをつけよう>

今日の授業で一番大切だと思ったことを書きましょう。

思ったこと、考えたこと

月　日（　）No. 5

<タイトルをつけよう>

今日の授業で一番大切だと思ったことを書きましょう。

思ったこと、考えたこと

月　日（　）No. 6

<タイトルをつけよう>

今日の授業で一番大切だと思ったことを書きましょう。

思ったこと、考えたこと

【学習をふり返って前と後で何か変わったか

学習全体をふり返ったり、学習前と学習後の自分の考えを比べたりして、思ったり考えたりしたことを書きましょう。

表

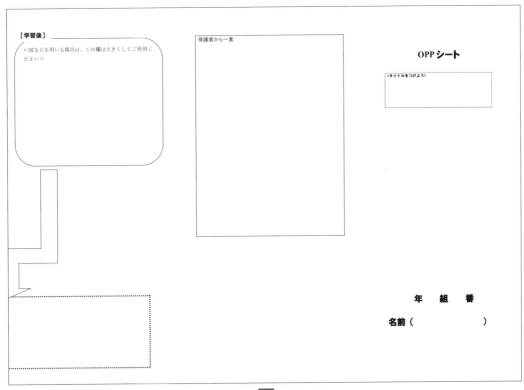

【学習後】

<図などを用いる場合は、この欄は大きくしてご使用ください>

保護者から一言

OPP シート

<タイトルをつけよう>

年　組　番

名前（　　　　　　）

裏

おわりに

本書の編集に取り組んでいたこの夏、偶然にも大きな仕事がいくつも重なり、心身ともに辛い時期となった。しかし、体調を崩しては元も子もない。当然、無理は禁物であるから、できるだけ効率よく質の高い仕事を行うための手立てが重要となる。それが、「一番重要なことは何か」を自分自身に問うことであった。本書を編集するにあたって、常に私自身に問い続けた。迷ったり、ついつい不安になったり、煮詰まったりしそうな自分に、この「問い」は、大いに役立った。これにより自分自身の考えを客観視し続けることができた。つまり、自分は何をしたいのか、そのためにはどうすればいいのかを明確化することができたのだ。そのおかげでこの時期を乗り切ることができたと思う。

このように、迷ったとき、悩んだとき、私はいつも「何が一番重要なのか」を考える。OPPシートの学習履歴欄に設定された「問い」だ。我々は小さいことから大きなことまで常に選択を迫られている。たとえ小さな選択だったとしても、進む方向を間違えるとその先後悔しかねない。つまり、私のような何事も考えすぎる傾向があり、かつ即断が苦手な人間にとっては実に便利で効率的な「問い」なのである。

OPPAは、教育現場を中心に論じられてきた。第1章「OPPA論で何かできるのか」でも触れたように、Education2030プロジェクトによって注目された「エージェンシー（主体性）」は、OPPAにおいて育成される可能性が示唆される。すなわち、OPPシートに設定された「問い」によってなされることが明らかになってきている。この「問い」は教育現場を超えたところ、日常生活においても活用できる。特に、今回の私のように、多くの決断を同時に迫られる場面では、OPPシートに設定された「問い」が力を発揮する。今回もその実感があった。

最後になるが、OPPAの開発者である堀 哲夫先生を監修者として、本書を出版できることを心からうれしく思う。堀先生には言葉に尽くせないたくさんの宝物をいただいた。今、こうやって曲がりなりにも研究者として仕事ができるのは、先生のおかげであるといっても言い過ぎではない。

さらに、お忙しい中、ご執筆いただいた先生方に深く感謝したい。お一人お一人とやりとりする中で、多くのことを学ばせていただいた。先生方の言葉一つ一つに表れている「誇りと幸せ」は、OPPAにより得られたものと実感している。

東洋館出版社の上野絵美氏には、心強い言葉をいくつもいただきながら今回も粘り強く支えていただいた。この言葉にどれだけ励まされたことか。こうやって人に恵まれるありがたさを痛感している。

みなさま本当にありがとうございました。

本書を手にしたみなさんの忌憚のないご意見・ご感想をお待ちしています。

2022年11月

OPPA論研究会会長 中島雅子

監修者・編著者紹介

監修

堀 哲夫
Tetsuo Hori

山梨大学名誉教授・名誉参与。
1948年愛知県生まれ。元山梨大学理事・副学長。
一枚ポートフォリオ評価（OPPA）論の開発者。
著書に『子どもの学びを育む 一枚ポートフォリオ評価 理科』(編著、日本標準)『子どもの成長が教師に見える 一枚ポートフォリオ評価 小学校編』(編著、日本標準)『子どもの成長が教師に見える一枚ポートフォリオ評価 中学校編』(編著、日本標準)『授業と評価をデザインする 理科』(共著、日本標準)『理科授業力向上講座―よりよい授業づくりのために―』(編著、東洋館出版社)『教育評価の本質を問う 一枚ポートフォリオ評価OPPA―一枚の用紙の可能性―』(東洋館出版社)『自主学習ノートへの挑戦―自ら学ぶ力を育てるために―』(共著、東洋館出版社)『新訂 一枚ポートフォリオ評価OPPA 一枚の用紙の可能性』(東洋館出版社)『問題解決能力を育てる理科授業のストラテジー―素朴概念をふまえて―』(編著、明治図書)『理科教育学とは何か―子どもの科学的概念の形成と理解研究を中心にして―』(東洋館出版社) など多数。

編著

中島雅子
Masako Nakajima

埼玉大学教育学部准教授。OPPA論研究会会長。
1962年山梨県甲府市生まれ。
1985年より、公立高等学校の理科（化学）教師として30年間勤務するかたわら、大学院にて研究に取り組む。2015年より現職。
2007年山梨大学大学院教育学研究科修士課程修了 修士（教育学）。
2011年京都大学大学院教育学研究科修士課程修了 修士（教育学）。
2015年兵庫教育大学大学院連合学校教育学研究科博士課程修了 博士（学校教育学）。
専門分野は、自己評価による資質・能力の育成とその評価、自己評価による学習・授業改善。
著書に『自己評価による授業改善 OPPAを活用して』(東洋館出版社) などがある。

執筆者一覧

※所属は2022年12月現在。掲載順。

堀 哲夫	前掲	第1章1
中島雅子	前掲	第1章2
坪田隆平	埼玉県杉戸町立杉戸小学校	第2章1・2、第3章2
笠井 恵	山梨県市川三郷町立市川小学校	第2章3
井場恒介	大阪教育大学附属池田中学校	第2章4
青野孝文	山梨県立笛吹高等学校	第2章5
中谷勇志朗	埼玉県立春日部女子高等学校	第2章6、第3章7
酒井美奈子	兵庫県丹波篠山市立城南小学校	第2章7
鶴ヶ谷柊子	浦和大学こども学部	第2章8
藤原暢之	神奈川県藤沢市立富士見台小学校	第2章9
谷戸聡子	山梨県立わかば支援学校ふじかわ分校	第2章10
辻本昭彦	法政大学生命科学部	第3章1
平田朝子	埼玉県さいたま市立大宮国際中等教育学校	第3章3
伊藤悠昭	埼玉大学教育学部附属中学校	第3章4・5
谷部 瞳	埼玉県伊奈町立小室小学校	第3章6
榎本充孝	埼玉県春日部市教育委員会	第3章8・9

一枚ポートフォリオ評価論
OPPAでつくる授業
子どもと教師を幸せにする一枚の紙

2022（令和4）年12月28日　初版第1刷発行

監修者：堀 哲夫
編著者：中島雅子
発行者：錦織圭之介
〒101-0054　東京都千代田区神田錦町2丁目9番1号
コンフォール安田ビル2階
代表　電話03-6778-4343　FAX 03-5281-8091
営業部　電話03-6778-7278　FAX 03-5281-8092
振替　00180-7-96823
URL　https://www.toyokan.co.jp

装丁・本文デザイン：大悟法淳一、大山真葵、
中村あきほ（ごぼうデザイン事務所）
イラスト：パント大吉
印刷・製本：シナノ印刷株式会社

ISBN978-4-491-04929-8　Printed in Japan

OPPA論をより深く理解するために おすすめの2冊

校種も教科も問わない画期的な評価法「一枚ポートフォリオ評価（OPPA）論」。
子どもが一枚の用紙に学習前・中・後の履歴を記録し、子ども自身が自己評価。
シンプルな構造なのに、なぜ効果絶大なのか？
その秘密を理論的に解き明かす２冊。

新訂 一枚ポートフォリオ評価OPPA 一枚の用紙の可能性

堀 哲夫著

四六判・280ページ
定価2,200円
（税込2,420円）税10%

詳細はコチラ

自己評価による授業改善
OPPAの活用を通して
MASAKO NAKAJIMA
著｜中島 雅子
東洋館出版社
真に自分を変えるのは自分しかいない
今、求められるのは
「自己評価」(＝自覚) する力。
一枚ポートフォリオ評価（OPPA）を
活用した授業改善に迫る！

自己評価による授業改善 OPPAを活用して

中島雅子著

A5判・128ページ
定価2,500円
（税込2,750円）税10%

詳細はコチラ